Inhalt

KU-024-210

Vorbemerkung.. 9

Berührt – geführt (zensiert)
»Im Namen des Volkes« 13

»Bei Sturm schwappt das Wasser aus der
Badewanne« 40

»Der Mann, der die Bombe transportierte« 43

»Schweigen Sie jetzt und gehen Sie schon!« 45

Kälteeinbruch 54

»Fehler und Alkohol« 62

»BILD schafft Lehrstellen« 75

Vom »Stadtschwein« und vom »Landschwein« .. 82

BILD schreibt für Albrecht (CDU) –
Schmalstieg (SPD) schreibt für BILD 98

Der BILD-Anwalt 113

Konrad-Adenauer-Preis 115

Die Bahlsen-Hochzeit 127

»Sein letztes Kommando: Drei Jagdhunde« 130

Alles hat seinen Preis 136

Raubfische 147

»Ein armer alter Mann baut die herrlichsten
Geigen der Welt« 154

Wahr ist, was nicht geschrieben steht 157

BILD und das Tier 160

Auferstehung eines Sterbenden 161

Merkblatt für Selbstmörder 165

Die Mädchen in BILD 166

»Falsch geparkt, Politesse schrieb
eigenen Mann auf« 169

Au, Au, Herr Esser! 173

Der Mann in der Höhle 188

»Höhlenforscher im Harz« 194

An den Witzen sollt Ihr sie erkennen 200

Die letzte Instanz 202

Intensiv-Station 211

Danach   Reinhold Neven Du Mont 223

Die Opfer müssen sich wehren   Eckart Spoo 229

Anhang 237

Frühere Gegengeschichten zu Bild 238

Gerichtsentscheidungen 260

Der Bundesgerichtshof entscheidet gegen
Springer und hebt die Zensur auf 267

Vorbemerkung

Köln, den 16. 9. 1977*

Ich verabscheue Gewalt und Terror. Ich verurteile die Morde an von Drenkmann, Buback und Ponto und den vier Begleitern Schleyers.

Warum diese Vorbemerkung zu diesem Buch? Weil zur Zeit in diesem Land ein Klima herrscht, in dem demokratische Kritik diffamiert und in Terroristennähe gerückt wird. Ich z. B. wurde, nachdem ich mir erlaubt hatte, BILD von innen her kennenzulernen, in diesem Blatt mehrfach als »Untergrundkommunist« diffamiert, was auf neudeutsch soviel heißt wie »Terrorist«.

Auch in diesem Buch geht es um Gewalt, um eine besondere »geistige« Spielart, die keiner Molotow-Cocktails und Maschinengewehre bedarf. Die Opfer sind Menschen, ihre Gedanken, ihre Gefühle, ihre Würde. Kein Krisenstab und keine Großfahndung können diese Gewalt aus der Welt schaffen, keine Razzia wird die Geiselnehmer des Unterbewußtseins überraschen, kein Sonderkommando wird die verschleppten Erwartungen und Hoffnungen befreien, kein Staatsanwalt wird die Überwachung der Sympathisanten und Helfershelfer anordnen. Das Strafgesetzbuch selbst mit neuen Gesetzen gegen Terror und Gewalt faßt diese Taten nicht. Erst recht nicht die Täter. Gibt es sie überhaupt? Immer zweifelhafter ist mir das geworden, als ich sie besser kennenlernte. Sind nicht auch sie Opfer zugleich, die neue Opfer schaffen? Opfer einer Maschinerie, die geistige Gewalt automatisch produziert?

* während der Geiselnahme von Schleyer *vor* seiner Ermordung verfaßt.

Ich will die tätigen Opfer des BILD-Systems nicht denunzieren, sie nicht als Individuen darstellen und brandmarken für ihr ganzes Leben. Deshalb trägt keiner der Kollegen, mit denen ich in Hannover in der BILD-Redaktion zusammenarbeitete, im Buch seinen wirklichen Namen – wie auch einzelne andere Personen. Doch wurde nichts erfunden oder hinzugedichtet. Äußerungen und Dialoge habe ich teils direkt mitgeschrieben, teils nach Redaktionsschluß in Gedächtnisprotokollen festgehalten. Dieses Buch ist nur der erste Teil einer Beschreibung der BILD-Zeitung, es berichtet fast nur von den Machern, weniger von den Opfern, den Geschädigten. Es mußte darauf verzichten, die großen politischen Fälschungen und Verdrehungen von BILD zu dokumentieren.

Das wird einem zweiten Buch vorbehalten sein, an dem ich und einige Kollegen, die noch in Außenredaktionen und in der BILD-Zentrale ausharren, bereits arbeiten.

»BILD kämpft für Sie« heißt eine heuchlerische Kolumne in Springers Massenblatt. Jetzt gibt es einen Hilfsfond »Wenn BILD lügt – kämpft dagegen«, der geschädigten BILD-Lesern, die weder die finanziellen Mittel noch die juristische Kenntnis haben, ihr Recht mit Gegendarstellungen, Widerrufen, Unterlassungsverfügungen, Schadensersatz- und Schmerzensgeld-Forderungen durchzusetzen, kostenlose anwaltliche Beratung zur Verfügung stellt. Der Hilfsfond wird aus dem Honorar dieses Buches finanziert. Kontaktadresse für BILD-Opfer:

Hilfsfond »Wenn BILD lügt – kämpft dagegen«
Günter Wallraff c/o Kiepenheuer & Witsch Verlag
Rondorfer Str. 5
5000 Köln 51   G. W

Auf die Idee brachte mich Hans Habe, ständiger Rechtsaußen-Kolumnist im Springer-Sold. Am 2. Januar 1977 veröffentlichte BILD am Sonntag eine ganzseitige Bestseller-Liste: »Hans Habe sieht halb prophetisch, halb ironisch die kommenden literarischen Sensationen voraus ... Nach eingehenden Erkundigungen und geheimen Informationen – ich (Habe) habe im Auftrag von BILD am Sonntag jene befragt, die Bestseller machen ...«
Hinter Böll und vor Biermann werde ich von Habe unter Belletristik an siebter Stelle placiert:

> Wallraff: IG.
> Der brillante Schlüsselroman mit dem schlichten Titel ist das Resultat der neun Monate, die der Autor verkleidet in einer Gewerkschaftszentrale verbrachte, um deren Führern auf die Schliche zu kommen. Im Revolt-Verlag, Hamburg.

Viele Leser erkannten die Satire nicht, viele bestellten das Buch im Buchhandel. Sie hatten Habe ernst genommen.
Das tat ich auch. Ich fragte mich, warum er bloß auf die Gewerkschaft gekommen war – und nicht auf das viel Näherliegende, viel Gewaltigere: den Springer-Konzern und dessen größtes Blatt, die BILD-Zeitung. Zwar war vieles in den letzten Jahren darüber geschrieben worden, doch aus dem Innenleben dieses Presse-Imperiums, das Politik und Gesellschaft der Bundesrepublik mitbestimmt und häufig kommandiert, ist so gut wie nichts an die Öffentlichkeit gedrungen.
Bekannt und häufig beschrieben ist, was Springer will und was er macht. Aber er kann es doch nicht alleine tun, er hat ein Heer von Helfern, die für ihn die Wirklichkeit nach seinem Bilde formen. Was sind das für Menschen, die ihm die BILD-Zeitung machen? Sind es Hilfswillige, Sklaven, Infantile, Zyniker? Wer

hält die Maschine am Laufen? Manches kann man sich ausdenken, man kann einen dieser Typen so darstellen, wie Heinrich Böll das in seiner »Katharina Blum« getan hat. Aber wer nimmt einem das ab?

Mit meinem Freund Wolf Biermann, der im November 76 nach seiner Ausbürgerung aus der DDR bei mir in Köln eingezogen war, bereitete ich mich darauf vor, in die Rolle eines BILD-Journalisten zu schlüpfen, um selbst und an mir selbst zu erleben, wie dieses gewaltige und geistig gewalttätige System funktioniert. Am 8. März 77 erzählte Wolf Biermann den viertausend Besuchern einer Solidaritätsveranstaltung »Gemeinsam gegen rechts« in der Offenbacher Stadthalle, Wallraff lasse sich entschuldigen, er sei gerade mal wieder einschlägig tätig – irgendwo im faschistischen Ausland.

Einen Tag später, am 9. März erschien die Hannoveraner Ausgabe der BILD-Zeitung mit folgendem Seitenaufmacher:

870 Kleingärten sollen sterben – für eine Straße

Sie sind für viele Bürger ein Erholungsgebiet

Von HANS ESSER
Hannover, 9. März

Berührt – geführt `zensiert`
»Im Namen des Volkes«

Das bin ich nicht mehr, der mich da aus dem Spiegel anschaut. So eine Visage, auf Karriere getrimmt, wie ich sie bei Jungmanagern immer haßte.

Geschniegelt, gestutzt, von Höhensonne erfolgsge-bräunt. Polierte Fresse: Der da die durch Jacketkronen gleichgerichteten Zähne herzeigt, den Krawattenkragen festwürgt, und sich mit einem massivgoldenen Siegelring (geliehen) seiner selbst vergewissern muß, und viel zu viel Herrenparfum (Aqua brava) auf den 500-Mark-Anzug und unter die Achseln schüttet, damit der Angst-schweiß nicht ruchbar wird, möchte aus der Rolle raus, noch bevor sie anfängt.

Weit weg fahren, nach Portugal, auf die Kooperative, wo du dich nicht zu verstellen brauchst, von den Landarbei-tern aufgenommen wirst, dazugehörst und dich nützlich machen kannst, selbst mit zwei linken Händen.

Jetzt habe ich Angst, eine Angst, die ich nur einmal hatte: als ich mich im faschistischen Athen ankettete. Auch diesmal trage ich meine Haut zu Markte. Nur daß die Spuren der Verletzungen nicht so sichtbar sein werden. Damals war ich in der Unschuldsrolle des Opfers, dies-mal muß ich zum Mittäter werden.

»Du weißt nicht, auf was du dich da einläßt«, hatte B. gesagt. »Die zermantschen und knacken dich, daß dir Hören und Sehen vergeht. Die sind einfach perfekt, die schlucken dich, bevor du überhaupt piep sagen kannst. Du Dilletant, du bist kein guter Schauspieler. Das beste für dich wäre, daß sie dir früh genug die Maske runterrei-ßen, bevor sie dir anwächst.«

Ein Freund, Gesichtschirurg in der plastischen Chirurgie der Universitätsklinik Köln, riet davon ab, die kennzeichnenden Falten durch Liften zu entfernen und die Nase korrigieren zu lassen. »Ein zu schwerer operativer Eingriff. Außerdem: du wirst dir jahrelang fremd sein.« 12 000 Mark dafür, das kann ich mir auch nicht leisten. Er riet mir, meine Körpersprache zu verändern: »Zackig, knallhart, überrumpelnd.« – »Nicht so abwägend, defensiv und introvertiert.« – »Schau dir den BILD-Zeitungsreporter in der ›Katharina Blum‹ genau an. Der hat seine Rolle bei echten BILD-Journalisten abgeguckt.« Kehr den Sicheren raus, wo du unsicher bist, zeige dich stark, wenn du Schwäche spürst, hab immer eine vorschnelle Antwort parat, wenn du nach Erklärungen suchst. Denk daran: Sie fühlen sich so unheimlich mächtig und sicher mit ihrer ganzen Konzernmacht im Rücken, daß sie glauben, ihnen kann keiner mehr. Sie sind nicht mehr wachsam, die allzu Sicheren, weil sie sich seit 20 Jahren über alles hinwegsetzen, ohne Widerstand zu finden.

Rollenbeschreibung:
Ich bin jetzt Hans Esser, 30 Jahre, habe vorher Psychologie studiert, davor Betriebswirtschaft, leistungsorientiert, kapitalbewußt; ich komme aus der Werbung, sehe hier eine direkte Nahtstelle zu meiner neuen Karriere.

Der mich einführt: Alf Breull (28), früher Redakteur bei der sozialdemokratischen NHP (Neue Hannoversche Presse). Die Zeitung wurde von der SPD – da unrentabel – aufgegeben. Alf, verheiratet, Frau noch in der Ausbildung, Schulden am Hals, wurde arbeitslos. Die BILD-Zeitung investierte, expandierte; schmiß sich auf den brachliegenden Markt, suchte neue Leute, neue Leser. Alf schwor sich, nur so lange für BILD zu arbeiten, bis seine Schulden abgezahlt wären und seine Frau ihre Ausbildung als Sozialarbeiterin beendet hätte. Alf blieb seinem Grundsatz treu. Zwei Jahre machte er sich die Hände schmutzig. Keinen Tag länger. Zuletzt bot man ihm einen hochdotierten Vertrag. Immer wieder. Denn Alf hatte Talent. Er war der »Dichter«, der beste Schreiber der Redaktion. Alf lehnte ab. »Nicht für 10000 Mark im Monat. Ich hatte zuletzt jede Selbstachtung verloren.« Alf ist jetzt wieder arbeitslos. Nicht alles und jeder hat seinen Preis!

Alf verschafft mir den Einstieg. »Damit möglichst viele BILD-Leser erfahren, wie ihre Zeitung eigentlich entsteht. Denn auch ich habe Nachrichten verfälscht, Berichte frei erfunden oder wichtige Informationen unterdrückt. Es kann nur jemand darüber berichten, der dieser Abhängigkeit nicht unterliegt«, sagt Alf.

Hannover, Bemeroderstraße, Druck- und Redaktionshaus sind durch hohe Zäune wie militärisches Gelände abgesichert. Schilder: »Betreten verboten. Eltern haften für ihre Kinder.« Ein Wachmann patrouilliert mit einem Schäferhund. Pförtnerloge, mit drei Mann besetzt. Schranke und automatische Türsperre. Vorsorgemaßnahmen gegen Studentendemonstrationen und Auslieferungsblockaden in kommenden Zeiten? Neutrale Wagen ohne Aufschrift verlassen im Morgengrauen unidentifizierbar das Druckhaus. (Mülltransportern gleich, die für Industriekonzerne aggressive Schad- und Giftstoffe klammheimlich auf wilden Deponien kostensparend ablagern.)
Der Pförtner notiert die Namen auf einem Passierschein und stempelt die Uhrzeit darauf. Einen Durchschlag behält er zur hauseigenen Kontrolle. Im Fahrstuhl ein

Knopfdruck »5. Stock«, ein dezentes Surren, und wir stehen in der BILD-Etage. Mein Puls jagt, und im Hals würgt es. Alf zeigt mir die Toilette. Ein letzter prüfender Blick in den Spiegel. »Nein, ganz unbesorgt, das bin ich nicht, der mir da entgegenstarrt.« Im folgenden Einstellungsgespräch höre ich mich reden, als stünde ich neben mir; verwundert, erschrocken und in ständiger Furcht, erkannt zu werden. Wirklich, ich bin ein schlechter Schauspieler, so viel falsche Töne, so aufgesetzt, das kann doch nicht gut gehen. Aber auf den Redaktionsleiter scheint es Eindruck zu machen, er scheint kein besserer Schauspieler zu sein als ich. Diese gestelzten Floskeln und übertriebenen Redewendungen sind hier Umgangston. Die neuen Kontaktlinsen brennen in den Augen. Sie sind noch Fremdkörper. In der Nacht davor habe ich nur dreieinhalb Stunden geschlafen. Die verfluchten Dinger wollten nicht raus. Ich beherrsche die Technik des Herausnehmens noch nicht, quetschte am Augapfel, bis die Äderchen platzten. Jetzt tränen die Augen. Ich weiche dem prüfenden Blick des Redaktionsleiters aus. Er mustert mich unentwegt. Oder hat er einen Verdacht? Ich versuche, mich mit einer Episode vom Vortag zu beruhigen: Da trieb ich mit einem Bekannten, einem Landwirt, der mich vor zwei Monaten zuletzt gesehen hat, ein grausames Spielchen als Training, um sicher zu werden. Ich sagte ihm, ich käme von der Kripo, Rauschgiftdezernat, und ginge einer Anzeige gegen ihn nach. Mitten in seinen Feldern würde er Canabis zur eigenen Haschischherstellung anbauen. Jetzt würden wir ihm das Handwerk legen. Er hatte mir vor einigen Monaten von derartigen, allerdings mißlungenen Versuchen erzählt. Er erkannte mich nicht, nahm mir den Kripobeamten ab.

»Mein Name ist Schwindmann, bitte, behalten Sie Platz.«
Der Redaktionsleiter hat uns von seinem Schreibtisch
und Aufsichtsplatz im Großraumbüro in sein angrenzen-
des Chefdomizil geleitet. Es verrät keine persönliche Note, hat keine besonderen Kennzeichen. Unpersönlich,
wie eine Schaufenstergarnitur. Eine Flasche »Remy
Martin« steht auf seinem klotzigen Schreibtisch. Daneben ein Fernseher.
Schwindmann stürzt sich zunächst auf Alf: »Nun, wie
ist's? Willst du nicht wieder bei uns *einsteigen*? Das Angebot auf Festeinstellung gilt noch.« Alf (bestimmt):
»Nein, vielen Dank, Herr Schwindmann, ich möchte lieber mein Studium zu Ende bringen.« Er lügt, um
Schwindmann nicht zu brüskieren. Alf sieht sich nach
zwei Jahren BILD-Arbeit außerstande, weiterzustudie-
ren. »Ich brauche ein, zwei Jahre, um wieder zu mir zu
kommen«, hatte er mir gesagt. Alf bringt mich ins Gespräch: »Dafür möchte ich Ihnen Hans Esser, einen früheren Studienkollegen, als meinen Nachfolger vorschla-
gen.« Schwindmann: »Dann schießen Sie mal los und
erzählen etwas über Ihren Werdegang.«
Hans Esser: »Von Herrn Breull erfuhr ich von der Möglichkeit, unter Umständen hier in seinen Fußstapfen anfangen zu können. Ich will mich verändern, bisher habe
ich in der Werbung gearbeitet.«
Schwindmann: »Und wieso gerade Journalismus?«
Hans Esser: »Ich glaube, daß ich aufgrund meiner ganz
speziellen Fähigkeiten – ich habe vor allem als Texter
kurze prägnante Werbesprüche entworfen, – hier einen
nahtlosen Übergang zum Journalismus herstellen kann.
Ich sehe bei BILD das gleiche Prinzip wie in der Werbung: verkürzte Aussage, durch Weglassen das Beab-
sichtigte herausmeißeln, in einer Kürzestfassung das Ein-

prägsamste sagen. In der Werbung arbeiten wir mit vorher genau ausgetüftelten Kampagnen, um neue Produkte auf den Markt zu werfen. Nach dem Muster: a) Verwirrung stiften, b) Probleme herausarbeiten, c) Lösung der Probleme anbieten. Ich habe BILD immer schon mit einiger Bewunderung gelesen.«

Schwindmann scheint angetan: »Interessant, wie Sie das sehen. Haben Sie denn auch schon direkt im Journalismus gearbeitet?«

Hans Esser: »Ja, hier und da schon, aber mehr als Zulieferant mit Halbfertigprodukten. Andere haben den Stoff dann im Fernsehen ausgebaut und mit ihrem Namen versehen. Mich gibts von daher gesehen im Journalismus gar nicht.«

Schwindmann: »Das ist natürlich eine unangenehme Situation. Sie haben bei uns die besten Voraussetzungen, wenn Sie wirklich voll bei uns *einsteigen* und sich ganz unserer Sache verschreiben.«

Hans Esser: »Wichtig für mich ist, daß ich's nicht nur vom Schreibtisch aus mache. Ich bin eigentlich kein Schreibtischmensch. Ich habe Ambitionen rauszugehen, ins Geschehen reinzugehen, Reportagen vor Ort zu machen und mich der Wirklichkeit auszusetzen, auch ruhig mal im Dreck zu wühlen, wenn's sein muß und anders nichts herauszuholen ist. Ich glaube, man kriegt dann auch viel mehr mit. Ich schreibe am liebsten über Dinge, die ich kenne und über Menschen, die ich gesehen habe.«

Schwindmann: »Es ist ja schon sehr viel wert, wenn jemand das Material, was er so auf den Tisch kriegt, schreiben kann. Und da das ja alles keine Geheimnisse sind, die wir hier *verbraten*, müßte sich das ja lernen lassen.«

Hans Esser: »Ja, auch wenn es erst mal eine Durststrecke ist. Ich rechne auch nicht damit, daß ich mich von heute auf morgen so grundsätzlich umstellen kann.«

Schwindmann: »Das haben Sie in ein paar Monaten spätestens drauf. Das geht Ihnen so in Fleisch und Blut über, unser BILD-Stil, daß Sie gar nicht mehr anders können. Alf Breull ist das beste Beispiel dafür. Es hat sich anfangs einiges bei ihm dagegen gesträubt. Und nach vier Monaten wars, glaub ich, bei Dir, ist der Groschen gefallen und seine Geschichten standen wie eine Eins. Waren ganz große Spitze!«

(Alf gelingt es nicht, auf das »Kompliment« etwa freudestrahlend zu reagieren.)

Schwindmann (aufmunternd zu mir): »Prima, jetzt erzählen Sie mir ein bißchen was über Ihr Privatleben. Sind Sie verheiratet?« . . .

Er notiert: verheiratet, zwei Kinder. Name: »Hans Esser.« Alter: »Ich werde 30.« . . .

Reaktion: »Das ist ja ein gesegnetes Alter. Das ist ja fantastisch.« Er notiert meine Hannover-Adresse (ein gemietetes Zimmer) und Telefon.

Schwindmann: »Wir suchen in der Tat – der Alf Breull hat das richtig gesehen – einen Mann, der schreiben kann. Natürlich auch einen, der recherchieren kann. Und von daher würde ich sagen, das ist für Sie eine Chance, hier groß bei uns einzusteigen. Am besten gleich mitkriegen, wie der Hase läuft.«

Hans Esser: »Ja, prima. Wann kann's losgehen?«

Schwindmann: »Am geschicktesten wäre es, wenn wir uns ein Thema überlegen, wo Sie gleich loslaufen könnten. Da wird uns schon irgendwas einfallen. Ja, das klingt alles recht vielversprechend, was Sie uns da erzählen.«

Hans Esser: »Gibt es Möglichkeiten, nach einer gewissen Zeit, auf eine Festanstellung?«

Schwindmann: »Die Möglichkeit ist durchaus drin.«

Hans Esser: »Ist es nicht so, daß Sie die Planstellen alle langfristig besetzt haben?«

Schwindmann: »Die Dinge sind im Fluß und ganz abgesehen davon, daß immer mal wieder einer ausscheidet und dadurch eine Planstelle frei wird, ist es einfach so, daß wir uns erweitern müssen.«

Hans Esser: »Wie sind die Chancen, 50 : 50?«

Schwindmann: »Da würd ich mich nicht festlegen wollen. Das kann mal von heute auf morgen sein. Herrn Breull wollten wir immer *einkaufen,* aber der wollte ja nicht. Die Chance ist ihm ja lange genug offengehalten worden. Das kann genausogut bei Ihnen sein.«

Hans Esser: »Es muß ja nicht gleich sein, ich habe eine gewisse Rücklage und will das wirklich hier systematisch aufbauen.«

Schwindmann: »Wenn Sie hier wirklich gut einsteigen, dann ist es sowieso für Sie keine Durststrecke. Da hat ja auch der Breull bei uns ganz gut verdient. Da liegt man als Fester unter Umständen noch drunter. Wir verlangen allerdings auch Totaleinsatz. Und wir gehen mit harten Bandagen ran. Wir sind hier in keinem Mädchenpensionat. Das werden Sie sehr schnell merken. Das müssen Sie alles in Rechnung stellen. Obwohl die Hälfte der Mannschaft hier in der Redaktion im Status der Freien ist. Was glauben Sie denn, welche Themen Ihnen liegen?«

Hans Esser: »Erst mal gehe ich von der Voraussetzung aus, alles ist ein Thema und überall steckt eine Geschichte drin. Fragt sich nur welche! Das herauszufinden ist, glaube ich, die Kunst. Und das will ich hier ja gerade lernen. Ich würde mich also gar nicht so unbedingt von vornherein festlegen wollen.«

Schwindmann: »Und wo würden Sie sich am stärksten hingezogen fühlen?«

Hans Esser: »Geschichten aus dem menschlichen Bereich. Auch ganz kleine, scheinbar nebensächliche Dinge, die auf der Straße liegen, haben oft eine große Bedeutung, je nachdem wie man sie herausstellt. Und gerade BILD lebt ja von solch scheinbaren Nebensächlichkeiten, die dann groß aufgemacht werden. Ich würde es als meine Aufgabe ansehen, sehr ins Detail zu gehen und auch viel mit Menschen zusammenzusein, über die man nachher schreibt.«

(Während dieser Ausführungen wohlwollendes Kopfnicken und allgemeine Zustimmung von Schwindmann.)

Hans Esser: »Ich hab Psychologie studiert, ich bin ein guter Menschenkenner.«

Schwindmann: »Erzählen Sie mal ein bißchen Ihren Werdegang. Sie haben also Abitur gemacht?«

Hans Esser: »Ja, ich war danach dann freiwillig bei der Bundeswehr, ich war bei der psychologischen Kriegsführung.«

Schwindmann: »Psychologische Kriegsführung, das ist stark. Das ist ja Spitze.«

Hans Esser: »Und ich hab darauf mein Studium aufgebaut. Psychologie und dann etwas Betriebswirtschaft. Und auch im Betrieb des Vaters eine Zeitlang gearbeitet, und nach dessen Tod hat mein Bruder den Betrieb übernommen, und ich hab mich auszahlen lassen. Und hab dann für eine Werbeagentur gearbeitet. Gleichzeitig aber auch schon mal Dialoge fürs Fernsehen gemacht. Nur, es hat mich immer mehr unbefriedigt gelassen; die Ideen haben gezündet, hatten Erfolg, nur, ich war als Schreiber gar nicht existent. Ich muß zugeben, ich hab da auch einen gewissen Ehrgeiz.«

Schwindmann: »Aha, aha, aha, es ist ja seltsam, daß das Fernsehen so den Deckel draufhält auf Talenten. Was für uns ja überhaupt nicht zutrifft, denn wer bei uns arbeitet und schreibt, der unterzeichnet auch mit seinem vollen Namen dafür. Hans Esser, klingt doch gut. Kurz und prägnant. Wenn auch die Artikel so sind, dann sind Sie unser Mann.«

Hans Esser: »Ja. Esser, wie Messer.«

Schwindmann stimmt ein herzhaftes verstehendes Lachen an, das von einem Telefonat unterbrochen wird:

Schwindmann (am Telefon): »Ja, ja, ja, oh, ja, ja, ja, irre, mh, okay, wunderbar, klasse, prima, danke, tschüß.«

Schwindmann: »Warum kommen Sie auf die BILD-Zeitung? Weil Sie Alf Breull gut kennen?«

Hans Esser: »Nicht nur deswegen. Das wäre zu einfach. Ich glaube, daß BILD die perfekteste Zeitung ist, da sehe ich auch den nahtlosen Übergang von meinen bisherigen Erfahrungen bei der Werbung. In dieser äußerst knappen und verkürzten Darstellung steckt doch bei BILD in fast jeder Aussage eine Werbeidee. Auch bei uns in der Werbung verschwenden wir ja kein unnützes Wort und nutzen den knappen und teuren Platz, um mit möglichst wenig Worten den Konsumenten am effektivsten zu motivieren.«

Schwindmann: »Ja, prima, Herr Esser. Ich sehe, Sie gehen den Dingen auf den Grund. Wenn Sie dann auch noch flott und locker die Sachen runterschreiben, und wenn's drauf ankommt knallhart, alles andere muß sich dann aus dem Zusammenarbeiten hier in der Redaktion ergeben. Ich glaube eigentlich, dann sollten wir schon mal richtig einsteigen.«

Hans Esser (kleinlaut): »Wenigstens mal versuchen.«

Schwindmann: »Ich hoffe, daß mir auf die Schnelle irgendein Thema für Sie einfällt, da können Sie dann gleich rangehen. Okay, das wär's dann.«

Ich soll also »einsteigen«, um »knallhart« zu »verbraten«. Wenn ich »knallhart« genug »eingestiegen« bin und verbraten und verkauft habe, soll ich später die Chance erhalten, selber »eingekauft« zu werden. Der Jargon erinnert an die Ganovensprache: Dreh'n wir zusammen 'n Ding! Steigste mit ein. Und wenn das Ding gedreht ist, kaufen wir dich zur Belohnung samt Beute mit ein. Überhaupt, wie formlos das ganze Einstellungsgespräch abläuft. Ich wundere mich. Weder Unterlagen noch Papiere werden zur Vorlage verlangt. Aber auch hierin scheint eine höhere Logik zu liegen.

Etwa die Hälfte der Kollegen hier arbeitet nach diesem Status als Freie. Vogelfreie! Sie kommen in der Regel früher und sind oft die letzten, die gehen. Sie haben keinen schriftlichen Vertrag, keinen Urlaubsanspruch, keine Sozialleistungen, keinen Kündigungsschutz. Sind auf Gedeih und Verderb der Willkür des Redaktionsleiters ausgeliefert und von seiner Gunst abhängig. Sie stehen in einer unheimlichen Konkurrenz zueinander.

Schwindmann weist mir einen vorläufigen Arbeitsplatz in der Großraumredaktion zu. »Da ist im Moment der Platz von der Eleonora frei, neben der Edeltraut, gegenüber vom Hai.«
Schwindmann hat mich auf ein »Evergreen-Thema« angesetzt. »Die Kleingärtner.« – »Jeder sechste unserer Leser kreucht im eigenen Garten herum.«

[zensiert]

Laut Entscheidung des Bundesverfassungsgerichts vom 25. 1. 1984 darf ich meine eigenen Erfahrungen in einer BILD-Redaktionskonferenz nicht mehr veröffentlichen. Das Gericht spricht vom »Schutz des eingerichteten und ausgeübten Gewerbebetriebs« und vergleicht es mit dem »rechtswidrigen Einbruch in die absolut geschützte Intimsphäre der Persönlichkeit« und tut damit gerade so, als sei ich in das Schlafzimmer des Verlegers und nicht etwa in diese gigantische professionelle Fälscherwerkstatt eingedrungen.

Deshalb kommt jetzt an meiner Stelle ein anderer zu Wort: ein Redakteur, der bei einem Blatt mit Namen ZEITUNG arbeitet. »Sollten sich bei der Schilderung jener journalistischen Praktiken Ähnlichkeiten mit den Praktiken der BILD-Zeitung ergeben, so sind diese Ähnlichkeiten weder beabsichtigt noch zufällig, sondern unvermeidlich.«

(Heinrich Böll in seiner Vorbemerkung zu »Die verlorene Ehre der Katharina Blum«)

»Ich saß in einer sogenannten Großraumredaktion zusammen mit den Kollegen unter der Aufsicht des Nachrichtenführers, der intern Nafü genannt wurde, den Kontakt mit der Zentralredaktion in Hamburg hielt, Anrufe von außen entgegennahm und die Reporter einsetzte.

Hauptmerkmal der Redaktionsarbeit war ein eisenharter Konkurrenzkampf.

Ich mußte an Geschichten rankommen.

Innerhalb von zwei Stunden mußte ich dem Nafü mein Angebot machen, das bedeutete, ihm die noch nicht ganz ausrecherchierten Geschichten im kurzen Überblick zu schildern. Der Nafü war das erste Sieb, mit dem die Geschichte auf ihre ZEITUNGS-Tauglichkeit geprüft wurde. Als erstes fragte er immer: »Wo ist der Gag?«

Hatte die Geschichte keine überraschende Pointe, dann erklärte er kategorisch: »Die kannste vergessen!« War der Ansatz der Geschichte brauchbar, nur eben der Gag nicht dabei, dann gab er mitunter Empfehlungen, wie der Gag eventuell in die Story kommen könnte: »Weißt Du, wenn jetzt der Mann seine Frau anzeigen würde, dann wäre das eine herrliche Geschichte. Ruf ihn doch mal an, vielleicht will er sie tatsächlich anzeigen.«

So sah man eben zu, daß man für das 11-Uhr-Angebot etwas hatte und blies notfalls einen kleinen Fisch etwas auf. »Aus Scheiße Gold machen« hieß das in der Kollegensprache, heute würde ich es nennen: »Menschen wie Scheiße behandeln.«

Nachdem der Nafü sein Angebot von den einzelnen Redakteuren eingesammelt hatte, rief ihn die Zentralredaktion an, um von ihm das Angebot unserer Außenredaktion entgegenzunehmen. Das war das zweite Sieb.

Für den Nafü kam es darauf an, unsere Themen wie ein billiger Jakob in den leuchtendsten Farben anzupreisen, denn ebenso wie er, boten zur gleichen Zeit auch die Nafüs der anderen fünf Außenredaktionen ihre Storys an. Und alle Geschichten konnten nicht genommen werden, das war klar.

Durch dieses Anpreisen aber werden die meistens noch gar nicht ausrecherchierten Geschichten aufgebauscht, ein Trend wurde festgelegt,

24

den die Recherche nicht ergeben hatte, und oft verlangten auch die Nachrichtenredakteure in der Zentrale vom Nafü eine bestimmte Wendung innerhalb der Geschichte, ohne die sie die Story nicht akzeptiert hätten. Der Nafü ließ sich meistens darauf ein, meist ohne mit dem Reporter gesprochen zu haben, weil er wiederum ein Interesse hatte, daß möglichst viele Themen seiner Mannschaft von der Nachrichtenredaktion in der großen Mittagskonferenz vorgetragen werden. Das war sein Job und sein Erfolg.

Inzwischen ging der Konkurrenzkampf in der Zentralredaktion weiter, denn dort wetteiferten die Nachrichtenredakteure, die die Nafüs der verschiedenen Außenredaktionen abgerufen hatten, bei ihrem Ressortchef um eine günstigere Plazierung ihres Angebots in der Mittagskonferenz. Das dritte Sieb.

Die 12-Uhr-Konferenz der Zentrale, bei der sämtliche Ressortleiter der ZEITUNG (Politik, Nachrichten, Sport, Allgemeines, Auto etc.) der Chefredaktion ihre Themen anbieten, wurde über eine Telefonschaltung in alle Außenredaktionen wie eine Rundfunksendung übertragen. Wir sitzen gespannt um einen kleinen Telefonlautsprecher und warten, daß auch von uns ein paar Themen mit einem möglichst guten Listenplatz, das heißt am Anfang, angeboten werden.

Der Nachrichtenchef in der Zentrale trägt zuletzt vor. »Frankfurt« sagt er, bevor er den ersten Punkt seines Angebots vorliest, und es klingt wie eine Auszeichnung. Vor jedem Thema wird der Name der zuständigen Außenredaktion genannt. Der einzelne Journalist, der die Geschichte entdeckt hat, recherchiert und letztlich verantwortet, spielt keine Rolle mehr. Sein Angebot gilt jetzt als Leistung seiner Außenredaktion, beziehungsweise liegt es nun an ihr, daß die Geschichte so geliefert wird, wie sie angeboten wurde.

Nach der Konferenz, die im Grunde keine ist, weil es keine Diskussion und keine Besprechung gibt, sondern nur ein Vortrag von Befehlsempfängern, werden die Leiter der Außenredaktionen noch pro forma über die Telefonschaltung zu Themenvorschlägen für die erste Seite aufgefordert. Der Chefredakteur, der letztlich allein entscheidet, hört meistens gar nicht mehr zu, wenn die Außenstellen antworten.

Um 13 Uhr kommt der Fahrplan in die Außenredaktionen: das ist ein Fernschreiben, auf dem bereits die Themen-Einteilung der einzelnen Seiten mit der entsprechenden Zeilen-Zahl festgehalten ist.

Ich habe Glück. Meine Geschichte ist mit 40 Zeilen im Blatt. Ein Erfolg, den von über hundert Außenredakteuren im ganzen Bundesgebiet täglich nur zehn bis fünfzehn Leute haben, denn mehr Nachrichten-Geschichten werden selten genommen, weil auch die übrigen Ressorts ihren Platz beanspruchen.

25

Jetzt müssen die Recherchen so angestellt werden, daß sie das gewünschte und meistens vorweggenommene Ergebnis bringen. Alles was davon abweicht, wird beiseitegeschoben. Es geht in den meisten Fällen gar nicht mehr darum, herauszufinden, was wirklich passiert ist, sondern nachträglich das zu erhärten, was man sich selbst, was sich der Nafü und der Nachrichtenredakteur in der Zentrale als mögliche und machbare ZEITUNGS-Geschichte ausgedacht haben.

Das war nicht immer leicht. Ich mußte die Leute gegeneinander ausspielen oder sie mit angeblichen Polizeiinformationen irritieren. Notfalls konnte man auch etwas Druck ausüben und versteckt mit der Nennung des vollen Namens drohen. Oder man lockte mit einem Informationshonorar. Meistens aber waren die Leute am Telefon ohnehin unsicher und eingeschüchtert, wenn die ZEITUNG anrief, und ließen sich in die gewünschte Richtung führen.

Bevor die Geschichte fertigrecherchiert, geschrieben und nach der Zentrale getickert ist, werden dort die Seiten-Layouts und die Überschriften gemacht. Da kann es schon passieren, daß die vorgefertigte Überschrift mit der Geschichte nicht mehr übereinstimmt. In so einem Fall ruft der Nachrichtenchef vorwurfsvoll an: »In Ihrem Angebot hieß es doch, daß der Mann seine Frau anzeigen will. Jetzt ist davon keine Rede mehr. Wenn sie das nicht so halten können, fliegt die Geschichte aus dem Blatt.« Ich berate mich mit dem Nafü. Der überzeugt mich: »Komm, die schöne Geschichte können wir nicht sterben lassen. Hast auch lange nichts mehr im Blatt gehabt. Du hast doch mit dem Mann telefoniert. Hast ihn eben so verstanden, daß er seine Frau anzeigen will. Wenn es Schwierigkeiten gibt, habe ich neben dem Telefon gestanden und mitgehört, klar!«

Die Geschichte kommt also ins Blatt. Sie hat zwar inzwischen kaum mehr etwas mit dem zu tun, was ich verfaßt hatte, denn mein Manuskript hatte zuerst der Nafü umgeschrieben, dann wurde es in der Zentralredaktion nochmals verändert und gekürzt. Von mir stammt eigentlich nur noch der Name, der darüber steht.

Es entsteht die tägliche klebrige Mischung. Halbwahrheit, Fälschung, offene und versteckte Werbung, verlogener Sex und heuchlerischer Crime. Die »häßliche dicke Alte« wird dann noch ins Blatt gehievt, gerade so groß wie der Fuß des Seitenfotos, das betitelt wird: »Eine verführerische Fee in einem Hauch von Schwarz.« Die »häßliche, dicke Alte«, Gewinnerin des Urlaubspreisaus-

schreibens, die Laborhelferin Edith R. – sie ist übrigens
erst 40 – wird für BILD dann doch noch »attraktiv«
gemacht: Indem man ihr die Geldscheine des Gewinns
(777 Mark) auf Brust, Arme, Schultern und Kopf klebt.
Ein briefmarkengroßes Foto, entwürdigend und verächt-
lich machend. BILD-Unterschrift: »Glücksreporter
Klampf heftet der strahlenden Gewinnerin das Geld an
den Pullover«. Das schräg darunter plazierte Seitenfoto
der »knackigen Jungen« ist mit einer täglich neu erdich-
teten BILD-Unterschrift versehen: »In einen Hauch von
Schwarz gehüllt wartet Eva, 23, auf ihren Freund. Kein
Wunder, wenn Klaus oft spät noch ausgeht, um aus einem
Lokal noch Essen zu holen. Zu Hause ist es wieder einmal angebrannt . . .« Besonders mies daran ist nicht, daß
es erlogen, sondern daß es verlogen ist. Der gepflegte
Körper in verführerischer Wäsche – welche BILD-lesen-
de Hilfsarbeiterin sehnte sich nicht danach so anziehend
zu sein. Aber BILD tröstet sie: Sie ist vielleicht nach
harter Arbeit abends kaputt und häßlich, doch ihr Mann
muß nicht in die Kneipe, weil zuhause wieder das Essen
angebrannt ist. Nein, sie kocht gut und macht damit ihre
erarbeiteten ›körperlichen Mängel‹ wieder wett. So hält

Bild oben: Hans Essers erster Einsatz als BILD-Reporter –
bei den Kleingärtnern Hannovers

27

sie ihren Mann, der sich am BILD-Hauch von Schwarz aufgegeilt hat, an ihrer Seite. Dank BILD.

Darunter Dieter Thomas Heck am BILD-Telefon. Mit Pelzmäntelchen und Manager kam er in die Redaktion stolziert, um eine Stunde lang BILD-Lesern Rede und Antwort zu stehen. Und wenn die Anrufe der Leser ausblieben, weil sie vielleicht gerade andere Sorgen haben, die ihnen Herr Heck oder der jeweilige Show-Experte nicht beantworten kann, helfen BILD-Redakteure aus und rufen von einem Seitenflügel des Großraumbüros über die Zentrale den Star als Leser unter anderem Namen an und stellen die Fragen gleich BILD-gerecht.

Auf der gegenüberliegenden Seite von Dieter Thomas Heck, gleichgroß aufgemacht, ein anderer »Heck-Meck«. Verschleierte Werbung unter dem Emblem »Hannover-Sound«. In einem kleinen, scheinbar harmlosen Artikelchen gleich vier Werbeklöpse. Da ist von »glutäugigen, braunen Schönheiten aus der Karibik«, den »Ebonys«, die Rede. Von ihrem Auftritt in der »Pick-Nick Gasse« und einem »Schlemmeressen im ›Clichy‹«. Von glücklichen Gewinnern eines BILD-Hannover-Preisausschreibens«, die der »Chef der Diskothek, Nick Müller-Hermann, aus der großen Lostrommel gezogen« hat. Nebenbei erfährt man dann noch, daß eine »Hannoversche Jazz-Band einen duften Urlaub in Gran Canaria« verbracht hat. Mit dem Reiseunternehmen »TUI«. Der Artikel ist reine Schleichwerbung. »Pick-Nick«-Diskothekenbesitzer Nick Müller-Hermann ist der Duzfreund von Redaktionsleiter Schwindmann. Seine Unternehmen sind ständig im Blatt. Ein BILD-Schreiber verlor beinahe seine Stellung wegen Nick Müller-Hermann. Weil es der BILD-Klatsch-Kolumnist

28

Frieder Sprotte gewagt hatte, das Verhältnis des Redaktionsleiters zum Diskotheken-Nick drastisch zu interpretieren. In einem Lokal, in dem Nick Müller-Hermann mit Schwindmann gerade feierte, fand der BILD-Untergebene – durch Alkohol ermutigt – starke Worte zum Diskothekenbesitzer: »Du hast ihn ja gekauft mit deinem Essen.«

Wie zur Bestätigung verlangte Schwindmann von Sprotte, sich zu entschuldigen. Bezeichnenderweise nicht bei ihm, sondern bei Nick Müller-Hermann. Um seine Stelle zu behalten, setzte sich Sprotte am nächsten Tag in der Redaktion hin und entwarf den Entschuldigungsbrief. Bevor er ihn abschickte, legte er ihn Schwindmann vor, auf daß er sein ›Okay‹ gab.

Auf der gleichen Seite, unter der Rubrik »Hannoversound«, eine weitere große Werbeaktion für ein Schuhgeschäft. Drei attraktive Fotos sollen BILD-Leserinnen zum Kauf unverschämt teurer Sandaletten verleiten. Der »Schuhsalon Arno Trampler« liefert das Fotomodell, BILD macht's seinen Leserinnen schmackhaft: »110, 150 und 199 Mark« für ein paar Riemchen mit Absatz. Noch vier weitere versteckte Werbeartikel am gleichen Tag für Modehäuser und in der täglichen Kolumne »Stadtgespräch« wird über den Umweg des 13jährigen Sohns von CDU-Ministerpräsident Albrecht für den Papa und für Jägermeister-Sirup gleichzeitig Reklame gemacht: »Holger Albrecht (13), der Sohn von Niedersachsens Ministerpräsident Dr. Ernst Albrecht, spielt jetzt im Trainingsanzug von Eintracht Braunschweig Fußball. Jägermeister-Chef Günter Mast (50) hat dem jungen Fußballfan den begehrten orange-grünen Anzug mit dem Hirschkopf geschenkt, weil Holger am Sonnabend beim Spiel gegen den HSV so begeistert von den Eintracht-Kickern war.«

BILD-Reporter Uwe Klöpfer geht »vorort«. »Ich geh jetzt zu den Stammhirnjägern«, strahlt er. Warum freut er sich so? Was für Jäger und wessen Stammhirn? »Spezialtruppe, sie schießen sich ihre Todeskandidaten aus 100 Meter Entfernung raus. Ein Schuß – bums, aus.« Klöpfer berauscht sich an der Vorstellung: »Direkt ins Stammhirn und da regt sich nichts mehr. Bei Geiselnahmen oder Terroraktionen.« Will Klöpfer mich, den Neuen, testen und provozieren. Warum feixt er so? »Es sind wahrscheinlich Narkosewaffen«, versuche ich abzuschwächen, um die Situation zu entkrampfen. Aber Klöpfer weiß, wovon er redet. Er widerlegt mich sogleich.

(Zwei Tage später ist sein Bericht »Im Ernstfall haben sie einen Schuß, der muß sitzen – So trainiert Niedersachsens Elitetruppe gegen Terror- und Kapitalverbrecher« halbseitig im Blatt.)

Ein früherer Kripomann, der bewaffnet ist, kommt mit ihm in die Redaktion und zeigt seine umgebaute Spezialwaffe für besonders treffsichere Schüsse in größerer Entfernung vor. Auch die anderen kommen hinzu und wollen unbedingt auch mal so'n Ding in die Hand nehmen.
23 Uhr. Schwindmann sagt: »Kommt noch zu mir nach Haus. Damit wir uns kennenlernen.«

Im Namen des Volkes?

An dieser Stelle begann in den ersten fünf Auflagen dieses Buches die Erzählung dessen, was ich in dieser Nacht in Schwindmanns Wohnung erlebte. Am 7. Oktober verbot mir das Landgericht Hamburg, Zivilkammer 24, auf Antrag von Schwindmann

»im Wege einer einstweiligen Verfügung – der Dringlichkeit wegen ohne mündliche Verhandlung – bei Vermeidung eines vom Gericht für jeden Fall der Zuwiderhandlung festzusetzenden Ordnungsgeldes und für den Fall, daß dieses nicht beigetrieben werden kann, einer Ordnungshaft bis zu sechs Monaten (Ordnungsgeld im Einzelfall höchstens 500 000 Mark, Ordnungshaft insgesamt höchstens zwei Jahre) . . . dieses Buch anzubieten, solange darin Behauptungen enthalten sind, die Einzelheiten über das Privatleben von Schwindmann beinhalten, insbesondere anläßlich der Schilderung des Besuchs in seiner Privatwohnung durch Wallraff und Breull (Seite 31 bis 39 des Buches ›Der Aufmacher‹) veröffentlichte Angaben.«

Diese Entscheidung des Hamburger Gerichts, die den »Besuch« eines abhängig Beschäftigten an seinem ersten Arbeitstag in der Wohnung des Vorgesetzten zur Privatsache des Chefs macht, ist der gelungene Versuch der Springer-Leute und ihrer Juristen, meinen Bericht über BILD zu zensieren.

Ich war in der Hannoveraner Redaktion zunächst allein, gewann erst im Laufe der Zeit einige Freunde – auch in anderen BILD-Redaktionen und in der Hamburger Zentrale. Diese Kollegen arbeiten größtenteils noch dort.

31

Aber auch bei anderen Zeugen hat der Konzern einen Vorsprung: Er hat das Personal, jede meiner Ein-Mann-Recherchen innerhalb kürzester Frist mit großem Aufwand aufzurollen, geringfügige Irrtümer zu «Wallraffs Lügen» aufzubauschen und mich in Millionenauflage zu diffamieren. Die Macht von BILD vermag Zeugen zu verunsichern, ohne daß sie sich wehren. Meistens jedenfalls.

Um zu zeigen, was hier getrieben wird, will ich die Geschichte einer Frau erzählen, die in BILD am 4. Oktober unter der Schlagzeile «Wallraff log – und einer Mutter wurden die Kinder weggenommen» als Kronzeugin gegen mich benutzt wurde. In BILD heißt es:

Während seiner Arbeit für BILD Hannover erreichte ihn, zum Beispiel, der Anruf einer Taxifahrerin, die eine obdachlose Frau mit drei Kindern aufgenommen hatte. Anstatt sie zum Sozialamt zu schicken, dessen Existenz Wallraff überhaupt nicht wahrnimmt, verfaßt er einen Artikel voller Fälschungen gegen den Hausbesitzer, der sich sofort mit einer Gegendarstellung wehrt. Der Fall war nämlich ein bißchen anders als Wallraff ihn in blindem Haß gegen den »Miethai« darzustellen beliebte:

Die Frau hatte sich praktisch in eine leerstehende Wohnung gesetzt, die renoviert werden sollte. Als Wallraff in der Wohnung erschien, fing er an, mit dem Hausbesitzer zu krakeelen und veranlaßte eine mitgebrachte Fotografin, ein Zimmer mit Bauschutt aufzunehmen, das gar nicht zur Wohnung gehörte. Das Foto erschien in BILD mit Wallraffs Unterschrift: »Bauschutt in der Wohnung und kein elektrisches Licht.«

Aus der Antwort auf die Frage, was die Wohnung normalerweise kostete, machte er: »Die leidgeprüfte Frau soll für 80 Quadratmeter 480 Mark Miete zahlen.«

BILD Hannover brachte er damit in ein schiefes Licht – und die Frau, um die es ihm angeblich ging, verlor vorübergehend zwei ihrer Kinder, weil das Jugendamt einschritt.

Auch das Sozialamt erschien natürlich sofort und brachte die Frau und ihre Kinder in einer anständigen Drei-Zimmer-Wohnung unter.

BILD Hannover sorgte mit 2000 DM für einen Möbelzuschuß.

Und sogar Wallraff meldete sich noch einmal bei der Frau – nachdem wir ihn als falschen BILD-Mitarbeiter entlarvt hatten.

»Was wollte er von Ihnen?«

»Er hat mich beschimpft, weil ich den Zettel hergegeben habe.«
Ein Zettel, auf dem er für sie notiert hatte, wo er nach 22 Uhr zu errreichen wäre.«
»Das war alles.«
»Nein, auch Geld wollte er mir geben – ich sollte nur den Mund halten, der BILD-Zeitung nichts mehr erzählen . . .«
»Und haben Sie Geld bekommen?«
»Zur Zeit, sagte er, hätte er nichts – aber bald würde er sehr viel Geld haben.«

Die Frau bekam dann schließlich doch noch Geld – von BILD: 2000 Mark als »Wiedergutmachung« zusammen mit einem Brief der Springer-Justitiarin Renate Damm, worin ihr kostenlos ein Anwalt geboten wurde.

Doch diesmal half es nicht. Als die Frau die BILD-Geschichte gelesen hatte, rief sie sofort bei mir an, um mir ihr Entsetzen über die BILD-Lügen mitzuteilen. Und dann verfaßte sie eine Eidesstattliche Erklärung, die hier – als Exempel für die Glaubwürdigkeit der BILD-Kampagne – dokumentiert werden soll:

Eidesstattliche Versicherung

Ich kenne die Bedeutung einer eidesstattlichen Versicherung und weiß, daß falsche Angaben strafber sind. Zur Vorlage bei Gericht versichere ich hiermit an Eides statt:

In der BILD-Zeitung vom 4. Oktober 1977 heißt es,idaß der Bericht, den Herr Wallraff seinerzeit als Hans Esser in BILD-Hannover über meine Aussperrung aus meiner Wohnung verfaßt habe, sei voller Fälschungen gewesen.
Diese Behauptung von BILD ist unwahr; denn der damals in BILD-Hannover erschienene Artikel enthielt keime Unrichtigkeiten bis auf die Tatsache, daß das dort abgebildete Foto ein Zimmer zeigt, das nicht zu meiner Wohnung gehört, sondern den Raum daneben, in den mein Vermieter meine Möbel geworfen hatte.

Weiter heißt es außerdem, ich hätte mich damals praktisch in eine leerstehende Wohnung gesetzt, die habe renoviert werden sollen. In Wirklichkeit hatte ich die Wohnung für eine Monatsmiete von DM 480,- bereits gemietet und die Hausschlüssel vom Vermieter bekommen. Die Wohnung habe ich teils vor, teils nach meinem Einzug renoviert.
In dem Artikel heißt es auch,Wallraff habe, als er in der Wohnung erschienen sei, mit dem Hausbesitzer zu krakeelen angefangen. Das ist nicht wahr. Wallraff konnte ebenso wenig wie ich in die Wohnung, weil mein Vermieter die Wohnung

mit einem zusätzlichen Schloß versperrt hatte. Nicht Wallraff
sondern der Hauseigentümer Herr Bettels hatkrakeelt und
Wallraff und die ihn begleitende Fotografin des Hauses ver-
wiesen.

Weiterhin heißt es in dem angeführten Artikel, ich hätte
zwei meiner Kinder auf Betreiben des Jugendamtes hin ver-
loten. In Wirklichkeit beantragte mein geschiedener Mann
beim Amtsgericht, daß die Kinder so lange ihm überlassen
sollten bis ich eine akzeptable Wohnung wiedergefun-
funden hätte.
Später wies mir das Wohnungsamt und nicht das Sozialamt eine
Wohnung zu.
Die BILD-Zeitung behauptet unter der Zwischenüberschrift
"Schweigegeld", Herr Wallraff habe sich nach seiner "Ent-
larvung" noch einmal bei mir gemeldet, er habe mich beschimpft
weil ich einen Zettel mit Telephonnummern hergegeben habe;
weiter heisst es, Herr Wallraff habe mir Geld geben wollen,
- "ich sollte nur den Mund halten, der BILD-Zeitung nichts
mehr erzählen..." Das ist nicht wahr - er hat mich weder beschimpft noch hat er mir Schweigegeld angeboten.
Richtig ist im Gegenteil, dass mir "Herr Esser" sogleich
nach Erscheinen seines damaligen Artikels über meinen Fall
angeboten mich auf seine Kosten an Rechtsanwalt Dr. Holt-
fort in Hannover zu wenden, um meine Interessen gegen meinen Vermieter wahrzunehmen - wovon ich bis heute keinen
Gebrauch gemacht habe.

Hamburg, 8.1o.1977

....
(Renate Schmiedhäuser)

Das Ergebnis tagelanger Recherchen eines eigens aus
der Hamburger Zentrale angereisten Reporters, »Wiedergutmachung«, freier Anwalt für das Opfer – und dann
kommt, in Europas größter Boulevardzeitung, die gerade in diesem Fall ihre journalistisch einwandfreie Arbeit
beweisen will, wiederum eine typische BILD-Lügenge-
schichte heraus.

Warum? Auch dies habe ich bei meiner Arbeit
erfahren und beschrieben: Wie BILD mit der Wahrheit
frei schaltet und waltet, weil seine Redakteure sich daran
gewöhnt haben, daß die Patienten stillhalten – auch ohne
finanziellen Zuschuß.
Wenn sich aber doch mal einer wehrte, machte das bislang auch nichts. Wer das Land täglich mit Millionen
Schlagzeilen pflastern, mit einem Rudel Anwälten und

34

schier unbegrenzten Finanzmitteln jeden Rechtsweg gehen kann – bis das Opfer, erschöpft an Nerven und Geld, aufgibt, wem zudem der Zeitungsverlegerverband und der Presserat selbstlos zur Seite stehen, wer Politiker zu Haltungen zwingt, wie Helmut Schmidt sie einst formuliert hat: Sich mit Springer anlegen wäre politischer Selbstmord – der braucht so gut wie nichts mehr zu fürchten.

Ich werde Zeit brauchen, die Unwahrheiten, die BILD über mich und mein Buch verbreitet, Stück für Stück zu widerlegen. Aber ich werde nicht nachgeben, auch wenn es nicht immer so einfach sein wird wie in diesem Fall, der mir exemplarisch scheint:

Da zeigt BILD zum Beweis für das »bleiche Fanatikerantlitz« des »schweren Psychopathen Wallraff« ein Foto mit der Unterschrift: »Günter Wallraff vor dem Einschleichen: Brille, Schnauzbart. So kennt ihn jeder.«

Wirklich? Ich war im März 1977 bei »Bild« »eingeschlichen«. Das Foto aber wurde im Sommer 1974 aufgenommen, unmittelbar nach meiner Entlassung aus einem Athener Gefängnis, wo ich von den Schergen des griechischen Faschisten-Regimes gefoltert worden war. Die Folgen, die mir vom Gesicht abzulesen waren, wertet BILD als Beweis für ein »Antlitz«, das erst »durch Höhensonne vermenschlicht« werden konnte. Leichtfertiger Gebrauch hat den Vergleich diskreditiert.

»Ein Mittel, um provozierte Ängste und daraus sich ergebende Aggressionen zu verarbeiten, ist die aggressive Haltung, die BILD oft an den Tag legt.

Einfluß und Macht der Zeitung, Mut und Entschlossenheit, die teilweise als rücksichtslos und brutal erlebte Härte und Durchschlagskraft, geben dem Leser die Möglichkeit, sich mit diesem überlegenen Angreifer zu identifizieren, in BILD die Realisierung dessen zu erleben, was ihm selbst immer unmöglich sein wird zu verwirklichen.«

(Aus einer vom Springer-Verlag herausgegebenen Analyse der BILD-Zeitung)*

* Diese 1965 vom Springer-Konzern herausgegebene Psychoanalyse der BILD-Zeitung wurde nach eigenen Angaben hergestellt für zwei Zwecke, die sich schließlich als identisch erweisen:
»1. Sie kann für den schöpferischen Prozeß der redaktionellen Gestaltung dieser Zeitung bestimmte Dinge bewußt machen, mithelfen, diese Zeitung bewußter zu konzipieren, Fehler zu vermeiden.
2. Sie soll aber vor allem auch etwas über den Werbeträger BILD-Zeitung aussagen und eine Hilfe sein, den Werbeträger BILD erfolgreicher zu nutzen.«

...BILD-Redakteure als Thomas Mann-Verehrer. Welch ein Widerspruch. Thomas Mann und der infantile Stammel- und Kahlschlagstil der BILD-Zeitung. Wo kein Nebengedanke, kein Nebensatz zugelassen wird. Wo Schlagworte wie Totschläger benutzt werden und wo mit Vorurteilen und fixen Ideen ins Unterbewußtsein der Massen eingebrochen wird. Wo Sehnsüchte, Erkenntnisse und Hoffnungen mit falschen Zeugnissen exekutiert werden.

37

> »BILD verkörpert für die Leser eine Instanz, die dafür sorgt, daß alles mit rechten Dingen zugeht und der Einzelne gegenüber der gesellschaftlichen Apparatur nicht den kürzeren zieht. In diesem Sinne ist BILD Berichter und Richter zugleich.«
> (aus einer vom Springer-Verlag herausgegebenen Analyse der BILD-Zeitung)

Scharfmacher und Scharfrichter zugleich!

3 Uhr 30.   Raus, nichts wie raus! Mir fällt ein Zitat von Brecht ein: »Was für eine Kälte muß über die Menschen gekommen sein, wer schlägt da so auf sie ein, daß sie so durch und durch erkaltet. So helft ihnen doch und tut es in Bälde, sonst passiert etwas, was ihr nicht für möglich haltet.«

> »... Es ist vielleicht ein ungewöhnlicher Gedanke, nicht nur Kopfschmerztabletten, Schokolade oder Autos, sondern auch Zeitschriften und Zeitungen als Markenartikel anzusehen – ja, sogar den Anspruch zu erheben, die BILD-Zeitung den erwähnten Fixsternen zuzuordnen.
> Die BILD-Zeitung ist ein Markenartikel. Sie ist in der Warenzeichenrolle beim Deutschen Patentamt in München eingetragen. Wer als Werbungtreibender diese Eigenschaft der BILD-Zeitung noch nicht kennt, sollte sich mit den Zahlen dieses Prospekts vertraut machen. Die Hersteller von Markenartikeln sollten dem Markenartikel BILD besonders ›kollegial‹ ihr Vertrauen schenken.«

> »... Manche Dinge sind ein Stein ständigen Anstoßes: Menschen, Programme, Medien. Auch Zeitun-

gen können provozieren. Oft provozieren sie die, die sie gar nicht lesen.

Man kann keine Zeitung machen, die Tag für Tag weit über vier Millionen Käufer anzieht, wenn man lahm oder allzu vorsichtig ist, wenn man um heiße Eisen oder faule Fälle Bogen macht. BILD ist keine zahme Zeitung. Weder in ihren Themen, noch in ihrer Gestaltung. Weder in ihrer politischen Haltung, noch in ihren Schlagzeilen.

Wenn man den Werbeträger BILD bewerten will, kann man um diese ›Provokativen‹ Eigenschaften keinen Bogen machen. Denn sie beruhen darauf, daß das Image der Zeitung klar und akzentuiert ist. Und daß Leser und Nichtleser um Vielfalt und Bedeutung der Funktionen dieses Werbeträgers wissen.«

». . . Es können große, bedeutende Gegenstände sein. Liebenswerte Frauen. Zwingende Persönlichkeiten. Aber auch alltägliche, gewohnte Dinge. Immer wieder binden sie uns an sich. Die BILD-Zeitung gehört zu diesen erstaunlichen Erscheinungen! Sie zieht ihre Käufer wie Leser magisch an. Sie ist eine ›faszinierende‹ Zeitung.

Die Psychologen tun sich schwer, wenn sie erklären sollen, was eigentlich ›Faszination‹ ist. Faszination, diese eigentümliche Mischung von Bindung und Spannung. Es fällt ihnen noch schwerer, in einem Satz zu erklären, warum BILD eine faszinierende Zeitung ist. Doch daß sie es ist, daran ist nicht zu zweifeln. Das gilt auch für den Werbeträger BILD: Immer mehr Inserenten erkennen seine faszinierende Wirkung.«

(Aus einer vom Springer-Verlag herausgegebenen Analyse der BILD-Zeitung)

»Bei Sturm schwappt das Wasser aus der Badewanne«

BILD lebt von Superlativen. Das Größte, Kleinste, Ärmste, Reichste, Dickste – was sich so nennen läßt, ist eine BILD-Geschichte.

Ein einziges Mal während meiner Zeit in Hannover erlebe ich, daß Schwindmann selber schreibt. Anläßlich einer Opern-Aufführung »Rigoletto« – von den anderen Zeitungen positiv besprochen –, brach sein Temperament mit ihm durch: »Was mit der Peitsche hätte einstudiert werden müssen, bleibt lasch und ohne Energie.«

Ich weiß bald, was ich zu tun habe. Schon an meinem zweiten Arbeitstag biete ich einen Superlativ an: das höchste Haus Hannovers. Irgendwo habe ich gelesen, daß Kinder, die in Hochhäusern wohnen, besonders aggressiv werden, weil sie keine Spielmöglichkeiten haben. Mein Arbeitstitel heißt: Wie lebt man in Hannovers höchstem Wohnhaus. Die Idee wird sofort akzeptiert. Ich werde losgeschickt.

Nun leben aber in den oberen Etagen dieses Hochhauses gar keine Kinder, sondern nur kinderlose Pärchen und Alleinstehende. Dafür stehen vierzig Prozent der Wohnungen leer. Das Haus, dessen Erstellung durch eine holländische Gesellschaft die Stadt Hannover durch finanzielle Erleichterungen gefördert hat, ist völlig an den Bedürfnissen der Bewohner vorbeigebaut. Die obersten Stockwerke mit ihren herrlichen Penthouses und Appartments stehen zum Teil schon seit Jahren ganz leer,

40

die vielen Wohnungssuchenden können natürlich keine 450000 Mark für eine Eigentumswohnung ausgeben.

Weil diese Wohnmaschine nun also halb leer steht, gerät die Baugesellschaft finanziell in die Klemme. Sie muß an allen Nebenkosten, wie Heizung und Pflege, sparen. Und so ist dieses ziemlich neue Hochhaus schon am Verkommen.

Das ist die Geschichte, die ich recherchiert habe, die wirkliche Geschichte vom höchsten Haus Hannovers. Doch es sollte nicht die BILD-Geschichte sein. Der Redaktionsleiter schickt mich noch mal hin, um mit einigen Prominenten zu reden, die dort wohnen. Da gibt es zum Beispiel einen Fußballspieler – aber der ist nicht da. Dann ein Fotomodell, das schon einmal in BILD gezeigt worden ist. Als ich komme, zieht sie sich gleich ihr exotischstes Kleid an, und ihr Freund sorgt dafür, daß sie sich in fotogene Pose setzt, damit ihr Bild vielleicht noch mal in BILD erscheine. Ich frage auftragsgemäß, was es denn – da es nun mal keine Kinder in diesen hohen Etagen gibt – sonst hier oben Besonderes gebe. Der Freund des Fotomodells – seine Zitate werden später ihr in den Mund gelegt – erzählt, daß sich bei Sturm manchmal der Kronleuchter bewegt, daß die Gläser in den Schränken zittern. Der Mann, ein Beamter, der nicht genannt werden will, hat den richtigen BILD-Instinkt und bejaht auch sofort meine Frage, ob sich denn dann auch stehendes Wasser kräusele.

Zurück in der Redaktion schreibe ich dann zunächst ein langes Manuskript, um doch noch einiges von dem unterzubringen, was ich bei meinem ersten Besuch im Hochhaus erfahren habe. Der Redaktionsleiter liest es und meint: »So nicht, Sie müssen mit einem Kontrast anfangen . . . Aber das lernen Sie noch.« Und dann legt er los, richtig lyrisch: »So lebt man in Hannovers höchstem Haus: Bei Sturm schwappt das Wasser aus der Badewanne. Zu den Füßen ein glitzerndes Lichtermeer und darüber . . .«

Das Wasser kräuselt sich, »das Wasser schwappt aus der Badewanne« – es geht blitzschnell, eine Umdrehung mehr, und aus der Wahrheit ist die BILD-Geschichte geworden, das Aufregende, das Prickelnde. Der Superlativ: Das höchste Haus. Der Kontrast: Ein traumhafter Blick und ein überschwemmtes Badezimmer. Die handelnde Person: Ein Fotomodell. Das ist das Strickmuster. Man lernt schnell, daß ein Kontrast kein Widerspruch sein darf. Ein Widerspruch wäre gewesen: Von der Stadt, von den Steuerzahlern gefördert – von ein bißchen Schikkeria genutzt, ansonsten dem Verfall preisgegeben. Widerspruch löst Gedanken aus, der Kontrast bloß Stimmungen.

»BILD ist auch ein Mittel gegen Langeweile, hilft über das Unvermögen hinweg, mit der Welt, die einen umgibt, etwas Vernünftiges anzufangen.«
(aus einer vom Springer-Verlag herausgegebenen Analyse der BILD-Zeitung)

Was schließlich gedruckt wird, ist eine Farce, die in jedem anderen Umfeld als dem der BILD-Zeitung auch als solche erkennbar wäre. Die Wahrheit, so erfuhr ich, als ich meine ersten Recherchen vortrug, war für BILD »zu düster«.

»Der Mann, der die Bombe transportierte«

Bei BILD gibt es nicht Ressorts wie bei anderen Zeitungen, wo Leute sitzen, die sich in spezielle, komplizierte Fachgebiete einarbeiten. Hier schreibt jeder über alles, er muß von der Sache, um die es geht, nichts verstehen, er muß nur »die Geschichte« sehen: die Kuriosität, die Abnormität, die drinsteckt, und sei es noch so sehr am Rande, entdecken und »aufblasen«. Nicht der Anlaß, der Vorgang interessiert, sondern das, was ein gewichster Typ daraus macht. Läßt sich einem Mord, Selbstmord oder Unfall kein monströser oder abstruser Seitenaspekt abgewinnen, sagt der Redaktionsleiter: »Wo ist die Geschichte? Ich sehe die Geschichte nicht!«

Am 11. März sieht er eine Geschichte: Eine Zehn-Zentner-Bombe aus dem Zweiten-Weltkrieg ist gefunden worden. Ich werde losgeschickt. Ein Räumkommando hat die Bombe zum Entschärfen auf einen Truppenübungsplatz gebracht. Ich muß aber, so lautete mein Auftrag, mit dem Mann, der die Bombe transportiert hat, ein Interview machen.

Es erscheint am 12. März unter dem Titel: »Der Mann, der die Bombe transportierte: ›Wir bekommen keine Gefahren-Zulage‹.« In meinem Text habe ich auch beschrieben, daß die Polizei bei der Räumung des Bomben-Fundorts eine alte schwerhörige Frau übersehen hat, die unmittelbar neben dem Blindgänger wohnt. Die Frau hat während der Räumung sogar am Fenster gestanden. Das darf nicht erscheinen.

Originell, BILD-gemäß, weil gruselig, wäre die Geschichte schon gewesen. Aber – und das ist, wie ich lernen sollte, BILD-ungemäß, es hätte auf die Verantwortlichen der Polizei ein schlechtes Licht geworfen. Ich hatte den Fahrer der Bombe nicht nur nach seinen Gefühlen, seiner Angst gefragt, sondern auch danach, wie er zu diesem Beruf gekommen war. Er und sein Kollege waren vorher Arbeiter, der eine bei VW, der andere Heizungsmonteur. Beide mußten sich wegen Kurzarbeit eine zusätzliche Verdienstmöglichkeit schaffen und hatten sich diesem Todeskommando (denn irgendwann geht ja doch mal so ein Blindgänger hoch) verdungen. Das habe ich auch geschrieben. Es wird gestrichen. Ein Redakteur meint: »Was die Arschlöcher vorher gemacht haben, interessiert ja überhaupt keinen.«

Peter Hornemann transportierte die gefährliche Bombe

Der Mann, der die Bombe transportierte: „Wir bekommen keine Gefahren-Zulage"

BILD: „Wie war die Fahrt?"

Hornemann: „Die Schlaglöcher auf dem Truppenübungsplatz machten mir zu schaffen. Lieber wär ich mit dem Biest 100 Kilometer über die Autobahn gefahren als den zwei Kilometer langen holprigen Weg. Ich brauchte 20 Minuten dafür."

BILD: „Hatten Sie Angst?"

Hornemann: „Es ist mein Job. Bis jetzt ist immer alles gut gegangen. Aber bei jedem Ruck war's mir, ob ein Zeitzünder tickte."

BILD: „Wie hoch war Ihre Gefahrenzulage heute? Haben Sie eine hohe Lebensversicherung?"

Hornemann: „Wir bekommen keine gesonderte Gefahrenzulage. Insgesamt 1800 Mark Gehalt netto. Die Lebensversicherung ist 80 000 Mark. Aber die ersetzt meinen Kindern den Vater nicht."

»Schweigen Sie jetzt und gehen Sie schon!«

In Hannover lebt eine Philosophie-Studentin, die über die Beschäftigung mit Zen-Buddhismus zum Kampfsport Tek wan do gekommen ist, einer koreanischen Abart des Karate. Ich schlage die Geschichte vor, die Idee wird akzeptiert. Ich bin nun schon so tief drin in der BILD-Mache, daß ich ziemlich genau weiß, was von mir erwartet wird. Der Producer spricht es auch noch offen aus: »Was, wenn die einer vergewaltigen will?!« Da ich unter großem Zeitdruck bin, bitte ich Alf, meinen Vorgänger bei BILD, der mich gerade besucht, mir zu helfen. Wir rufen die Studentin an:

»Sind Sie schon mal vergewaltigt worden?«

»Ich kann mich nicht erinnern.«

»Wäre Tek wan do eine Kampftechnik, die Ihnen als Frau da helfen würde?«

»Das ist für mich in keinem Fall ein Grund, diesen Sport zu betreiben. Es geht mir dabei um andere Dinge, um eine Philosophie.«

»Aber mit Tek wan do kann man mörderische Schläge anbringen, oder?«

»Ist möglich, obwohl wir das gar nicht üben. Der Meister beherrscht zwar diesen Schlag, bringt ihn den Schülern aber gar nicht bei.«

»Danke. Auf Wiederhören.«

Alf ist unzufrieden: »Damit wir uns richtig verstehen: In unserer Geschichte macht die keinen Philosophie-Unterricht, sondern sie übt richtiges Zuschlagen.«

Ich wende ein: »Die treiben Sport, Gymnastik mit philosophischem Hintergrund. Gerade um den geht's ihr.«

Alf: »Vielleicht können wir es ja so drehen: ›Über die Philosophie ist sie dazu gekommen . . .‹

Ich: »Die Geschichte, wie einer sie vergewaltigen will und sie den Jungen durch die Luft wirbelt, die gibt's nicht.«

Alf: »Ach so, Scheiße. Wir müssen es so darstellen: Da gibt's einen Menschen, der ist vollkommen, und doch hat er was, worin ihm der Leser voraus ist. Der Leser hat eine gesunde, glückliche, intakte Familie, zwar alles mehr oder weniger, aber er glaubt's. Na, ich ruf sie noch mal an.«

»Guten Tag, ich würde gerne wissen: Sind Sie bereit zum Töten?«

»Nein, auf gar keinen Fall. Das hat mit Tek wan do nichts zu tun.«

»Sie haben aber gelernt zu töten?«

»Nein.«

»Nehmen wir mal an, Sie gehen nachts durch den Park und es stehen plötzlich vier Typen vor Ihnen. Der eine greift Ihnen an die Bluse, der zweite untern Rock, was tun Sie dann?«

»Da ich noch nie in einer solchen Situation war, kann ich die Frage nicht beantworten.«

Alf legt auf: »Mann, ist die aber kompliziert, die sagt ja gar nichts. Na ja, fangen wir an: Sie ist neunzehn Jahre alt, hat lange blonde Haare und ein wunderschönes Gesicht. Sie sieht aus – jetzt muß irgendwas kommen wie Märchenfee, Gedankenstrich, und dann: aber sie ist tödlich, denn sie beherrscht . . . mit einem Schlag, mit einem Tritt und so weiter. Dann beschreiben wir den Sport, welche Schläge und Tritte tödlich sind, daß sie aber noch nie in einer solchen Situation gewesen ist. Dann kommt: Sie lächelt verlegen, manchmal ist sie sogar ein bißchen schüchtern, weil die Leute, die sie kennen, Angst vor ihrer tödlichen Waffe haben, und daß sie deshalb Angst hat, daß sie niemanden findet, der mit ihr zusammenlebt. Das ist die Schwäche, die rein muß.«

Vor meinen Augen verwandelt sich der sanfte, liebe Alf in einen Typen, den ich nicht wiedererkenne. Am Telefon straff und knallhart, er versucht das Mädchen regelrecht zu überfahren. Dann, als er schreibt, plötzlich nur noch flüsternd, hauchend wie ein Schmierenlyriker. Zwischendurch schüttelt er den Kopf: »Wie kann man nur so 'n Zeug daherreden, bei der stimmt's ja hinten und vorne nicht.« Er ist für zwei Stunden wieder der zynische BILD-Reporter geworden, skrupellos und erfolgsgewiß, den Schwindmann so dringend »einkaufen« wollte.

Als ich mit der Geschichte in die Redaktion komme, wird sie genußvoll durchgehechelt. Ein paar Redakteure und der Producer sehen sich die Bilder an und sinnieren, ob man die Kleine mal selbst . . .

Alf hatte gute Arbeit geleistet, und ich begann, mich dieser Arbeit mehr und mehr anzupassen. Schon wenige Wochen in dem geschlossenen Regelkreis, den eine BILD-Redaktion bildet, lassen jede Orientierung auf anderes schwinden. Ich schreibe zu dieser Zeit in mein Tagebuch: »*Als Z. dastand und nicht wußte, woher er kam und wo er hin sollte, waren ihm alle Richtungen gleich.*« Wer funktionieren, mitmachen, mitspielen muß, wer auch andern so mitspielen muß wie ihm mitgespielt wird, verliert alle Widerstandskraft.

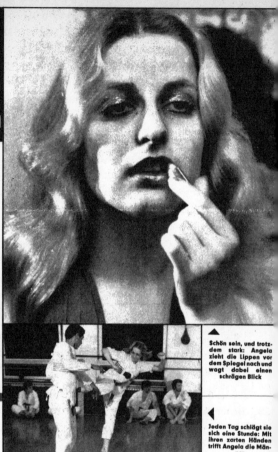

Jung, blond und gefährlich

Sie ist 19 Jahre alt, hat lange blonde Haare und wirkt zerbrechlich wie Porzellan. Doch Angela Hoffmann aus der Lutherstraße kann mit einem Tritt ihrer kleinen Füße (Schuhgröße 36) gegen die Schläfe, in die Herzgrube und sogar gegen den Hinterkopf jeden Räuber oder Rocker auf der Stelle töten. „Dabei bin ich der sanfteste Mensch der Welt", lächelt die Studentin zaghaft und steckt einen blühenden Mandelzweig in die Kristallschale. Seit zwei Jahren übt sie die tödlichen Tritte im „Sportcenter" Georgstraße, und kein Mann sagt mehr zu ihr: „Geh nach Hause kochen!" Es will ja keiner Prügel. Nur eines macht der zarten Blonden Kummer: „Wenn Tanzpartner erfahren, daß ich Taekwon-Do kann, sind sie plötzlich so zurückhaltend."

Fotos: Esser

Schön sein, und trotzdem stark: Angela zieht die Lippen vor dem Spiegel nach und wagt dabei einen schrägen Blick

Jeden Tag schlägt sie sich eine Stunde: Mit ihren zarten Händen trifft Angela die Männer

Ich konnte die Tek-wan-do-Geschichte relativ gut verkraften, denn ich hatte die Studentin vorgewarnt, hatte sie eingeweiht, konnte ihr versprechen, daß ich die Geschichte irgendwann richtigstellen, die BILD-Lügen ent-

48

larven würde. Es war auch so noch schlimm genug für sie. An Straßenecken und in Kneipen wurde sie wegen der Geschichte angemacht, ihr Philosophie-Lehrer empfahl ihr, doch gleich für BILD zu arbeiten. Sie hat nichts gesagt. Ein echter BILD-Journalist hätte nichts wiedergutmachen können, hätte keine innere Rechtfertigung gehabt dafür, daß er einen anderen für »BILD« fertiggemacht hat.

Sie sind ja nicht als Bösewichter, als Lügner und Heuchler auf die Welt gekommen. Sie mußten da mal eine »schnelle Geschichte« wider besseres Wissen schreiben, weil die entsprechende Schlagzeile schon »abgefahren« oder unwiderruflich für die Bundesausgabe nach Hamburg gemeldet war; sie haben mal was erfunden, weil sie drei Tage hintereinander mit ihren »langweiligen« Geschichten nicht ins Blatt gekommen waren und ihr Kurs an der Hausbörse stürzte; sie haben dort mal dem Redaktionsleiter nicht widersprochen, als er ihre Geschichte auf den Kopf stellte. Keiner redet darüber, aber alle wissen es. Woher da noch den Mut und die Rechtfertigung nehmen, gegen die Lügen der anderen aufzustehen? Woher noch das Motiv für anständige journalistische Arbeit nehmen, wo man doch das Brandmal sowieso nicht mehr loswerden kann?

Es gibt einen in dieser BILD-Redaktion, der sich nicht beugen will. Und gleich kommt mir der Verdacht, daß dieser Kollege, Michael Bartz, nicht echt ist. Daß er am Ende auch in der Rolle des teilnehmenden Beobachters hier ist, eventuell als Publizistik-Wissenschaftler, der die BILD-Mache und -Masche vorort untersucht. Dann allerdings gelingt es ihm mit der Verstellung nicht so gut. Er ist nachdenklich, wenn vorschnelles Reagieren verlangt, spröde und nachfragend, wenn ein naßforsches Einverständnis erwartet wird. Er wagt es sogar, in Redaktionskonferenzen »wieso« und »warum« zu fragen. Er hat so eine trockene Art, Schwindmann auf- und leerlaufen zu lassen, wenn er in Redaktionskonferenzen auf dessen Geschichtenversessenheit entgegnet: »Nein, das ist nicht so« oder: »Ich war da, ich muß es schließlich wissen«, oder sogar: »Ich kann das nicht verantworten.« Immer wieder weigert er sich hartnäckig, den Vorstellungen von Schwindmann Nahrung zu verschaffen. Das Resultat: Er bringt manchmal mehrere Tage hintereinander keine Geschichte ins Blatt. Schwindmann lehnt ab, »das ist noch keine Geschichte« oder »die Geschichte seh' ich nicht«. Manchmal ist Bartz elf Stunden in der Redaktion und hat nicht mehr als 30 Mark für zwei Meldungen verdient. Klöpfer und Hai reden ihm zu: »Du bietest deine Geschichten nicht richtig an.« (Das heißt soviel wie: Du verdrehst die Realität nicht BILD-gerecht.) Bartz sagt: »Ich kann nur erzählen, was war. Das ist der Grund, daß ich aus der Werbung zum Journalismus gewechselt habe.«

Die anderen belächeln ihn, wenn er auf den Redaktionskonferenzen den ganzen Laden aufhält und partout nicht dazu bereit ist, Schwindmanns Einflüsterungen nachzugeben und sich auf vorschnelle Übereinkünfte einzulassen. Selbst ich ertappe mich dabei, daß ich ihn belächle. Allerdings hat es auch etwas Befreiendes, daß es da einen gibt, der nicht so ohne Weiteres mit sich reden und sich im Vorbeigehen vereinnahmen läßt.

Michael ist keineswegs ein Systemkritiker. Ich glaube auch nicht, daß er BILD durchschaut. Er bewahrt nur ein Gefühl für Wahrhaftigkeit und Aufrichtigkeit vor sich selbst, immer wieder aufs neue. Das läßt ihn hier so fremd und deplaziert erscheinen.

50

Einige mögen ihn zwar, vielleicht, weil er ihre eigenen, ständig unterdrückten Gedanken offen auszusprechen wagt, aber ernst nimmt ihn so gut wie keiner. Ich mag ihn sehr, weil er sich nicht anpaßt und unterwirft, sondern einen Gegenpol in dem Ganzen darstellt.

Es gab eine Situation, da glaubte ich, er habe mich erkannt und wolle es mir verschlüsselt zu verstehen geben. Michael zeigt auf Schwindmann und flüstert mir zu: »Der da oben, wir hier unten.« Ich erschrecke sehr. »Wie meinst du das?« frage ich, »gibt's da nicht ein Buch, das so ähnlich heißt?« Er nennt den genauen Titel und die Autorennamen. »Meine Freundin liest's gerade. Es soll da so ähnlich zugehen wie bei uns. Aber hier kommt man ja nicht zum Lesen von so dicken Büchern.« Ich bin erleichtert.

Einmal verlangt Schwindmann von Bartz einen Sondereinsatz. Bartz muß für ihn ein ständiger Störfaktor sein, ein irritierendes, verunsicherndes Element in diesem glattgeschmierten, eingespielten Mechanismus.

18.4.   »Halten Sie sich bereit. Wir brauchen Sie für ein Foto für die morgige Ausgabe.« Schwindmann hat sich vor Bartz' Schreibtisch postiert. Seine Stimme klingt scharf, fast wie ein Befehl. Michael Bartz schaut von der Schreibmaschine hoch. Er wagt nachzufragen: »Was für ein Foto?« – »Aufmacherfoto Seite 3. In Gegenüberstellung zu einem Mannequin. ›Wohin deutsche Männer bei Mädchen zuerst schauen.‹ Sie werden den deutschen Mann darstellen«, sagt Schwindmann, »wir machen dann Pfeile auf die jeweiligen Körperteile: Augen, Gesicht, Hände, Figur und so weiter.« Schwindmann mustert Bartz mit abschätzendem Blick. Bartz erschrickt. (Schon einmal ließ ihn Schwindmann für BILD posieren. Zusammen mit seiner Verlobten am 11. März. Als »Blumenkavalier« mit Frühlingsstrauß. Aufmacherfoto Seite 3. Blickfang, für jedermann erkennbar, nur der Name geändert. Bildunterschrift: »Sollten noch andere Verehrer auf die Idee mit den Blumen kommen – nur zu! In den Parkanlagen wimmelt es jetzt von hübschen, sympathischen Mädchen.« Für Bartz hatte es unangenehme Folgen. Er setzte sich dem Spott seiner Freunde und Bekannten aus und bekam großen Ärger mit seiner Familie.) Bartz bittet Schwindmann: »Tun Sie mir das bitte nicht an. Ich hatte beim letzten Mal schon solche Schwierigkeiten, besonders bei den Eltern meiner Verlobten ...«

Schwindmann: »Nein, Sie machen das, ich bestehe darauf.« Die anderen im Großraumbüro werden aufmerksam. Sie feixen und tuscheln, wie diese ungleiche Machtprobe wohl ausgeht. Schwindmann, auf Bartz' miese finanzielle Lage anspielend, und offensiv zum Du übergehend: »Ich zahle dir Honorar dafür. Hier braucht keiner was umsonst zu machen.« Ein Kollege aus dem Hintergrund: »Das ist eben der Preis der Schönheit.« Bartz sitzt ganz blaß und in sich zusammengesunken da. »Das ist nicht das Problem, Herr Schwindmann. Ich besorg Ihnen gern jemand, der das von Berufs wegen macht, und zahle dem auch noch das Honorar, wenn Sie mich da nur rauslassen. Verstehen Sie doch meine Situation.« Schwindmann: »Nein, ich bestehe darauf! Was soll das Geziere. Ich verstehe Sie überhaupt nicht.

Stehen Sie nun zu unserer Zeitung oder nicht? Wenn nicht, dann sagen Sie das hier offen!« Bartz (dem Heulen nahe) fleht den Redaktionsleiter an: »Nein, das ist es wirklich nicht, glauben Sie mir doch, Herr Schwindmann. Ich, von mir aus, würde es ja gerne tun. Ich habe es ja auch schon mal gemacht. Aber ich bin da in große Schwierigkeiten meiner Familie und Verlobten gegenüber gekommen. Lassen Sie es doch einen anderen machen: Klöpfer oder Esser ...«

Ich erschrecke: Jeder 3. Hannoveraner liest die BILD-Zeitung. Irgendeiner würde mich bestimmt auf dem Foto erkennen. Ich wehre vorsorglich ab: »Ich bin überhaupt nicht fotogen. Außerdem habe ich abstehende Ohren.« Aber Schwindmann hat sich sowieso auf Bartz versteift, er winkt der Fotografin zu, die sich schon die ganze Zeit in gebührendem Abstand bereithält: »Agnes, fahr mit ihm nach Haus. Er soll sich umziehen. Legere Kleidung.« Und zu allen: »Schließlich ist es kein unsittliches Verlangen. Wir wollen ja nicht gleich ein Nacktfoto von ihm.«

Aus dem Hintergrund wieherndes Lachen einzelner. Michael Bartz unternimmt einen letzten verzweifelten Versuch: »Ich bin hier als Journalist und nicht als Dressman beschäftigt ...« Aber Schwindmann schneidet ihm das Wort ab: »Sie können sich etwas darauf einbilden, daß Sie neben einem bekannten, attraktiven Mannequin ins Blatt kommen. Schweigen Sie jetzt und gehen Sie schon.« Bartz gibt auf, erhebt sich und geht mit gesenktem Kopf hinter Agnes Verlas her.

Aber nach einer Stunde kommen die beiden zurück. Unverrichteter Dinge. Außerhalb des suggestiv-zwingenden Bannkreises von Schwindmann hat Bartz zu seiner Standhaftigkeit zurückgefunden. Er hat »nein« gesagt und will es darauf ankommen lassen. »Eher laß ich mich rausschmeißen«, sagt er zu mir. Vorerst darf er bleiben. Schwindmann würdigt ihn keines Wortes und keines Blickes. Schließlich nimmt er Uwe Klöpfer, der es mit sich geschehen läßt.

Kälteeinbruch

Auf Bartz aber reagiert Schwindmann immer aggressiver. Eines Tages hat er eine Information aufgeschnappt, in Mallorca gebe es einen Kälteeinbruch, die Urlauber säßen dort statt in südlicher Sonne im Unwetter. Er dichtet schon die Schlagzeile: »Chaos, Regen, Hagel«. Nun muß nur noch jemand zum Flughafen, um ein paar zurückkehrende Urlauber zu befragen. Es trifft Michael Bartz.

Die erste Maschine mit Mallorca-Urlaubern trifft ein, alle braungebrannt, mit strahlenden Gesichtern. Bartz sagt: »Ich komme wegen der Unwetter und der Kälte, wegen des Urlaubs, der ins Wasser gefallen ist.« Der erste Urlauber antwortet: »Unwetter und Regen gab's nicht, nur tolle Sonne.« Bartz bleibt dabei, glaubt dem Redaktionsleiter und seinen Informationen immer noch: »Aber wir wissen, daß es so war, wir haben Meldungen von unseren Korrespondenten. Vielleicht waren Sie gar nicht in Mallorca?« Doch, die Maschine kommt aus Mallorca, und auch die anderen Heimkehrer erzählen nur von strahlender Sonne. Bartz gibt's auf. Er ruft Schwindmann an: »Herr Schwindmann, da war nichts mit großem Unwetter und Kälte, die sind alle ganz braungebrannt.« Schwindmann läuft langsam an: »Fragen Sie noch mal, stellen Sie sich nicht so blöde an!«
Bartz wartet die nächste Maschine ab. Wieder nur Sonnengebräunte. Einer der Touristen, ein geförderter Marathon-Läufer, erzählt ihm, an einem Tag habe er mal in einer Bar gesessen. Mit diesem Detail kommt Bartz zurück in die Redaktion. Schwindmann macht daraus:

Stocksauer und enttäuscht — Urlauber, die aus der Kälte kamen

Sie erlebten auf Mallorca die tiefsten Temperaturen seit 30 Jahren

Hannover, 4. April. Sie kamen vom Regen in die Traufe: Hunderte von Hannoveranern wollten dem häßlichen Nachwinter der letzten 14 Tage entfliehen und den Frühling in Spanien genießen. Am Wochenende kehrten sie noch stocksauer und enttäuscht nach Hause zurück – stocksauer Regen, Schnee und Kälte hatten ihre Nerven strapaziert. Im sonnigen Süden schwankten die Tagestemperaturen meist um vier Grad, nachts gab's sogar empfindlichen Bodenfrost.

Die Meteorologen bestätigten: So kaltes Wetter in Mallorca (vier Grad), Ibiza (fünf Grad) oder Madeira (vier Grad) gab es seit 30 Jahren nicht mehr!

Flug AO 3026 aus Palma de Mallorca kommt mit zweistündiger Verspätung in Langenhagen an.

Die Stimmung der Rückkehrer ist mies. Felizitas Fricke (50, Hausfrau) aus Sarstedt: „Zum Glück hatte ich wenigstens ein paar warme Sachen mit. Am Strand, auf den ich mich so gefreut hatte, war für mich

vergessen. Statt dessen besuchte ich das Museum in Schloß Bellive in Palma!"

Nicht weniger schimpft Willi Wetzel (42), Busfahrer, aus Sehnde: „Vor lauter Kälte habe ich Marathonlauf trainiert. Dabei war mir wenigstens warm. Schon am Nachmittag drückte ich mich in Tito's Night-Club auf Mallorca rum."

Für die Familien mit Kindern war es besonders schlimm. Alwin Kippel (36), Kaufmann: „Eine schöne Welle, das war das Jahresurlaub. Als wir abgefahren sind, regnete es in Mallorca. Re-

gen! Und nun auch Regen in Hannover."

Betroffen waren alle Urlauber der spanischen Mittelmeerküste – ob Algarve, Madeira oder Mallorca.

Sissi Geese (30), Stewardeß bei Intair: „Eine alte Dame mit Rückflug aus Ibiza hatte Tränen in den Augen. Sie hatte zwei Jahre gespart – und nichts als Regen!"

Übrigens: Seit gestern scheint auf Spaniens Mittelmeerinseln die Sonne. Temperatur: 18 Grad! Wenn das kein Grund zum Ärgern ist.

Alwin Kippel (36):

Regen, Regen und nochmehr Regen! Das war nun der Jahresurlaub seiner Familie. Erst bei der Abreise wieder Sonne – mehr Pech gibt's nicht!

Felizitas Fricke (50):

Zum Glück hatte sie wenigstens warme Sachen mit. Sie tauschte Strand gegen Museum. Ein schwacher Trost für den verunglückten Urlaub.

Willi Wetzel (42):

„Ich hielt mich nur mit Marathonläufen warm. Nach dem Mittagessen war ich nur noch in den Bars von Palma zu finden. Erholt habe ich mich nur wenig."

Willi Wetzel, BILD-Geschädigter und mit 2 Stunden 24 Minuten einer der besten Marathon-Läufer der Bundesrepublik, wundert sich im nachhinein:

»Warum machen die sich überhaupt die Arbeit und fragen einen noch, wenn sie doch schon vorher wissen, was sie schreiben wollen. Das hätten die sich doch sparen können, extra einen zum Flughafen raus zu schicken. Die hätten doch gleich den erfundenen Text drucken können. – Es war ein herrlicher Urlaub, 24–30° C, so daß wir oft ins Landesinnere gefahren sind, weil es uns am Strand zu heiß war. Es hat nie geregnet. Für mich als Marathonläufer war es ein Trainingsurlaub auf Mallorca, und ich trainierte täglich. Wäre es so kalt gewesen, wie in BILD beschrieben, hätte ich mein Training nicht in diesem Umfang absolvieren können, das wäre für die Muskeln nicht gut gewesen. Daß ich mich wegen Regen und Kälte im Nightclub rumgedrückt hätte, ist ebenfalls eine glatte Lüge. Ich war ein einziges Mal dort, nämlich im Rahmen eines im Neckermann-Reiseprogramm inbegriffenen Gemeinschaftsbesuchs. Bekannte und befreundete Sportler haben sich anschließend über mich lustig gemacht: ›Du alter Säufer! Und du erzählst uns, du hast dort trainiert.‹ Die ›arme, alte Dame‹, von der in BILD die Rede ist, die angeblich mit Tränen in den Augen zurückkehrte: ›Zwei Jahre gespart und nichts als Regen‹, ist eine gute Bekannte von uns. Sie ist recht wohlhabend, hat sich prächtig erholt und fährt im Frühjahr wieder dorthin. Wir sind alle knackig braun und fröhlich zurückgekehrt, das läßt sich sogar auf den Schwarzweiß-Fotos in der BILD-Zeitung noch erkennen. Ich meine, von der BILD-Zeitung erwartet man schon gar nichts anderes mehr. Allein in meinem Bekanntenkreis kenne ich drei, denen von BILD die Worte im Munde herumgedreht worden sind. Der Aus-

spruch: ›Er lügt wie gedruckt!‹, ist der eigentlich mit
Erscheinen der BILD-Zeitung entstanden?«

»Den gibt's glaube ich schon länger«, antworte ich Herrn
Wetzel, »aber bei BILD wird er täglich neu ›aktuali-
siert‹.«

Unter den Hannoveraner Mallorca-Urlaubern waren bestimmt einige hundert BILD-Leser. Zwar bekamen sie
da unten nur die Bundes- und nicht die Lokal-Ausgabe,
insofern war Schwindmann dagegen gefeit, daß der
Schwindel an Ort und Stelle entdeckt wurde.
Schwindmann mußte aber fest damit rechnen, daß viele
Rückkehrer von daheimgebliebenen BILD-lesenden
Freunden und Verwandten nach dem Unwetter gefragt
wurden. Wenn Alfred K. aus Düsseldorf von einem zwölf
Meter hohen Bohrturm fällt, weich landet und die Nationalhymne singt, kann das keiner nachprüfen. Aber in
diesem Fall liefen die lebenden Gegenbeweise hundert-
fach strahlend braun durch Hannover . . . Woher nahm
Schwindmann diese Chuzpe? Ganz einfach: BILD-Leser
sind für ihn keine ernstzunehmenden Menschen. Entweder glauben sie eher an eigene Sinnestäuschung als daran,
daß BILD lügt. Oder sie wissen, fühlen, ahnen, daß
BILD lügt, und können doch nicht von BILD lassen. Sie
sind abhängig, süchtig. Der Drogencharakter von BILD
ergreift natürlich nicht nur die Konsumenten, sondern
zeitweilig auch einige der Produzenten. Im Fall »Unwetter auf Mallorca« beispielsweise hatte sich Schwindmann
an seiner Idee, die große Schadenfreude der Nicht-
Urlauber auszulösen, und an seinem Aufmacher schon
völlig besoffen, bevor er Bartz überhaupt losschickte.
Nachher, als das Unwetter einfach ins Wasser gefallen
war, konnte er von dem Trip nicht mehr runter. Der
Kollege Michael Bartz war weder zynisch genug einfach

zu lügen, noch so »genial« (was in diesem Fall nichts anderes heißt als: kaputt), an seine eigenen Lügen glauben zu können. So mußte er zum Spielverderber in dieser Redaktion werden, der mit seiner sturen Moralität immer wieder dann das Licht anknipste, wenn die Party gerade gemütlich zu werden begann. Entsprechend wurde er behandelt, entsprechend litt er.

So wenig BILD mit dem zu tun hat, was nach Tradition und Wissenschaft als Zeitung gilt, so wenig ist der BILD-Leser ein Zeitungsleser. Er erwartet, sieht man mal von den Bundesliga-Ergebnissen ab, weder Information noch aufklärenden Kommentar, also nichts was mit dem Kopf zu fassen wäre, sondern Stimmung und Unterhaltung, Erhebung und Schauder. Nicht erhellt soll der BILD-Leser werden, er soll sich für 35 Pfennige Emotionen kaufen, Stimulantien, Ersatzdrogen.

Eine eifrige BILD-Leserin ruft mich an. Sie ist Taxifahrerin, hat am Straßenrand eine Frau mit den drei Kindern aufgelesen, die von einem Miethai vor die Tür gesetzt worden war, und bei sich zu Hause in ihrer kleinen Wohnung einquartiert. Ich fahre hin, schreibe dann eine Geschichte über die miesen Praktiken des Vermieters, der nicht nur die Frau mit drei Kindern rausgeworfen, sondern auch schon einen anderen Mieter krankenhausreif geschlagen hatte, Gastarbeiter die Treppe runterschmeißen ließ und Abbruchhäuser mit Gastarbeitern vollpfropfte.

Die Geschichte wird drei Tage liegengelassen, bis die Not an Glanz- und Glitzerthemen gerade mal so groß ist, daß sie als Lückenfüller Platz findet. Das hat, abgesehen von anwaltlichen Bemühungen des Vermieters, zur Folge, daß die Taxifahrerin mich anruft. Sie ist völlig aufgelöst, schluchzt, heult: »Warum haben Sie meinen Namen nicht in Ihrer Zeitung geschrieben? *Ich* habe Sie doch angerufen, *ich* habe Ihnen gesagt, daß *ich* der Frau geholfen habe! Warum haben Sie mich nicht genannt?«

Ich weiß kaum, was ich sagen soll: »Aber Frau W., Sie haben doch auch so geholfen . . .«

»Jetzt stehe ich da, und keiner spricht von mir! Das nächste Mal laß ich sie mitten auf der Straße verrecken, wenn noch mal so was passiert. Ich helfe keinem mehr!«

Die obdachlose Frau mit den drei Kindern war für die BILD-Leserin, die sie trotz allem ja freundlich und spontan aufgenommen hat, nicht mehr der Mitmensch, der Hilfe braucht. Solidarität mit dem Nächsten – das war für die Taxifahrerin nur noch die Chance, *einmal* in ihrem Leben vor einem Millionen-Publikum existent zu werden. Dabei hatte ich sie gar nicht als zynisch, eher als sehr herzlich kennengelernt. Und sie wäre es sicher geblieben, hätte nicht die BILD-Zeitung ihre Gefühle fest in Griff genommen.

»Die Attraktivität der Zeitung BILD ist ungeheuer groß: Man braucht diese Zeitung, ihre Reize, ihre Anregungen, ihre Provokationen und ihren Schutz. Man wehrt sich gleichzeitig gegen die Abhängigkeit von dieser Zeitung, man kritisiert sie, man verwirft sie, man lehnt sie ab. Man erliegt am Schluß doch dem ›Faszinativum BILD‹, man kann eben ohne diese Zeitung nicht auskommen – man muß BILD lesen!«
(aus einer vom Springer-Verlag herausgegebenen Analyse der BILD-Zeitung)

Natürlich ist das nur eine der Sucht-Varianten, BILD zu konsumieren. Eine ganz andere lerne ich beim Besuch eines Fabrikanten von Spielautomaten kennen. Der nämlich will in BILD überhaupt nicht erwähnt werden: »Das schadet mir in meinen Kreisen doch nur.« Schon einmal sei er durch BILD in gesellschaftliche Schwierigkeiten gekommen. Man habe ihn in einer Geschichte als »Automaten-König« vorgestellt, wie das schon klinge, dabei leite er ein ganz seriöses Unternehmen.

«Ich ziehe es vor, meine Geschäfte im Stillen zu betreiben, will ich es nicht nötig haben, in BILD abgefeiert zu werden. Denn wir haben hier außer ein paar Monteuren keine Arbeiter beschäftigt. Das ist bei anderen Unternehmern und Chefs etwas anderes. Die sind es ihren Arbeitern schuldig, sich mal richtig von ihrer menschlichen Seite in BILD darstellen zu lassen und gleichzeitig als öffentliche Autoritätsperson aufzutreten.«
In seinem Tennisclub habe sogar einmal jemand die BILD-Geschichte an seinen Spind geheftet, und das sei ihm doch sehr peinlich gewesen: »Wenn man bei BILD nicht über besondere Leistungen oder im Sportteil erscheint, bringt das gar nichts, es schadet nur. Vor allem in einer Provinzstadt wie Hannover.« Er bitte also in Zukunft von BILD verschont zu werden, obwohl er andererseits sage – und nun ging's los: Er lese die BILD-Zeitung täglich, es mache ihm richtig Spaß, wenn er BILD gelesen habe, wisse er immer, worüber er mit Geschäftsfreunden und Bekannten am Telefon reden könne. Und schließlich: »BILD ist für mich wie ein Krimi.« Die Geschichten seien so spannend. Deshalb läsen, seiner Meinung nach, auch die großen Bank-Chefs die BILD-Zeitung.

»Für die Leser liegt eine wesentliche Funktion der BILD-Zeitung darin, daß sie signalisiert, welche Dinge, welche Ereignisse und welche Meinungen für den jeweiligen Tag von Bedeutung sind. In diesem Sinne schafft die BILD-Zeitung öffentliche Meinung, beeinflußt sie die öffentliche Meinung, liefert sie die Stereotypen des Gesprächs und der Diskussion für Millionen von Menschen!«

(aus einer vom Springer-Verlag herausgegebenen Analyse der BILD-Zeitung)

»Fehler und Alkohol«

Der BILD-Leser soll sich nicht fürchten. Furcht kennt ihre Gründe, man kann sie beschreiben, begreifen, sich wehren, sich schützen. Sie fordert geradezu Aktivität – in der Familie, am Arbeitsplatz, in der Gesellschaft, in der Politik. Deshalb soll der BILD-Leser nicht Furcht, sondern Angst haben, soll in einen rational nicht mehr faßbaren Zustand wehrlosen Zitterns versetzt werden: Überall drohen Gefahren, unvorhersehbar, bis das »Schicksal« zuschlägt.

Eine 52jährige Frührentnerin wird in einem Hannoveraner Krankenhaus zum Krüppel operiert. Chefreporter Trikoleit schreibt meine Geschichte um: »Das Schicksal hat es mit der Margarete Nickel wirklich nicht gut gemeint . . .« Oder: Ein Mann wird arbeitslos, trinkt, begeht Selbstmord – in BILD: »Einem 50 Jahre alten Starkstromelektriker aus Hannover hat das Schicksal . . . übel mitgespielt . . .« Pech, für das keiner verantwortlich zu machen ist.

Neben der »kleinen schicksalhaften Angst« der Individuen beschwört BILD ständig Gewalten herauf, gegen die keiner ankommen kann. Von immer wiederkehrenden Meteoriten, die die Erde zu vernichten drohen, bis zu ständigen außerirdischen Besuchern aus dem Weltall. Die Ufos sind längst mitten unter uns, muß der von BILD geleitete Leser allen Ernstes glauben. Wer von derartig übermächtigen Wesen heimgesucht wird, dessen diesseitige Probleme sind nicht mehr der Rede wert. BILD läßt die Ufos nachts bei Mondschein im Bodenseegebiet landen oder, wie im folgenden Beispiel, zur Abwechslung im faschistischen Chile.

Feldwebel von Wesen aus dem All entführt?

Arica (Chile), 18. Mai

Ein Feldwebel der chilenischen Armee soll von außerirdischen Wesen in einer fliegenden Untertasse entführt worden sein. Mehrere Zeitungen in Chile berichten über diesen unglaublichen Vorfall.

Während einer Kontrollfahrt entlang der bolivianischen Grenze am 15. April hatte eine Armee-Patrouille in etwa 450 Meter Entfernung ein unwirklich grelles Licht gesehen. Ein Feldwebel ging auf das Licht zu. Einige Minuten später verschwand die Erscheinung.

Nach 15 Minuten tauchte der Feldwebel inmitten seiner Leute auf. Er keuchte erschöpft: „Kameraden!" – und brach bewußtlos zusammen.

Sein Kinn war mit einem mehrere Tage alten Bart bedeckt. Seine Gesichtszüge deuteten darauf hin, daß er etwas völlig Unverständliches erlebt hatte. Seine Armbanduhr hatte sich zwar nur um 15 Minuten weiterbewegt, aber die Datumsanzeige zeigte den 20. April – fünf Tage später.

Als der Feldwebel nach kurzer Zeit aus seiner Ohnmacht erwachte, konnte er sich an nichts mehr erinnern.

Laut Urteil des Landgerichts Hamburg darf dieser Bericht nur mit dem Zusatz veröffentlicht werden, daß er »auf eine Meldung der französischen Nachrichtenagentur afp beruhe und daß gleichfalls »ap« am 22. Mai darüber berichtet habe.«

Aus der Stellungnahme meines Anwalts Dr. Senfft hierzu:

14) Abgesehen davon, daß man gerne die angeblichen Meldungen von afp und ap lesen möchte, um sich noch mehr zu amüsieren, fallen einem zu dieser Ziffer eigentlich nur Scherze über den Mann im Mond, den Kaiser von China und andere Irrenwitze ein.

Wahr aber ist auch, daß die Antragstellerin zugibt, daß BILD den schieren Schwachsinn unter die Leute gebracht hat. Sie kann sich auch nicht dadurch salvieren und aus der Affäre ziehen, daß sie hinzugefügt sehen möchte, auch andere hätten solchen Blödsinn verbreitet.

Vergißt die Antragstellerin in ihrem Eifer über den Antragsgegner zu 2), daß es nach wie vor gefestigte Rechtsansicht in Lehre und Rechtsprechung ist, daß

> jedes Presseorgan auch bei Agenturmeldungen eine Nachprüfungspflicht hat. Hat die Antragstellerin auch die Urteilsgründe der Kammer und des 3. Senats in der Sache der Prinzessin Pagays of Toro nicht gelesen? Dort war deutlich gesagt, daß auch Meldungen aus der »Washington Post« und der »Los Angeles Times« nicht kritiklos und ungeprüft übernommen werden dürfen, sondern wie jede andere umlaufende Behauptung der journalistischen Nachprüfungspflicht und Sorgfalt unterliegen.
>
> Wir befinden uns sogleich wieder auf vertrautem Boden, wenn wir das UFO nicht im faschistischen Chile, sondern auf dem Jungfernstieg landen und ihm den Grafen Dracula entsteigen lassen.

Jetzt kann auch der BILD-Leser kombinieren, wo die tausende politischen Gefangenen abgeblieben sind. Von den Ufos entführt! Denn von den Konzentrationslagern dort erfährt der BILD-Leser nichts.

Einer sticht an seinem Geburtstag das Bier an, und plötzlich explodiert das Bierfaß. Das ist eine »runde schöne BILD-Geschichte«. Oder ein Kind wird von einem Blitz erschlagen. Das ist eine »runde schöne Geschichte« für Seite 1.

Und ich muß ein Foto des Kindes besorgen, nach Celle zu den Eltern fahren, die noch starr vor Schrecken und Trauer sind. Die Geschwister weinen laut, ich stehe wie ein Eindringling im Flur, und der Vater sieht mich fassungslos an, als ich verlegen nach einem Foto stammele. Ich spreche ihm mein Beileid aus und hoffe nichts so sehr, als schnell ein Foto zu bekommen, damit ich hier raus kann. Ich habe an diesem Tag noch keine Geschichte geliefert und muß mich bewähren. Zuerst hatte Schwind-

64

mann Heribert Klampf beauftragt, von dem er genau wußte, daß er es schafft, in jeder Situation Fotos von soeben Verstorbenen oder Ermordeten aus dem Fotoalbum zu ziehen. Aber plötzlich meinte er: »Nehmen wir doch mal den Esser. Besorg du das Foto, es ist fest eingeplant, und beeil dich.«

Heribert Klampf hatte durch geschickte Bluff- und Verhörtechnik bei Polizeibeamten im Landkreis Celle den Namen der Eltern herausgepokert, und es ging nur noch um das Foto.

Ich verstehe heute nicht mehr, daß ich mich dazu hergab, aber ich stand unter Erfolgszwang. Das Schlimme war, die Eltern hatten Telefon, und Schwindmann hätte durch einen Kontrollanruf überprüfen können, ob ich da war.

Der Vater, ein Schlachtermeister, sagte: »Sie wollen mit unserem Unglück auch noch Geschäfte machen. Da kriegen Sie doch mindestens 500 Mark für.«

Und ich besaß die Taktlosigkeit zu entgegnen: »Nein, nur 45 Mark, es ist nicht wegen des Geldes, das lasse ich gerne an Sie überweisen. Überlegen Sie, es ist doch nichts dabei, es ist auch ein Andenken an Ihren Jungen.«

Es war eine entwürdigende Situation; ich kann es jetzt mit Abstand nicht mehr begreifen, wie ich so völlig gegen meine Gefühle handeln und funktionieren konnte.

Als mir der Vater eindeutig zu verstehen gab, daß es zwecklos sei, war ich doch erleichtert. Ich entschuldigte mich bei ihm. Den ganzen Abend über war ich unansprechbar.

Blitz, Ufos und Bierfaß-Explosionen – die tatsächlichen Gefahren, die täglich Millionen bedrohen und gegen die man etwas tun könnte – im Straßenverkehr und an den Arbeitsplätzen, wo jährlich Zigtausende ihr Leben lassen, das alles interessiert nicht. Um so erstaunter bin ich, als Schwindmann mich auf das Thema »Arbeitsunfälle bei Conti« ansetzt. Seit wann ist das ein Thema? Es stellt sich schnell heraus, daß Schwindmann in der Werkszeitung der Continental-Gummiwerke gelesen hat, die steigende Zahl von Arbeitsunfällen sei auf menschliches Versagen und Alkoholmißbrauch der Arbeiter zurückzuführen. *Das* ist ein BILD-Thema.

Es ist aber auch ein Thema für mich. Hier kann ich einmal sehen, wie weit »Hans Esser« als Günter Wallraff ins Blatt kommen kann. Ich spreche mit den Betroffenen, mit ausländischen Arbeitern und gewerkschaftlichen Vertrauensleuten, ich interviewe auch den Conti-Sicherheitsingenieur. Meine Ergebnisse trage ich Schwindmann vor, ich bitte ihn um mehr Platz, so etwa 100 Zeilen. Er meinte: »Schreiben Sie erst mal alles, was drinsteckt!«

Ich beginne so: »Steigende Unfallzahlen bei Continental . . . Die hauseigene Werkszeitung ›continental intern‹ macht menschliches Versagen und Alkohol für die Steigerung verantwortlich. In teilweise schlechten Arbeitsbedingungen, Akkordhetze und in alten, nicht mehr sicheren Maschinen sehen Conti-Arbeiter und gewerkschaftliche Vertrauensleute die Ursachen für die steigende Unfallbilanz.«

Schwindmann lehnt den Artikel ab: »So geht das nicht. Viel zu lang, zu viel Indirektes drin! Fangen Sie mit einem anschaulichen Fall an. Machen Sie's noch mal, aber halten Sie sich strikt an 40 Zeilen.« 40 Zeilen BILD sind 20 Schreibmaschinen-Zeilen. Damit ist das stärkste Zitat schon nicht mehr unterzubringen: »»Dieser Werkteil, es arbeiten dort fast nur Türken, Griechen, Jugoslawen und Araber, ist das reinste Schlachtfeld‹«, klagt der gewerkschaftliche Vertrauensmann Herbert, 35. ›Da werden

Fehler und Alkohol: Immer mehr Unfälle am Arbeitsplatz

Von HANS ESSER

Hannover, 6. April
Musan Dugan (41) arbeitete von 6 Uhr früh bis 11.30 Uhr bei Conti an der Sohlenpresse. Im Akkord und ohne Pause. Da passierte es: Eine Schuhsohle klemmte, er griff in die Maschine, sein rechter Arm hing fest und wurde weggebrannt. In der kommenden Woche fängt Musan – aus dem Krankenhaus entlassen – wieder bei Conti an: als Aufzugführer.

Ein Beispiel von vielen: Bei Conti häufen sich die Unfälle: „Alarmierend", schreibt die hauseigene Werkszeitung „Conti-Intern" und macht „menschliches Versagen und Alkohol" für die 10prozentige Steigerung (1931 Unfälle im letzten Jahr) verantwortlich. In der „Akkordhetze" und in „zum Teil überalterten" nicht mehr sicheren Maschinen" sehen Conti-Arbeiter und gewerkschaftliche Vertrauensleute die Ursache für die ansteigende Unfallbilanz.

„In der Sohlenpresse z. B. arbeiten fast nur Ausländer. Über die Hälfte von ihnen arbeitet achteinhalb Stunden durch – ohne Pause", klagt der gewerkschaftliche Vertrauensmann Herbert (35). „Jeder zehnte von ihnen hat schon mal einen Unfall gehabt."

Gerhard Oppenborn, Leiter der Arbeitssicherheitszentrale bei Conti, erklärt: „Wir haben diese Abteilung jetzt stillgelegt. Wegen schlechter Auftragslage. Allerdings produzieren wir demnächst weiter."

In den anderen Großbetrieben Hannovers sind die Unfallzahlen nicht gestiegen, bei VW sogar um sieben Prozent zurückgegangen.

Finger abgesäbelt und Arme verbrannt. Die Kollegen sind vom Akkordfieber gepackt. Um den vollen Akkordlohn herauszuholen, 11 Mark 70, arbeitet über die Hälfte von ihnen achteinhalb Stunden ohne Pause durch. Jeder zehnte hat dort schon einen Unfall gehabt. Manchmal sausen an den alten Maschinen die Pressen von allein runter‹.«

Ich mache die verlangte Kurzfassung. Als ich sie abgebe, sind Schwindmann und ich die letzten in der Redaktion.

Der Redaktionsleiter überfliegt die Geschichte und stöhnt: »Scheiße!« Er steht unter Zeitdruck, der Platz ist freigeschlagen, und das Manuskript muß ganz schnell in Satz. Schwindmann gibt sich Mühe, streicht und pfuscht an der Geschichte herum, ganz umdrehen kann er sie nicht mehr. Immerhin zwingt er mich noch, einen neuen Schlußsatz drunterzuschreiben: »In anderen Großbetrieben Hannovers sind die Unfallzahlen nicht gestiegen, bei VW sogar um 7 Prozent gefallen.« Es ist nicht mehr meine Geschichte, die da am nächsten Tag im Blatt steht, aber es ist doch mehr, als man in BILD gewöhnlich liest. Schon kurz nach Arbeitsbeginn ruft mich der Pressesprecher von Continental an und fällt wie ein Vorgesetzter über mich her: »Das sind wir von BILD nicht gewohnt, das kennt man sonst nur von linken Gruppen. Schon diese Ausdrücke: Akkordhetze, Profit . . .«

»Moment«, sage ich, »was erlauben Sie sich, das ist nicht meine Sprache (Schwindmann hatte das ja rausgestrichen), das haben *Sie* gesagt«. Er hat wohl – ganz korrekt – »Akkord-Hetze« gleichgesetzt mit »Profit«.

Ich sage: »Hören Sie mal, das ist hier ein neuer Kurs, das ist nicht auf meinem Mist gewachsen.«

Er: »Ich will Ihren Chef sprechen, ich kenne mich bei Ihnen aus, ich war schließlich in der Wirtschaftsredaktion der ›Welt‹.«

Ich: »Bisher habe ich erst ein bißchen von dem geschrieben, was ich in Erfahrung gebracht habe. Ich will sehen, ob sich aus dem Ganzen nicht doch ein grundsätzlicher, umfassender Artikel machen läßt.«

Er verabschiedet sich, ruft aber bald wieder an: Der Conti-Vorstand mache sich Gedanken, wie man verfahren solle. Das beste sei wohl, ich käme mal in die Firma. Die Herren des Vorstands beabsichtigten, mit mir zu reden. Wir könnten doch die Sache gemeinsam aus der Welt schaffen. Ich mache ihm einen Gegenvorschlag: Ich komme mit einem Fotografen. Treffen mit den Herren des Vorstands in der besonders unfallgefährdeten Abteilung, im Beisein der Betroffenen und einiger meiner Informanten. Man mache nämlich die seltsame Erfahrung, daß Leute, die aus dem Werk ausgeschieden seien, plötzlich viel unbefangener redeten. Ich danke ihm für die Einladung: »Sie haben mir mit Ihrem Vorschlag sehr geholfen, Herr Kollege. Sie wissen selbst am besten, wie wir ständig um Themen verlegen sind. Melden Sie sich bald. Wissen Sie, hier gibt's wirklich einen ganz neuen Trend, ich weiß auch nicht, woher das kommt. Sie wissen ja, daß wir in der Redaktion nicht diejenigen sind, die die Richtung angeben, aber irgendwas scheint hier in der Luft zu liegen.«

Das alles in einem ziemlich naiv-frechen Ton. Ich habe nie mehr was von dem Typen gehört. Es soll in den Tagen darauf noch Gespräche auf »höherer Ebene« gegeben haben, Genaueres konnte ich nicht erfahren.

Mit mehr Recht als der Pressesprecher von Conti beschwert sich ein Betriebsrat (Auszug):

Aus dem Leserbrief des Betriebsratsmitglieds:
»Betr.: Ihre Meldung ›Fehler und Alkohol: Immer mehr Unfälle am Arbeitsplatz‹ in der Ausgabe vom 6. 4.
Als gewählter Vertreter von ca. 230 Kolleginnen und Kollegen der in BILD besonders angesprochenen Abteilung teile ich Ihnen folgendes mit:
Wenn es stimmen würde, daß es in der Continental wie in einer Gaststätte zugehen würde, wie erklären Sie es sich dann, daß die Firma, d. h. die Belegschaft, mit ca. einem Drittel weniger Beschäftigten ca. ein Drittel mehr produziert? Schließlich hat die Produktivität der Arbeiterinnen und Arbeiter die Continental wieder aus den roten Zahlen gebracht, und das bestimmt

nicht, weil in der Arbeitszeit übermäßig viel Alkohol getrunken wird . . .

Die hohen Akkorde sind schließlich eine der Hauptursachen: Die von Ihnen und auch vom Sicherheitsbeauftragten zitierten Ursachen »menschliches Versagen und Alkohol« stehen erst an letzter Stelle für die hohe Zahl der Unfälle bei den Continental Gummi Werken.

Sie hätten, ehe Sie diesen Artikel schrieben, sich nicht nur einseitig informieren sollen, sondern Sie hätten sich ruhig einmal mit dem Betriebsrat und der Vertrauensleute-Leitung unterhalten sollen.

Naja, wir Arbeitnehmer sind ja gewöhnt, in Ihrer Arbeitgeberfreundlichen und leider viel zu viel von den Arbeitnehmern gelesenen Bildzeitung verunglimpft zu werden . . .«

In der Tat bestand die Geschichte, wie sie schließlich erschien, zu zwei Dritteln aus Angaben der Werksleitung und zu einem Drittel aus Angaben von Betroffenen und Gewerkschaftern. Ich, Hans Esser (also BILD), hatte mich jeder eigenen Wertung enthalten. Die Adresse für Beschwerden des Conti-Vorstands wäre also eigentlich die Gewerkschaft gewesen. An wen aber wendet sich der Conti-Sprecher mit allergrößter Selbstverständlichkeit? An *seine* Zeitung. *Ihre* BILD-Zeitung ist, wenn es um die Industrie geht, wirklich keine Schmuckformel, sondern ein besitzanzeigendes Fürwort.

Gewerkschaften jedenfalls finden in der BILD-Redaktion nicht statt. Weder sind die Kollegen gewerkschaftlich organisiert, noch wird irgendeine Gewerkschaftszeitung gelesen oder gar ausgewertet. Ich habe meinen Kugelschreiber mit der Aufschrift »IG METALL« gleich am ersten Tag weggesteckt. In dieser Umgebung hätte ich mich damit höchst verdächtig gemacht.

Es gibt ja auch im Weltbild der BILD-Zeitung nichts, wozu Gewerkschaften nutze wären. Wenn die kleinen Leute Sorgen haben: BILD kämpft für Sie! Alles andere besorgen die Unternehmer tadellos.

70

Ich hatte in der Redaktionskonferenz vorgeschlagen, mal morgens um sieben ins Arbeitsamt zu gehen und eine Reportage über einen Vormittag auf dem Arbeitsamt zu machen. Ich hatte kaum zu Ende gesprochen, da war das Thema schon abgelehnt, gestorben, weg vom Fenster. »Kein Thema!« Ohne Begründung.

Zu jener Zeit ist gerade BILD-Chefreporter Sigi Trikoleit aus Hamburg als Urlaubsvertretung für Redaktionsleiter Schwindmann in Hannover. Er schickt mich eines morgens in die Stadt, ich soll eine Reportage über Jugendliche machen, die sich in Flipperhallen »herumtreiben«. Was ich finde, sind arbeitslose Jugendliche, vor allem Ausländer, die sich dutzende Male um einen Job beworben und schließlich aufgegeben haben. Unter anderem treffe ich einen Vierzehnjährigen, der in der gegenüberliegenden Pizzeria arbeitet und für täglich zwölf Stunden im Monat 600 Mark verdient.

Ich rufe Trikoleit an und erzähle ihm, was ich erfahren habe. »Lassen Sie mal«, meint er, »kommen Sie zurück, machen Sie bloß kein soziales Thema draus! Ich hab ein bezauberndes Thema für Sie: Wir haben da Material aus Stuttgart. Sie müssen es einhannoveranern. Suchen Sie jetzt mal in der Stadt einen der schönsten Gartenzwerge. Der Gartenzwerg feiert gerade hundertjährigen Geburtstag, ich geb Ihnen Adressen von ein paar Gartenbedarfsgeschäften, lassen Sie ein Foto machen und kommen Sie dann her.«

Ich lasse das Foto machen (und nebenher ein zweites, auf dem ich einen BILD-lesenden Gartenzwerg mime). Es erscheint am nächsten Tag. Auch die Geschichte über die Flipperhallen erscheint. Chefreporter Trikoleit hat sie selbst in die Hand genommen: »Morgens um 9 Uhr,

»Bloß nichts Soziales . . . Ich hab' da ein bezauberndes Thema für Sie« (Wie Hans Esser unter die Gartenzwerge fiel.)

Der Gartenzwerg erobert auch die gute Stube

Hannover, 17. März

Ein Wichtelmann mit grauem Bart, Knollennase und Zipfelmütze hat Geburtstag: Der Gartenzwerg wird 100 Jahre alt!

Und er schmückt immer mehr Gärten, sogar Balkone in Hannover. Das größte Gartenartikel-Center, „Samen-Meisert" mit 20 Filialen in der Stadt, meldet vierzig Prozent mehr Umsatz – die kleinen Figuren kosten von 12 Mark aufwärts, die teuerste 225 Mark. Der Zwerg ist dann auch 80 Zentimeter groß.

Filialleiterin Kohlreutz von der Zweigstelle Buchholz-Lahe: „In der letzten Saison haben wir über 1000 Zwerge verkauft." Heute würden auch viele jüngere Leute den Gartenzwerg ins Herz schließen. Sie finden ihn einfach lustig.

Und selbst in die gute Stube ist der Wicht eingezogen. Da thront er dann auf dem Fernsehapparat oder im Aquarium. Am beliebtesten: Die Gnome mit der Schubkarre und der Angel.

Die Technik hat das Innenle-

ben der Gartenzwerge erobert: Man kann sie elektrisch beleuchten. Und eine kleine modische Änderung mußte sich der Wichtelmann in diesem Jahr auch noch gefallen lassen. Die flatternden Hosenbeine gibt's nicht mehr. Jetzt trägt er ein elegantes, enganliegendes Beinkleid. „Ähnlich wie Latexhosen, sehr chic", sagt Heinrich Henning (47) aus Lauterbach in Hessen.

Der muß es wissen: Er verkauft jedes Jahr eine Million Gartenzwerge.

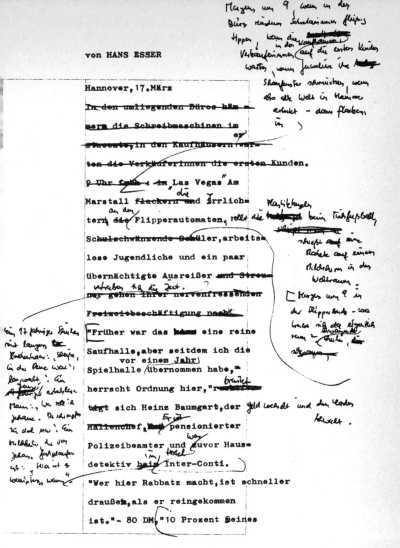

von HANS ESSER

Hannover, 17. März

In den umliegenden Büros hämmern die Schreibmaschinen im Stereo, in den Kaufhäusern warten die Verkäuferinnen die ersten Kunden.

9 Uhr früh in "Las Vegas" Am Marstall flackern and Irrlichtern die Flipperautomaten, rollt die Schulschwänzende Schüler, arbeitslose Jugendliche und ein paar übernächtigte Ausreißer und Streuner gehen ihrer nervenfressenden Freizeitbeschäftigung nach.

"Früher war das hier eine reine Saufhalle, aber seitdem ich die Spielhalle übernommen habe," herrscht Ordnung hier," tägt sich Heinz Baumgart, der Hallenchef, pensionierter Polizeibeamter und zuvor Hausdetektiv beim Inter-Conti.

"Wer hier Rabbatz macht,ist schneller draußen,als er reingekommen ist."- 80 DM, "10 Prozent seines

Ich liefere das Spielhallen-Manuskript ab. Trikoleit erfindet die Zitate hinzu und fügt sie eigenständig ins Manuskript ein.

73

wenn in den Büros rundum Sekretärinnen fleißig tippen, wenn die Verkäuferinnen in den Kaufhäusern auf die ersten Kunden warten, Juweliere ihre Schaufenster schmücken, wenn also alle Welt in Hannover arbeitet – dann flackern in Las Vegas am Marstall die Irrlichter an den Flipperautomaten. Dann rollt die Plastikkugel, beim Tischfußball, schießt eine Rakete auf einem Bildschirm in den Weltraum . . .«

Und Trikoleit zeigt, wie's gemacht wird: »Ein 17jähriger Schüler mit langem Lockenhaar: ›Scheiße, in der Penne war es so langweilig.‹ Ein junger arbeitsloser Mann: ›Was soll ich zu Hause, da schimpfen sie doch nur rum.‹ Ein Milchbube, der von zu Hause fortgelaufen ist: ›Hier ist es wenigstens warm!‹« Nichts, gar nichts dergleichen habe ich erlebt. Doch der beruhigt mich. »Tja«, sagte er, »das ist hier nun mal so bei uns, bei diesem schnellen Journalismus muß man sich halt was einfallen lassen.«
Was ich geschrieben habe, bleibt nur in Rudimenten erhalten, in den Bruchstücken, die man auch hätte erfinden können. Jede Ähnlichkeit mit wirklichen Personen und ihren Problemen war zufällig.
Damit ich aus dieser Erfahrung was lerne, spart Trikoleit aber an diesem Tag nicht mit Lob: »Mit den Gartenzwergen haben Sie sehr geholfen. Das war Spitze, weiter so!«

»BILD schafft Lehrstellen«

Erstens leben wir in der schönsten aller Gesellschaften, es gibt keine bessere. Und wenn, zweitens, doch mal irgendwas schief geht, hilft BILD. Ob ein für populär gehaltener aber bankrotter Fußballklub die Lizenz verlieren soll oder trotz des Versprechens der Unternehmerverbände, 100 000 neue Lehrstellen zu schaffen, 100 000 Schulabgänger keine Lehrstelle finden – BILD hilft. Erstens, weil man die kleinen Leute bei der Stange halten muß, und zweitens, weil die Hilfe Zinsen trägt.

BILD nimmt die Sache in die Hand und zeigt: Es gibt genug Lehrstellen, man muß nur (mit BILD) ein bißchen suchen.

Auch in Hannover wird die gesamte BILD-Redaktion abkommandiert, anhand des Branchen-Fernsprechbuchs freie Lehrstellen zusammenzutelefonieren. Als Schirmherren der Aktion werden Oberbürgermeister Schmalstieg (SPD) und Wirtschaftsminister Küpker (F.D.P.) gewonnen. Alle sitzen im selben Boot, alle ziehen an einem Strang – für BILD! Schwindmann erklärte es einem Fernseh-Team so: »Wir sind eine überparteiliche Zeitung. Das sehen Sie schon daran, daß unsere Lehrlingsaktion von einem Oberbürgermeister der SPD und einem Wirtschaftsminister der F.D.P. getragen wird. Daraus sieht man schon, daß es sich um eine unpolitische Aktion handelt.« Das ist wahr: Wenn BILD etwas zusammen mit SPD- und F.D.P.-Politikern macht, darf die Politik (von SPD und F.D.P.) nicht ins Spiel kommen. Denn BILD-Politik ist CDU-Politik.

Schwindmann weiter: »Wir von BILD sind der Auffassung, daß wir wohl der größte Anwalt der Bürger der Bundesrepublik sind, einfach weil wir die größte Auflage im Bundesgebiet haben . . . Selbstverständlich erhoffen wir uns durch diese Aktion auch etwas an Rückwerbung für die Zeitung.« *Auch* ist gut!

Wir wirbeln, rufen die kleinsten und finstersten Klitschen an: »Hab'n Se nicht noch ne Lehrstelle für BILD? Ist für Sie auch kostenlose Werbung! Ihre Firma wird im Blatt genannt!«

Die meisten haben keinen Bedarf, sind mit Lehrlingen für dieses Jahr oder auch schon die nächsten Jahre eingedeckt.
Handwerksmeister wittern, von BILD animiert, ihren Vorteil: »Warten Sie mal. Ich habe meine drei Lehrstellen eigentlich schon vergeben und zugesagt. Aber setzen Sie mich ruhig nochmal in Ihre Zeitung rein. Dann kann ich mir die besten raussuchen.« Redakteurin »Treitschi« in ihrer Unschuld am BILD-Telefon zu einem Unternehmen: »Wir suchen noch 10000 freie Lehrstellen, weil im Herbst ja im Raum Hannover 10000 Schulabgänger dastehen und noch nichts Festes haben.« In den Überschriften überschlagen sich die Lobgesänge:
»Minister Küpker: Danke! Eine großartige Aktion.«
»OB Schmalstieg: Ich bin BILD-Hannover dankbar!«
Und zum Schluß (10 cm hoch): «DANKE!«
BILD läßt danken und bedankt sich bei sich selbst. Zwischendrin ein halbseitiger Aufmacher: »Sagenhaft, dieser Aufstieg: Vom Lehrling zum Millionär. Mit 18 ging er nach Brasilia, (das es damals noch gar nicht gab, G. W.) mit 24 eröffnete er eine Privatbank in New York.« Arbeitslose Hannoveraner Lehrlinge: Nehmt Euch ein Bei-

spiel an Konsul Ziegra (73). Ziegra verrät in BILD sein Erfolgsrezept. Sein Tip für alle Schulabgänger: »Lernt ein Handwerk! Dort wird man kaufmännisch erzogen!« In des Herrn Konsuls »Prachtvilla in der Südstadt (ein dunkelblauer Mercedes 450 steht vor der weißen Prachtvilla, exotische Vögel zwitschern in dem parkähnlichen Garten)« (BILD) lassen wohl die Handwerker auf sich warten, wenn die Wasserhähne tröpfeln. Der Konsul und Fabrikbesitzer selbst (»Umsatz 10 Millionen Mark im Jahr«) hat seine Karriere in einem Bankhaus begonnen. »Prima! Ich habe meinen Traumberuf gefunden«, läßt BILD eine Blumenverkäuferin 12 cm hoch jubeln. Und eine andere 16jährige: »Hurra, ich habe eine Lehrstelle!«

Wirtschaftsminister Küpker spricht in BILD offen aus, worauf die Aktion hinaus will: »Der Erfolg der Lehrlingsaktion hat bewiesen, daß das Problem der Ausbildungsplätze auch ohne gesetzliche Maßnahmen gelöst werden kann . . .« Schwindmann erkundigt sich während einer Redaktionskonferenz arglos bei Redakteur Hai: »Frag' doch mal nach, ob's von der Landesregierung aus einen Plan gibt für die Beschaffung von Lehrstellen!« Hai lakonisch: »Nö, sowas gibt's doch nicht.«
Die gesamte Aktion ist Augenwischerei. BILD maßt sich die Kompetenz des Arbeitsamtes an, schafft heillose Verwirrung, erweckt bei Jugendlichen falsche Hoffnungen. Die Aktion hätte heißen könnnen: BILD schafft neue Illusionen. Was BILD wirklich über arbeitslose Jugendliche denkt, drücken zwei Karikaturen aus, die zu Anfang und zu Ende der Aktion erscheinen:

1. Lehrling: »Ich möchte Playboy werden!« Berufsberater: »Solchen Job findest du nicht mal durch BILD!«

2. Ein Chef sagt zum andern, auf dessen Gesicht Kußspuren von Lippenstift zu sehen sind: »Ich sehe schon: Die neue Auszubildende hat sich bedankt . . .«

Die meisten Lehrstellen wurden nicht – wie vorgegeben – durch BILD geschaffen, sondern waren ohnehin offen. So verbuchte BILD-Hannover für sich zum Beispiel 300 Lehrstellen bei VW. Eine doppelte Irreführung.

Denn die zusätzlichen Lehrstellen waren schon vor der BILD-Aktion ausgeschrieben, auf Betreiben des Betriebsrates. Sie wurden nicht – wie vorgegaukelt – im Raum Hannover angeboten, sondern im gesamten Bundesgebiet einschließlich Emden (Ostfriesland). Der DGB Hamburg wertete die BILD-Aktion so: »Ein Geschäft mit der Not und Angst der Jugendlichen. Eine große Zahl der Lehrstellen, die in den Aktionen angepriesen wurden, waren bereits 1976 oder Frühjahr 1977 beschlossen. Außerdem waren sie vor Beginn der BILD-Aktion schon überwiegend vergeben. Wer aufgrund der Aktion ankam, mußte sich dann sagen lassen: ›Tut uns leid . . .‹ Viele angebliche Ausbildungsplätze waren in Wirklichkeit Ausbildungsjobs. Außerdem wurden Lehrberufe angeboten, die keine sind. Badehelfer zum Beispiel oder Zirkushelfer. Dann hatten sich etliche Betriebe gemeldet, die zum Ausbilden von Lehrlingen nicht berechtigt sind. Die Lebensmittelkette ›Safeway‹ z. B. bot 50 Lehrstellen an. Sie hat keine Ausbildungsbefugnis.«

Während die Lehrlingsaktion bei BILD auf Hochtouren läuft, filmt ein Fernseh-Team in der Redaktion. Zuvor hatte es schon mehrfach versucht, eine Dreherlaubnis zu erhalten. Ein Konzern, der sich ständig auf die Öffentlichkeit beruft, ist selbst öffentlichkeitsscheu- und feindlich. Man hat zu viel zu verbergen.

Unter Androhung einer Strafe bis zu 500000 DM, ersatzweise 2 Jahre Haft, verfügte Richter Engelschall für Springer am 6. 1. 78:
»(verboten,) die Tätigkeit des Fernsehteams während der Lehrlings-aktion bei BILD-Hannover zu schildern, ohne gleichzeitig zu erwäh-nen, daß sich dieses Fernsehteam die Dreherlaubnis unter dem Vor-wand, es sei ein Fernsehfilm für das niederländische Fernsehen Ikon zu dem Thema: »Informationserarbeitung von Nachrichten in den Landeshauptstädten Utrecht und Hannover« geplant, erschlich.

Das Team kommt schließlich rein. Der öffentlichkeitsbe-flissene Oberbürgermeister macht's möglich. Es ist ein Ereignis.

Ich telefoniere gerade bei Beerdigungsunternehmen herum: »Können Sie nicht BILD zuliebe ein paar Lehr-stellen zur Verfügung stellen? Bedenken Sie, es ist eine gute kostenlose Reklame für Sie. Und ein Markt mit Zukunft, der braucht doch Nachwuchs.« Der Kollege Borchers beschwert sich: »Jetzt hast du mir die Beerdi-gungsinstitute weggenommen! Ich hatte sie mir auch ge-rade vorgenommen.«

Das Fernsehen löst große Irritation aus. Viele tun plötz-lich so, als hätten sie was zu verbergen. Manche gehen sich kämmen, die Damen kichern und machen sich zu-recht. Ich frage: »Was ist denn hier los? Wird hier 'ne Miss BILD gewählt oder womit hamwer das verdient?« Keiner weiß so recht, was los ist, bis die Parole auf-kommt, es sei wegen der Lehrlingsaktion: »Das wird jetzt sogar schon vom Fernsehen zur Kenntnis genommen!« Hai, der Hofschreiber der CDU, beweist einen sicheren Instinkt, ihm paßt die mit den Kameras in den schwülen Redaktions-Mief gedrungene Öffentlichkeit gar nicht: »Die ham hier nichts zu suchen.« Er und einige andere fühlen sich bedroht. Das Fernsehen gilt ihnen wohl als die einzige Macht, die es zur Not mit BILD aufnehmen könnte.

Nachher, als das Team wieder gegangen und die Eitelkeit verflogen ist, meldet sich bei vielen die im Unterbewußtsein nistende Alarmbereitschaft. Glücksreporter Schorse: »Ich bin sicher, daß die aus der DDR sind. Die sprachen mit so einem sächsischem Akzent.«

Und »Treitschi«, die Klatschtante, meint: »Na, wenn das bloß nicht für Arthur Schnitzler (sie meinte Karl-Eduard von) vom Ostzonenfernsehen war.«

Öffentlichkeit über BILD herzustellen – wer anders sollte das wohl wagen als der Feind im Osten? Daß westliche Demokraten je so weit gehen könnten, das kann man sich in dieser Redaktion, die ihren politischen »Gegner« doch in Herrn Schmalstieg stets leibhaftig vor sich sieht, einfach nicht vorstellen.

Trotz unkenntlich gemachter Gesichter verbot Richter Engelschall ein an dieser Stelle veröffentlichtes Foto der Hannoveraner-BILD-Redaktion. Als Ersatz dafür ein neues Poster von Klaus Staeck, das das Bemühen des Verlegers Axel Cäsar Springers darstellt, über seine Freunde Albrecht und Stoltenberg das private Fernsehen in Griff zu bekommen und mit der BILD-Zeitung über den »Bild«-Schirm ins Haus zu fallen.

Vom »Stadtschwein« und vom »Landschwein«

Anfangs wurde mir gesagt, daß ich 1 Mark pro Schreibmaschinenzeile bekomme. Ich mußte dann schnell feststellen, daß mir der Redaktionsleiter völlig unterschiedliche Beträge in die Honorarkarte einträgt, die Differenz liegt zwischen 100 und 300 Prozent. Dies System wirkt disziplinierend, erzeugt Konkurrenz und Leistungsdruck unter den freien Mitarbeitern. Manch »Freier« arbeitet zwölf oder gar vierzehn Stunden und erreicht damit höhere Einkünfte als ein »Fester«. Das ist freilich Selbstbetrug. Wer bei der Prüfung seiner Monatsabrechnung Überstunden und Feiertags-Schichten in Anrechnung bringt, erkennt schnell, daß sein Stundenlohn unter dem eines Akkordarbeiters liegt.

Man ist auf Gedeih und Verderb von Schwindmanns Gnade abhängig. Wenn er befindet, »da seh' ich die Geschichte nicht«, ist das Thema *gestorben*. Umgekehrt ist er so frei, tatsächlich Geliefertes auch mal nicht zu honorieren. Zum Beispiel werden mir zwei Fotos trotz mehrmaliger Nachfrage nicht honoriert. Mein naives, beharrliches »Das steht mir doch zu« reizt Schwindmann schließlich derart, daß er auf die sogenannten »freiwilligen« Leistungen verweist und droht: »Was heißt hier ›Das steht dir zu‹? Ich kann hier viel wieder streichen!«

Absolutismus Anno 1977. Es kommt vor, daß Schwindmann Manuskripte vor aller Augen zerreißt, wobei er brüllt und knallrot anläuft. In solchen Situationen kann jede Widerrede den Job kosten. Wie unserem Ressortleiter für Lokales, Gustav von Sylvgnadt. Ihn brüllt Schwindmann an: »Wenn Sie nicht auf der Stelle die Redaktion verlassen, lasse ich Sie von der Polizei entfernen!« Niemand weiß so recht, worum es geht, keiner wird nach seiner Meinung gefragt. Alle ducken sich und sind froh, daß es sie nicht trifft. Sylvgnadt wird durch die mobile Feuerwehr, den Chefreporter von BILD-Hamburg, ersetzt. Eine Redakteurin, die mit dem Geschaßten privat befreundet war, hat sich schon am Tag darauf auf die neuen Machtverhältnisse eingestellt. Sie verliert kein Wort mehr darüber. Eine wichtige Rolle im Prozeß der Unterwerfung und Anpassung spielt das Großraumbüro. Hier werden die Konkurrenzkämpfe auf offener Bühne ausgetragen. Keinen Augenblick ist man allein und unbeobachtet, es gibt immer Zuhörer und Zuschauer. Die Regulierungskräfte eines Großraumbüros bringen jeden Abweichler wieder auf Linie. Jeder kontrolliert jeden, und alle werden vom Chef kontrolliert, der übers Großraumbüro herrscht. Dieser Chef, der Redaktionsleiter, ist der Mann mit dem BILD-Instinkt. Er drückt dem Blatt den Stempel der Zentrale auf. Der Redaktionsleiter gibt die Richtung an, die dann Sach- bzw. Schreibzwang wird. (Die Springer-Ideologie hat jeder zusätzlich im Hinterkopf.) Er bestimmt das Tempo, den Ablauf, die aktuelle politische Richtung, die tägliche Arbeitsatmosphäre. Wenn ich ihm das Manuskript vorlege und vor seinem Schreibtisch antrete, kommen alte Schulängste wieder in mir hoch. Er läßt einen warten, beginnt dann mit dem Lesen, redigiert, korrigiert, streicht, stellt Fragen. Wenn was gegen die BILD-Masche verstößt, »sieht« er »die Geschichte nicht«. Darauf stellt man sich natürlich ein. Verinnerlichen heißt das auf Soziologisch. Sein Kommentierungsmuster bleibt durchgängig unverän-

dert: Nichts ist ihm triefend, schnulzig, verdreht, über-
trieben genug, vieles ist »zu nachrichtenhaft«, »zu sach-
lich«, hat »zuwenig Pep«, alles muß auf den einfachsten
Nenner gebracht werden, alle Widersprüche müssen im
nächsten Satz aufgelöst werden. BILD läßt keine Fragen
offen.

Ansätze solidarischen Handelns versickern, werden
durch die Arbeitsbedingungen untergraben. Wenn fünf
Wochen vergeblich versucht wird, einen gemeinsamen
Abend-Treff zu organisieren, ist sogar bei den »Freien«
die Luft raus. Und die hätten Einigkeit am nötigsten.

Friedhelm Borchers, Mitglied einer Vertriebenen-
Organisation, Funktionär der Jungen Union, will für
eine langgeplante Sternfahrt mit dem Fahrrad nach
Gotland zwei Wochen Urlaub haben. Schwindmann:
»Bist du hier, um Ferien zu machen, oder um zu arbei-
ten?«

Borchers ist seit Monaten im Einsatz, nahezu ohne einen
freien Tag. Er wird zum Notdienst sonnabends einge-
setzt, ist täglich von morgens 9, 10 Uhr bis in die Nacht in
der Redaktion. Es scheint, Schwindmann will ihn auf
seine Art »fördern«, um ihn BILD-gerecht zu formen.
Denn Borchers legt nicht die abverlangte Härte und
Kaltschnäuzigkeit an den Tag, dreht die Geschichten
nicht im erwünschten Sinn, hat überhaupt etwas in gutem
Sinne Provinzielles, was ihn in diesem Klima zu einer Art
Trottel degradiert. Er hat nichts von dem hier eingefärb-
ten, gespielt »weltmännischen« Touch an sich, geht nicht
mit der üblichen Nonchalance über alles hinweg. Borchers ist es auch, der immer wieder den Mut aufbringt,
ein Treffen der Freien vorzuschlagen, das – wie gesagt –
nie zustande kommt, weil einige Angst haben, daß ihnen

dieses Zusammensein als Vorbereitung einer Verschwö-
rung ausgelegt werden könnte. Ich schätze den Menschen
Borchers in seiner steifen, konventionellen Gradlinigkeit
– trotz unterschiedlicher politischer Standorte.
Ich frage mich immer häufiger, was aus mir in einem
derartigen Umfeld würde, hätte ich nicht meine ganz
besonderen Erfahrungen, Prägungen und Orientierun-
gen. Ich bin mir nicht so sicher. Aus einer gewissen spie-
lerischen Leichtigkeit könnte hier schnell eine sich über
alles hinwegsetzende Skrupellosigkeit werden, aus Überzeugungskraft Überredungskunst, aus Einfühlsamkeit
Anpassungsfähigkeit und aus dem Überlisten von Stärkeren das Übertölpeln von Schwächeren.
Niemand weiß, wie jemand dahin gekommen ist und ob
er im abgesteckten Rahmen Widerstand übt. Eine vorschnelle, vordergründige politische Standortbestimmung
hilft da nicht weiter, wie mich Friedhelm Borchers' Beispiel lehrt.

Am Karfreitagvormittag überfährt Borchers mitten auf
einem Zebrastreifen einen 80jährigen Mann. Der ist auf
der Stelle tot. Borchers war auf dem Weg zur Redaktion.
Er hatte völlig freie Sicht und es gab auch sonst kein
Verkehrshindernis. Am Abend davor hatte ich im Re-
daktionsgebäude mit ihm Tischtennis gespielt und nach
zehn Minuten war er bereits erschöpft und ihm wurde
schwarz vor Augen.
In der Folgezeit ist er für Schwindmann noch verfügbarer
geworden. Der Springer-Konzern stellt ihm den Prominenten-Anwalt und BILD-Kommentator Josef Augstein
zur Verfügung und schickt ihm noch zur Unfallstelle den
Redakteur Kampfer, einen abgebrochenen Juristen, der
ihn beraten soll. Auf meine Frage: »Lebt die Frau des

Mannes, den Du totgefahren hast, noch und falls ja, warst Du mal bei ihr?« antwortet Borchers: »Die wollten hier nicht, daß ich mich mit so was befasste und haben mich aus dem Grund von allem abgeschirmt.«

»Das Verlangen vieler BILD-Leser nach einer geordneten, durchschaubaren und begreifbaren Welt – eine Welt, die man in BILD sucht und findet – beinhaltet auch Angst vor dieser – ohne Hilfe zumeist nicht verstehbaren Welt. Diese Ängste der Leser fängt BILD auf verschiedene Weisen auf. ... Dank ihrer Autorität nimmt die Zeitung dem Leser das Ordnen, Sichten und Bewerten der Ereignisse, welche die gegenwärtige Welt repräsentieren, ab.
Indem die BILD-Zeitung dem Leser eine bereits geordnete und kommentierte Sammlung dessen, was in der Welt vor sich geht, liefert – und dies in Kürze, Prägnanz, Bestimmtheit – gibt sie die beruhigende Gewißheit, daß man dieser Welt doch begegnen und sie fassen kann.«
(aus einer vom Springer-Verlag herausgegebenen Analyse der BILD-Zeitung)

Uhr bis 22–23 Uhr rotiert man, Privates ist ausgeklammert, nach 22 Uhr bleibt es ausgeklammert, keiner hat mehr die Kraft.
(Viele BILD-Redakteure sind geschieden). Auftanken, im Sinne von Reflexion, Diskussion, Auseinandersetzung mit Freunden und Kollegen, findet nicht statt. Mit dem Eintritt in die BILD-Redaktion nimmt man Abschied vom individuellen Entwicklungsprozeß. Der Mensch als soziales Wesen entwickelt sich nicht, wird im Gegenteil im BILD-Sinne gleichgeschaltet.

Gleichgeschaltet ist nicht gleich, erst recht nicht gleichberechtigt. Ein feines, unnormiertes System der Ränge und Gewichte herrscht im Großraumbüro. Da ist zum Beispiel Hasso Ifland, ein Bekannter des CDU-Ministerpräsidenten Albrecht. Schwindmann, der jeden nach Belieben duzt (aber sich natürlich von Untergebenen nicht duzen läßt), redet Ifland ab und zu mit »Sie« an. So hebt er diesen Herrenreiter-Typen, der aus »guter Familie« stammt und schon vor seinem Eintritt in die Redaktion auf BILD-Kurs lag, ein Stückchen über die Kollegen empor, macht deutlich und trägt selbst der Erkenntis Rechnung, daß Ifland weniger Opfer als Täter, Mittäter ist.

Hasso Ifland zeichnet seine Artikel mit »hai«. Keiner sagt Hasso zu ihm. Alle nennen ihn den »Hai«. Schwindmann nennt ihn Hai, meist mit Respekt in der Stimme. Einige nennen ihn auch den »weißen Hai«.

»Hai« klingt gefährlich und aggressiv. Dieses Image wird von Ifland gepflegt. Er wird gefüttert an der CDU-Krippe. Dort ist er ein dressierter Raubfisch, der mit den Schwanzflossen Männchen macht und aus der Hand frißt. In der Nähe seines Schreibtisches hängen fünf Plaketten. »Aus Liebe zu Deutschland«, »Immer sauber bleiben«, »Jodlerkönig Franzl Lang«, »Freddy« und »Berlin, von einem Herz umschlossen«.

Eines Tages läuft er mit Glanz in den Augen in der Redaktion herum und erzählt begeistert: »Ich mach eine tolle Geschichte: ›KBW wird mit Ungeziefervertilgungsmittel aus der Luft bekämpft.‹« (Es läuft gerade die Kampagne von Ministerpräsident Albrecht gegen den »Kommunistischen Bund Westdeutschland« Albrecht forder ein Verbot dieser Splittergruppe, die auf der Anti-Atomkraftwerk-Demonstration in Grohnde zum »harten Kern« der Umweltschützer gezählt wurde.) Albrecht gibt die Parole aus, bei seinem zahmen »Hai« erwachen sogleich die angesprochenen Instinkte. Nachher stellt sich heraus, daß Hai eine Meldung aufgeschnappt hat, daß in Australien Kampf-Bienen-Wespen (= »KBW«) mit Ungeziefervertilgungsmitteln aus der Luft bekämpft werden. Das hat seine Phantasie angeregt.

Hai telefoniert auch häufig mit dem Kontaktmann des niedersächsischen Verfassungsschutzes, Saphir. »Wir bemühen hier ja recht oft Herrn Saphir«, sagt ein Redaktionsmitglied. In der Regel führt Schwindmann die Gespräche mit dem Informanten des Verfassungsschutzes selbst – von einem Büro aus und ohne Zeugen. Diesmal beauftragt er Hai: »Ich habe gestern noch länger mit Herrn Saphir gesprochen, er hat mir wertvolle Tips gegeben, einfach sagenhaft. Tun Sie mir den Gefalen, wenn Sie jetzt mit ihm reden, erzählen Sie ihm nicht, daß Sie wissen, daß ich mit ihm gesprochen habe.«

Saphir ist der Referent für Öffentlichkeitsarbeit der Niedersächsischen Verfassungsschutzbehörde und von daher »Ansprechpartner« für Interessenten aus Presse, Funk und Fernsehen in Belangen der Verfassungsschutzbehörde.

Einmal darf Hofschreiber Hai auch in eigener Sache tätig werden. Ein Thema, das Schwindmanns Augen glänzen läßt: »Deutschlands größtes Arabergestüt ist in Niedersachsen! Die edelsten Pferde der Welt starten auf der neuen Bult«, lautet der halbseitige Aufmacher Seite 6. Hai zeichnet ausnahmsweise seinen Artikel weder mit »hai« noch mit Hasso Ifland. Zuerst denkt er daran, sich das Pseudonym »Kara Ben Nemsi« oder ähnlich zuzulegen, weil es sich um Araberpferde handelt. Aber Schwindmann ist dagegen: »Glaubt uns doch keiner.«

Schließlich schreibt Hai unter dem Pseudonym Alfred Wege einen höchst geschäftsfördernden Artikel über das Gestüt seiner eigenen Familie. Nur als Schwindmann darauf drängt, daß den Lesern auch der Wert des Gestütes mitgeteilt wird, gerät Hai in Interessenkollision. »Dann kommt uns das Finanzamt auf's Dach.« Im Artikel wird es dann so umschrieben: »Der Wert der Pferde wird ›wie ein Staatsgeheimnis‹ gehütet.«

Zu seiner Arbeitsweise erklärte der Redaktionsleiter selber an Eides Statt vor Gericht:

Es verging in meiner Zeit als Redaktionsleiter von BILD-Hannover wohl kein Tag, an dem ich die Redaktionsmitglieder nicht aufgefordert hätte, sie sollten »sich Geschichten ausdenken«, sie sollten »sich etwas einfallen lassen«. Alle gutwilligen Kollegen haben dies auch so verstanden, wie ich es gemeint habe, die einer Redaktion nicht aufgrund von Ereignissen frei Haus auf den Schreibtisch flattern. Beispiele:
● Niedersachsen ist ein Pferdeland. Viele wohlhabende Frauen besitzen hier ein eigenes Reitpferd. Also war die Geschichte, die wir uns auszudenken hatten, ein Bericht über sechs, in der Öffentlichkeit bekannte Frauen und ihre Pferde: Was die Tiere gekostet haben, wie oft sie geritten werden, wie sie gepflegt werden, etc.

Auf die »politischen Themen« in BILD ist weitgehend Hai abonniert. Entsprechend werden sie abgehandelt. CDU-Hauspostille. Gewerkschaften, Betriebsräte, Arbeitskonflikte, derartige Themen kommen während meiner viermonatigen Tätigkeit bei BILD nicht vor. Fast nur bei Streiks wird so was »Abwegiges« zum Thema. Und dann kann man sich darauf verlassen: Die Unternehmer haben recht!
Auch wenn es um sogenannte »human-touch-Geschichten«, menschliche Schicksale geht, stets gibt ihnen BILD einen Dreh, als stammten sie aus einer Unternehmer-Festschrift.

Ein Beispiel (von Hai), Aufmacher Seite 3: »Friedchen ist Deutschlands treueste Perle. 65 Jahre im gleichen Haushalt.« Und dann folgt das »hohe Lied«, ein nur schlecht verhüllter Verhöhnungs- und Spottartikel über eine 82jährige Hausgehilfin, die seit ihrem 17. Lebensjahr die Dreckarbeit in einem Fabrikantenhaushalt macht. Zynischer Schlußsatz: »Sie ist eben eine Perle.« Als »Perle« kommt man zur Welt, als »Perle« geht man ins Grab. Eine glückliche und dankbare, immer dienstbare Haussklavin, ohne Feierabend und Pensionsanspruch. Die Fabrikantenfamilie ist für den werbewirksamen Artikel so dankbar, daß sie Hai eine Kiste Sekt in die Redaktion schicken läßt. Und feixend wird auf »Friedchen«, die »Perle«, angestoßen.

Betont unschuldsvoll sage ich: »Die Kleingärtner und Rentner schicken einem nie Sekt.«
Polizeireporter Uwe Klöpfer ist ein ziemlich cooler, um nicht zu sagen: abgebrühter Kollege. Er hat seine Informanten bei der Polizei, die ihm für ein Honorar vertrauliche Ermittlungsergebnisse zum »Verbraten« in BILD zur Verfügung stellen. Sie liefern kleine und größere Ganoven oder mit dem Gesetz in Konflikt geratene Triebkranke BILD zum Ausschlachten ans Messer.[*]

---

[*] Ich kenne die entsprechenden Honorarkarten. Mir liegt allerdings nichts daran, kleinen und mittleren Beamten damit ihren Beruf zu nehmen, zumal ich weiß, daß die Zuträger von der Kripo seit Bekanntwerden meiner BILD-Inspektion ihre Zuliefererdienste verweigern. Sie können unbesorgt sein, ich arbeite hier nicht wie ein BILD-Reporter. Manchmal liefen derartige Informationen auch auf Gegengeschäftsbasis. »Gib mir den Namen des jugendlichen Täters raus, dann versprechen wir Euch, nichts über die Einzelheiten des raffinierten Banküberfalls zu schreiben« (der Nachfolgetäter zur Nachahmung animieren könnte).

Ich frage eine Kollegin, was sie denn so mache. »Ich bin gesellschaftlich tätig«, antwortete sie. Ich muß sie ziemlich verblüfft angesehen haben, denn sie fühlt sich gleich zu einer Erklärung gezwungen: »Ich mache stellvertretend die Klatschspalte ›Stadtgespräch – Wer mit wem‹. Ich bin die Klatschtante.« Ach so. Gesellschaft ist die »bessere« Gesellschaft, die dort beginnt, wo das Geld zu stinken anfängt und BILD als Parfum-Zerstäuber auftritt.

Die Leiterin des Klatsch-Ressorts ist Eleonora Treitschke, genannt »Treitschi«, eine karrierebewußte, eitle Person, äußerlich progressiv-dynamisch, ehemals wohl ansatzweise emanzipiert, inzwischen total angepaßt. »Fortschrittlich« ist jetzt nur noch ihre Garderobe. Sie wäre lieber in einer größeren Stadt, Hannover sei »so schrecklich provinziell«, die Spitzen der Gesellschaft seien so zurückhaltend, gar nicht BILD-offen. Dabei legen sich zumindest die regierenden Landespolitiker gern zu »Treitschis« Füßen, wie etwa der Staatssekretär Dieter Haaßengier, der – wenn er mal gerade nicht erklären muß, »daß Schlesien eine deutsche Provinz ist, die unter polnischer Verwaltung steht« – reichlich Zeit findet, der »lieben Eleonora« zu schreiben:
»Seit kurzer Zeit hören und notieren Sie charmant in der BILD-Zeitung. Am 11. 2. 77 berichteten Sie über das Oldenburger Grünkohlessen in der Niedersächsischen Landesvertretung in Bonn und auch über unseren Markenartikel, die ›Niedersachsen-Krawatte‹. BILD hat schon oft über die Krawatte geschrieben, wenn wir mit ihr geworben haben. Ihr Bericht läßt jedoch die Befürchtung aufkommen, daß wir es tatsächlich bisher unterlassen haben, Ihnen ein solches Exemplar zu übersenden . . . Anbei für Sie zwei Krawatten. Sollten Sie für

65 Jahre im gleichen Haushalt

Vor 65 Jahren kam „Friedchen" als Mädchen vom Lande (sie stammt aus Rinteln) nach Hannover. Damals gehörte die tägliche Spazierfahrt mit dem kleinen Carl, dem heutigen Firmen-Chef, zu ihren ersten Pflichten. Wie sehr sie ihn schon damals umsorgte, zeigt dieses Bild aus dem Jahr 1912: Carl, mitten im Sommer mit Zipfelmütze, schaut sehr zufrieden drein

Friedchen ist Deutschlands treueste Perle

- ● Sie kochte schon für den Großvater
- ● Sie bügelte die Hosen für den Vater
- ● Sie wusch die Hemden für den Sohn
- ● Jetzt wartet sie auf ein Baby der 5. Generation

Hannover, 29. 3. ...rcheinlich ist Frie- ...Görling (82) ...hlands älteste ... — ganz bestimmt ...eutschlands treue- ...it 65 Jahren arbei- ... inzwischen weiß- ...e Fräulein im ...alt des Holzkauf- ...Steinmann in Han- ...WUHel. Den jetzi- ...menchef Carl, im ...auch schon 64 ...lt, hat „Friedchen" ...a den Armen ge- ...damals, als sie ...han Goldmark im ...verdiente.

...e, 65 Jahre später, ...die rüstige Dame ...mer mit Begeiste- ...re Spezialität für ...sten Chefin Luise ...ann: hannover- ...raunkohl mit Bre- ...rtl

...Generationen der

wohlhabenden Unter- nehmerfamilie Steinmann hat sie liebevoll umsorgt. Längst ist sie die Seele des Hauses geworden. Aber statt in den wohl- verdienten Ruhestand zu treten, wartet „Fried- chen" jetzt sehnsüchtig auf die Ankunft der fünf- ten Generation im Hause: „Einmal möchte ich noch ein Baby bestricken!"

Schließlich sind auch alle anderen „Steinmän- ner" (die Zwillinge Wil- helm und Rudi und Carl, der jetzige Firmenchef) von ihr aufgepäppelt worden. Aber leider denkt Juniorchef Uwe (28) noch nicht an Heirat.

Seit 65 Jahren bindet sich „Friedchen" jeden Morgen eine frische wei- ße Schürze um und stürzt sich in die Arbeit. Sie kocht, strickt, wäscht, bü- gelt und serviert bei ihrer

Herrschaft — sogar im Urlaub, wenn alle zusam- men ins Ferienhaus auf Sylt fahren.

„Meinen Lohn habe ich immer gespart, schließ- lich wollte ich ja heira- ten", erinnert sie sich. Doch das Schicksal wollte es anders: Ihr Bräutigam fiel im Krieg. Dann dachte sie nie wieder an eine Ehe: „Ich hätte die Stein- manns doch nicht allein lassen können!"

„Friedchen", die zum 50. Dienstjubiläum das Bundesverdienstkreuz bekam, mag sich nicht zur Ruhe setzen. Im letzten Jahr mußte sie Herr Stein- mann sogar aus einem Kirschbaum holen. „Die können doch schließlich nicht vergammeln, die gehören ins Einmach- glas", sagte sie entrüstet. Sie ist eben eine „Per- le".

Zu ihrem Jubiläumstag ließ sich „Friedchen" im Sessel gestern einmal von ihrer Herrschaft bedienen: Liesel Steinmann, Juniorchef Uwe und Carl Stein- mann (von links)

diese unmittelbar keine Verwendung haben, teilen Sie mir das bitte mit, dann wird unser Plan, charmante Niki-tücher für die Damen herauszugeben, noch schneller ver-wirklicht . . .«

Da weiß man doch, wozu oberschlesisch-niedersächsi-sche Staatssekretäre gut sind.

»Treitschis« Konkurrentin ist die Adelstante Edeltraut Höfken. Als ich über eine ungenügend gesicherte Müll-kippe berichten, also ihrer »Gesellschaft« ans Portemon-naie will, geht sie wie eine Furie auf mich los: »Das schreiben sie auf gar keinen Fall, das werde ich zu verhin-dern wissen!«

Das Hoffräulein ist die einzige, die den Rausschmiß des Lokalchefs Gustav von Sylvgnadt bedauert. Der ist näm-lich Adelsspezialist von BILD bundesweit und sitzt jetzt in Aachen. Und das ausgerechnet jetzt wo die Welt das Baby der schwedischen Königin erwartet! Aus Aachen – und nicht aus Hannover – kommen jetzt die auflagenstei-gernden Schlagzeilen wie

»Für das Baby – Silvia heimlich in Deutschland« (in Aachen versteht sich),

»Silvia: Gleich das 2. Baby«,

»Terroristen bedrohen Silvias Baby«,

»Silvias Baby: Sorgen und Gerüchte«,

»Silvia – Was mit dem Baby los sein kann – und wann es kommen muß«,

»Silvia: Was ihr der König zum Baby schenkt«.

»Der Sylvgnadt hätte dafür gesorgt, daß die Königin ihre Umstandsklamotten in Hannover und nicht in Aachen gekauft oder ihr zur Not ein Care-Paket, Brüsseler Spit-zen und so, geschickt hätte«, sagt die Adelstante.

Bei Edeltraut Höfken bricht die ganze Verachtung und Dünkelhaftigkeit gegenüber den eigenen Lesern offen hervor. Sie kommt von einem Termin vor Ort. Thema: Ein Junge wird vom Pfarrer nicht konfirmiert, weil er es gewagt hatte, sich im Konfirmandenunterricht zu erkundigen, wie man aus der Kirche wieder austritt. Die Familie feiert trotzdem ihr Konfirmationsfest, auch ohne kirchlichen Segen. Die Redakteurin wird zum Mitfeiern an der großen Familientafel eingeladen. Sicher gibt's da keinen Champagner wie auf Adelsfesten und es geht auch nicht so nobel zu wie bei Hasselsmanns, Leisler-Kieps oder bei Albrechts Empfängen.

Kommentar zu Hai, in die noble Redaktion zurückgekehrt und den Dreck des »Milieus« abschüttelnd, mit Ekel in der Stimme: »(Auf Gerichtsbeschluß darf das hier ursprünglich vorgesehene Zitat *zensiert* nicht weiter veröffentlicht werden)«

Anschließend telefoniert sie mit Stolz in der Stimme die Ausbeute des Familienfestes zum »Bund« nach Hamburg durch. Denn so ein originelles Konfirmationsfest bei »Kleinen Leuten« ist schließlich eine »große Bundesgeschichte«.

»... werden auch die Anhänglichkeit an BILD und die Bereitwilligkeit verständlich, mit der man sich von dieser Zeitung informieren und unterhalten läßt. Die Leser spüren: Hier geht es um Menschen, um menschliche Schicksale, um menschliche Probleme, hier geht es um Menschen wie Du und ich – ja, hier geht es um einen selber.

Und einer Zeitung, die sich so dem Menschlichen verpflichtet zeigt, darf man unbesorgt vertrauen. Die BILD-Zeitung erweist sich so als guter Kamerad, der immer hilft, wo Not am Mann ist – allerdings ein Kamerad mit Macht und Autorität.«

(aus einer vom Springer-Verlag herausgegebenen Analyse der BILD-Zeitung)

Ein Kärtchen, das in der Redaktion die Runde macht, stellt den »guten Kameraden« richtig.
Der ehemalige BILD-Redaktionsleiter Schütze hat einmal diese Kärtchen in die Redaktion mitgebracht. Eine Visitenkarte*

> Ihre Geschichte
> griff mir ans Herz
> niemals vorher bin ich jemandem begegnet
> der mehr Schwierigkeiten hatte als Sie.
> Bitte betrachten Sie dieses Kärtchen als Ausdruck
> meines tiefsten Mitgefühls.

(Nicht alle der Redaktion angetragenen menschlichen Schicksale lassen sich schließlich in einer Geschichte »verbraten«.)

---

* Übrigens: auch Richter Engelschall ist im Besitz so eines Kärtchens.

Die Höfken ist beim Stadtrat akkreditiert, der »Hai«
beim Landtag. Beide nennen sich, mit etwas krampfhaf-
ter Lustigkeit, das »Stadtschwein« und das »Landschwein«. Stolz zeigen sie sich mit diesen Titeln auch auf
einem Foto neben ihrem Schreibtisch.
Der Hai und die Höfken sind noch jung, stark und zynisch genug, dem dumpfen Gefühl der menschenunwür-
digen Beschäftigung eine »komische« Seite abzuge-
winnen.

»... zeigt sich ... in der positiven Einstellung der
BILD-Leser zu dem Versuch der Zeitung, ihren infor-
mativen wie unterhaltenden Beiträgen stets ein wenig
»human touch« mitzugeben, also das menschliche gebührend herauszustreichen.«
(aus einer vom Springer-Verlag herausgegebenen
Analyse der BILD-Zeitung)

BILD schreibt für Albrecht (CDU) – Schmalstieg (SPD) schreibt für BILD

Herbert Schmalstieg ist Sozialdemokrat. Er hat es vergleichsweise gut bei BILD-Hannover. Denn er ist auch ein Superlativ, »der *jüngste* der Oberbürgermeister der Bundesrepublik«. Hier ein poppiges Aktiönchen, da ein Stadtfest – mit so gefälliger Garnüre kommt Schmalstieg ins BILD. Er läßt es mit sich machen, spielt den Hampelmann für BILD. Er ist jederzeit wegen jedem Dreck zu sprechen, und ist er mal nicht da, steht seine Frau zur Verfügung: »Gnädige Frau« (so fragen BILD-Reporter ihre Kontaktpersonen ab einer gewissen Einkommensstufe) »was für 'ne Krawatte trägt Ihr Mann denn heute?« Oder: »Wann hat Ihr Mann zuletzt geweint?« Herr und Frau Schmalstieg machen alles mit. Vielleicht hat der Sozialdemokrat mal geglaubt, daß er auf diesem Umweg seine Politik über BILD verkaufen kann. Mittlerweile aber verkauft er gar nichts mehr, er läßt sich bloß noch abfeiern.

Alle vierzehn Tage darf Schmalstieg im Wechsel mit dem CDU-Ministerpräsidenten Ernst Albrecht einen Kommentar in BILD schreiben. Pro Kolumne gibt es 250 Mark, laut Honorarkarte Schmalstiegs waren es vom 1. Feburar bis zum 12. Mai 2500 Mark. OB Schmalstieg erklärt, daß er dieses Honorar gemeinnützigen Zwecken habe zukommen lassen. Da ist die Kritik auch nicht anzusetzen. Viel trauriger ist, wie sich dieser sozialdemokratische Stadtvater zum Hilfswilligen von BILD-Kampagnen machen läßt.

Zum Beispiel die BILD-Aktion »Rettet Hannover 96«:

Schmalstieg läßt sich ans BILD-Telefon zitieren, um den Lesern zu erklären, warum dieser heruntergewirtschaftete Fußballklub saniert werden müsse. Alles hängt davon ab, daß die »Städtische Sparkasse« dem Verein die längst fällige Kreditzurückzahlung weiter stundet. Und BILD kalkuliert zu recht, daß der Auftritt des Oberbürgermeisters am BILD-Telefon seine Wirkung auf den Sparkassen-Vorstand nicht verfehlen werde, zumal der »ehrenamtliche OB« Werbechef der Sparkasse ist.

Das Fernseh-Team, das bei BILD dreht, fragt Schmalstieg nach seiner Schirmherrschaft über die Lehrstellen-Aktion, gegen die sogar die Gewerkschaften Sturm laufen.

Antwort:

»Wir unterstützen hier eine Aktion, wie wir jede Aktion unterstützen würden, die der Schaffung neuer Ausbildungsplätze gilt. Die Farbe der Zeitung kann dabei keine Rolle spielen.«

»Gibt es darüber hinaus andere Kooperationen zwischen Ihnen und der BILD-Zeitung?«

»Die BILD-Zeitung ist eine Zeitung, die im Bundesgebiet zugelassen ist. Es gibt Formen der Zusammenarbeit, die wir allen anderen Verlegern auch liefern. Meine Artikel schreibe ich in meiner Funktion als Oberbürgermeister.«

Während Schmalstieg seine Kolumne nur für die Imagepflege der Stadt nutzt, damit das gute Verhältnis zu BILD nicht getrübt wird, macht sein Partner Ernst Albrecht handfeste Politik. Schmalstieg arbeitet für BILD, aber BILD arbeitet für Albrecht. Während Schmalstieg seine Kolumnen selbst schreiben lassen muß, steht Albrecht zur Not auch ein BILD-Reporter zur Verfügung: Hasso Ifland beispielsweise schreibt Albrechts Aufruf zur Rettung von Hannover 96 und ruft dann den Ministerpräsidenten an: »Herr Dr. Albrecht, darf ich Ihnen den Text mal vorlesen ... Ist es wohl recht so, sind Sie damit einverstanden?« Albrecht segnet den Text ab, nachdem er noch einen Nebensatz eingefügt hat.

Für Albrecht läßt sich die Redaktion auch sonst was einfallen. Als etwa ein Wohltätigkeits-Fußballspiel mit Prominenten zugunsten der Behandlung einer nierenkranken Flüchtlingsfrau veranstaltet wird, wird die Ankündigung mit einem hübschen Foto garniert, auf dem Albrecht schwungvoll mit einem Fußball posiert: Der Ministerpräsident als segensreicher Fußballer – obwohl Albrecht nie Fußball spielt, sondern auf die Jagd geht. Aber als Jäger will er vor der auf Tierliebe getrimmten Leserschaft nicht ins Bild kommen. An dem Wohltätigkeitsspiel nimmt der Ministerpräsident natürlich nicht teil. Ein Betrug am Leser und an den Zuschauern, die wohl ganz gerne mal erlebt hätten, wie sich ihr sonst so schußfreudiger Landesvater denn so auf dem Rasen macht.

Am 27. Juni erscheint in BILD ein Interview, das so recht illustriert, wer Albrecht ist und was BILD an ihm hat:

BILD: »Warum sind Sie Ihrer Partei beigetreten?«
Albrecht: »Die CDU ist die einzige deutsche Partei, die gleichzeitig eintritt für die individuelle Freiheit des Menschen, für das Leben in natürlicher Ordnung und für die politische Umsetzung der Nächstenliebe.«
»Was bedeutet Ihnen Ihre Frau?«
»Wo immer sie wirkt, verbreitet sie Schönheit. Sie ist ein sehr lebendiger Mensch.«
»Erinnern Sie sich an Ihr schönstes Kindheitserlebnis?«
»Das waren immer die Ferien bei den Großeltern auf dem Lande, die Ruhe, die Stille, die körperliche Arbeit. Es ist letztlich etwas Geistiges, mit der Natur im Einklang zu leben.«

100

Ministerpräsident Albrecht »stürmt« für BILD:
Zugeknöpft in Schlips und Kragen.
Reklame für ihn, Reklame für BILD.
Nur: im Wohltätigkeitsspiel fehlt »Stürmer« Albrecht.

Hannoveraner helfen gern, wenn jemand in Not ist:

Der Ministerpräsident	Hannover 96
Die Minister	Arminia Hannover
Die Feuerwehr	Richter und Anwälte

Wunderbar!
Alle spielen
Fußball für
diese junge kranke Frau

Ministerpräsident Dr. Albrecht will Frau Ziehlke helfen

»Welche Hobbys haben Sie?«

»Ich liebe alles, was mit der Natur zusammenhängt, die Jagd, meine Schafzucht, den Garten. Außerdem die Philosophie, auch wenn das sehr ernst ist.«

Da Ministerpräsident Albrecht und Bundesminister Ravens am selben Tag Geburtstag haben, wurden beiden Politikern in einem Interview dieselben Fragen gestellt und die Antworten nebeneinander abgedruckt. Aber nur das Albrecht-Interview verdient es, hier als unfreiwillige Satire präsentiert zu werden.

An Albrechts Geburtstag mischt BILD natürlich auch mit. Weil Albrecht, wie gesagt, nicht als Jäger erscheinen will, hat er sich als »Hobby« Schafe zugelegt. Ein Heger, ein Pfleger, ein Schäfer – so will er gezeigt werden. Vor einer BILD-Kamera schenkt ihm seine Tochter ein Schaf. Doch das arme Tier versteht nichts von PR und will nicht mit auf's Bild. Deshalb stemmt sich BILD-Redakteur Hai, der selbstverständlich mit dabei ist, mit aller Kraft gegen das Schaf und schiebt es auf Ernst Albrecht zu. Der Photograph drückt ab und alles kommt in den Kasten: Albrecht, Hai, das Schaf und das Töchterlein Röschen. Ergebnis ist – wieder mal – eine hübsch rührselige Geschichte vom Landesvater und seiner Schafzucht.

Und damit's die BILD-Leser auch gefälligst alle glauben, wird der »gute Hirte« Albrecht von »Treitschi« mit der Zeile ins Blatt gehoben: »Das ist kein Witz: Ministerpräsident Dr. Albrecht wird Schäfer«.

»Ministerpräsident Dr. Ernst Albrecht ist unter die Schäfer gegangen! Er hat viele junge Lämmer gekauft, die nach Pfingsten auf der ›Hungerweide‹ hinter seinem Haus in Beindorf grasen werden. Allen Ernstes! Nieder-

sachsens Regierungschef will künftig Schafe züchten, sie scheren lassen und Wolle und Lämmer verkaufen! ›Damit möchte mein Mann künftig wenigstens sein eigenes tägliches Brot verdienen, schmunzelt seine Frau . . .‹
Im Augenblick hat sie alle Hände voll damit zu tun, den Pfingstbraten (Rückenteile vom Sikahirsch) für die große Familie vorzubereiten.

Die Landesmutter hatte gehofft, morgen und übermorgen die ganze Familie beisammen zu haben: ›Aber daraus wird wieder mal nichts!« Röschen ist am Pfingstsonntag bei den niedersächsischen Bezirksmeisterschaften der Reiter in Holzminden.«

Das ist kein Witz: Ministerpräsident Dr. Albrecht wird Schäfer

Dr. Albrecht will Schafe züchten und die Wolle verkaufen

BILD macht aus einem Bilanzverwalter und Staatsmanager einen gütigen Landesvater. Verleiht ihm die höheren Popularitätsweihen. Nie auch nur in Andeutungen ein kritischer oder respektloser Unterton. Dabei läge es so nahe. Denn Hannovers Bevölkerung hat sich trotz BILD-Kampagnen einen sensibleren und wachen Instinkt bewahrt. Dort wird der Ministerpräsident respektlos auch das »Krümelmonster« genannt. In Anspielung auf seine frühere Tätigkeit beim Keksfabrikanten Bahlsen. Damit Albrechts aufwendiger Lebensstil, der ungewollt, aber unvermeidlich in der Berichterstattung durch-

103

schimmert (was sich kaum verbergen läßt, denn was hat er sonst schon vorzuweisen?), nicht den Neid der »Landeskinder« weckt, dichtet »Hai« das Epos: »Die langen Tage und die kurzen Nächte von Dr. Ernst Albrecht.« Bei einem Sozialdemokraten hätte es schlicht geheißen: »Ravens überfordert: Bonn und Hannover – Doppelbelastung schafft ihn!«

Hai erklärt den BILD-Lesern zunächst, daß es sich schon finanziell nicht lohnt, Ministerpräsident zu werden: »Natürlich sind 15 293 Mark Monatseinkommen viel Geld. Dafür kann man schon mal ein Lächeln riskieren. Aber würden Sie für dieses Geld täglich bis zu 20 Stunden arbeiten?« BILD beschämt alle sonst noch anderweitig Werktätigen: »Ministerpräsident Dr. Ernst Albrecht tut es – lächelnd!« – »In dieser Woche zeigte der Ministerpräsident die Zähne, denn die Arbeitstage waren lang und die Nächte kurz nur . . .« – »Als der Ministerpräsident um drei Uhr morgens nach Hause kommt, liest er noch in der Jagdzeitschrift ›Wild und Hund‹. Er kann noch nicht einschlafen.« Es möchte kein Hund mit ihm tauschen!

Die Rolle, die der Geißbock beim 1. FC Köln spielt, kommt in der BILD-Redaktion dennoch nicht Albrecht zu, sondern dem niedersächsischen Bundesratsminister und CDU-Generalsekretär Hasselmann, genannt »der schöne Wilfried«. Wenn Saure-Gurken-Zeit ist, dann heißt die Parole: »Ruft doch mal den Hasselmann an, der ist immer für 'ne Schnurre gut.« Und wenn die Redaktion mal nicht dran denkt, ruft Hasselmann selber an. Wenn er dann erzählt, er sei mit sechs Damen zum Kaffee, rücken seine Hofberichterstatter(innen) aus und bringen den Text heim: »Minister Hasselmann von 6 netten Damen richtig verwöhnt.« BILD hat ihn so oft gefeiert, daß seine Popularität noch die von Albrecht überragt.

Hasselmann ist ein Geschäft auf Gegenseitigkeit: Er macht freiwillig mit, was BILD von ihm will, baut sozusagen auf Wunsch »Männchen«, BILD stellt sich dafür Hasselmann zur Verfügung. Er paßt zu BILD wie sein Ministerpräsident zur Keksfabrik. Auch politisch.

Der stockreaktionäre Hasselmann hat dieselben Vorurteile, Abneigungen, das dumpfe Machtbewußtsein, die Ängste, mit denen BILD Politik macht.

Einmal stehe ich auf Tuchfühlung (richtiger gesagt: auf Blechfühlung) mit ihm. Ich habe auf der Hannover-Messe am Stand der Salzgitter Karosseriebau einen Studenten entdeckt, der dort in Ritterrüstung als Firmenmaskottchen herumsteht. An diesem Mann lassen die Messebesucher alle möglichen Aggressionen aus, viele rempeln ihn absichtlich an. Ich löse den Studenten ab und steige selbst in die Rüstung. Eigentlich habe ich vor, mich vom Salzgitter-Stand zu lösen und klirrend durch die ganze Messe zu tappen, auch auf die Empfänge. Denn Scheel und Strauß und Schleyer sind angesagt, und ich hoffe, daß ich als Ritter, als Un-Mensch, als Un-Person durchgelassen werde. Leider geht das schief, denn gerade als ich in die Rüstung gestiegen bin, kommt Hasselmann mit seinem Troß daher.

Da stehe ich nun, mit der Salzgitter-Fahne in der Hand, eine Rolle in der Rolle, wie die Puppe in der Puppe. Als Hasselmann kommt, stapfe ich los. Ich tue einfach so, als sei es der Job dieses Ritters, der nur stramm dazustehen hat, illustre Gäste über den Stand zu eskortieren. Klirrend komme ich hinter Hasselmann her und stapfe wie ein Zeremonienmeister mit meiner Fahnenstange fest auf den Boden. Sofort gehen Fotografen in Stellung. Hasselmann tut sogleich, was ich, die Fotografen und alle Welt von einem Politiker erwarten dürfen, der so be-

herzt, publizitätsgeil und volksnah ist: Kaum daß er mich
entdeckt und die PR-Idee erfaßt hat, wirft er sich mir an
die Brust und umarmt mich. Er blinzelt ins Visier, sagt:
»Sicher ist sicher«, macht ein selten dämliches Gesicht
und erklärt: »Solche Männer brauchen wir für die nächste Schlacht in Grohnde!« Ich hebe meinen Blecharm
und haue ihm kräftig auf die Schulter, daß er zusammen-
zuckt: »Ich schlage Sie jetzt zum Ritter.«

»Solche Männer brauchen wir für die nächste Schlacht in Grohnde!« Der CDU-Vorsitzende Minister Hasselmann schmeißt sich »Hans Esser« an die Ritterbrust.

Hasselmann Erklärung in und für BILD nach Wallraffs (Essers) Abgang

Inzwischen ist der PR-Mann von Salzgitter schon ganz nervös geworden, daß sein stiller Ritter plötzlich zu einer Art Roboter geworden ist, der sich selbständig gemacht hat. Er zieht und zerrt an mir und zischt: »Los, weg von hier, machen Sie, daß Sie da rauskommen, das ist nicht vereinbart!« Er reißt mir die Ritter-Montur fast vom Leib.

Seltsam, was ein Ritter auf der Messe alles erlebte

BILD-Reporter Hans Esser steckte 90 Minuten in der schweren Rüstung

Von HANS ESSER

Hannover, 22. April

Das ist die originellste Werbeidee der Hannover-Messe: Der „Salzgitter-Karosserieban-Konzern" steckte einen Studenten in eine 400 Jahre alte Ritterrüstung und läßt ihn für täglich 90 Mark vor der Konzernhalle Spalier stehen. BILD-Reporter Hans Esser lüste gestern den 23jährigen Pädagogikstudenten Konrad Freiberg für eineinhalb Stunden ab.

„Ist das nur eine Figur oder steckt da jemand drinn?" fragten

In dieser mittelalterlichen Rüstung (400 Jahre alt) mußte BILD-Reporter Hans Esser eineinhalb Stunden die Fragen der Messebesucher erdulden

STAHLBLECH im Karosseriebau.

ergraute Firmenchef seinen jugendlichen Assistenten. Ich hebe mein linkes Bein, und die 10 000 Mark teure Montur klirrt und rasselt. „Tatsächlich, er lebt", erkennt der Firmenchef und pocht mit seinem Regenschirm an meine blecherne Brust. „Der ist altdeutsch und richtig.

Nur Wilfried Hasselmann hat mich ernst genommen

„Frierst Du darin oder ist's Dir zu warm?" fragt eine hübsche junge Sekretärin. Ich öffne mein Visier, und es dampft heraus.

„Wetten, der liegt wie ein Maikäfer auf dem Rücken und kommt von allein nicht mehr hoch, wenn ich den umstoße", erklärt ein Ingenieur vom Tierbau seinem Kollegen.

Der einzige, der mich ernst nimmt, ist Minister Wilfried Hasselmann, CDU-Chef von Niedersachsen. „Solche Männer brauchen wir für die nächste Schlacht in Grohnde", sagt er und legt seinen Arm um meine stählerne Schulter. Darauf schlage ich ihn zum Ritter.

Zu Hasselmann und Albrecht geht man hin, wenn man was von ihnen will, die Sozialdemokraten müssen schon selbst kommen. Eines Tages hat sich der SPD-Bundesminister Karl Ravens angemeldet, der Gegenkandidat von Albrecht. Er soll an einer Redaktionskonferenz teilnehmen, der Redaktionsleiter ermuntert die Mannschaft: »Macht euch ein paar Gedanken, stellt ein paar Fragen.« Aber er sagt auch gleich dazu: »Das ist nur intern, nur zum Kennenlernen.« Das heißt: keine Zeile darüber im Blatt.

Als Ravens da ist, begrüßt der Redaktionsleiter die Truppe mit »liebe Freunde«. Das haben wir noch nie gehört. Und zu Ravens: »Herr Minister! Wunderbar! Wir bedanken uns, daß Sie uns zur Verfügung stehen. Wir stehen Ihnen zur Verfügung.«

Minister Ravens: »Beginnen wir mit dem ersteren. Ich stehe Ihnen zur Verfügung.« Ravens bemüht sich sichtlich, einen guten Eindruck auf die Runde zu machen, die ziemlich desinteressiert dahockt. Da stelle ich ihm ein paar Fragen, zum Beispiel, ob er sich als Wohnungsbauminister Gedanken über die an den Bedürfnissen vorbeigebauten Wohnzentren gemacht habe, die in Hannover zum Teil leer stehen und der Kommune zur Last fallen, und ob bei der großen Wohnungsknappheit gegen solche jedermann sichtbare Vergeudung nicht dirigistische Maßnahmen erforderlich seien, zumal dann, wenn die Stadt als indirekter Geldgeber drinhängt. Ich frage das ganz naiv, in der Art eines Mannes aus der christlichen Arbeiterjugend. Den Scharfmacher, den rechten Provokateur zu spielen, das kriege ich nicht fertig, die Rolle beschädigt mich so schon genug. Dennoch nimmt Ravens meine Frage als Provokation. Er denkt wohl, da will mich so ein Springer-Junge auf's Kreuz legen, und antwortet:

»In einer freien Marktwirtschaft muß das der Markt selbst regulieren. Da sollte man auf keinen Fall zu staatlichen, dirigistischen Maßnahmen greifen. Ich kann mir doch jetzt schon Ihre Schlagzeile vorstellen, wenn ich so etwas fordern würde.«

Tatsächlich, es läuft, wie man sich das vorstellt: Der Politiker beugt sich dem Pressekonzern. Mehr als das: Er sagt den Vertretern des Konzerns auch noch, daß und warum er sich beugt. Er will die Redaktion kennenlernen und vielleicht erhofft er sich langfristig gesehen eine bessere PR. Man muß ja nicht gleich wie Albrecht von BILD umjubelt werden.

Der Mann tut mir leid, weil ich spüre, wie die BILD-Redaktion die Selbsterniedrigung des sozialdemokratischen Herrn Ministers auskostet. Ravens wird richtig vorgeführt, wird auf den Sessel des Redaktionsleiters gesetzt, und Schwindmann meint zum Schluß: »Ja, Herr Minister Ravens, Sie können jederzeit mal gern wiederkommen, aber bringen Sie uns doch dann 'ne Flasche Schnaps mit, das ist so Usus hier.«

Ravens läßt es über sich ergehen, was um so peinlicher ist, als er im Jahr zuvor noch mit der BILD-Zeitung in Fehde lag und sich fernschriftlich bei Chefredakteur Prinz beschwert hatte wegen eines Artikels über seine erkrankte Frau. Der Streit war damals beigelegt worden. Vielleicht soll dieser »Good-will-Besuch« jetzt eine Art Versöhnung darstellen.

Ravens hat auch den Pressesprecher der niedersächsischen SPD, Rudolf Henning, mitgebracht, der sich direkt neben mich setzt. An ihm wird deutlich, daß man als Sozialdemokrat gegenüber der BILD-Zeitung auch anders könnte als Schmalstieg und Ravens. Ich hatte auf der Redaktionskonferenz vorgeschlagen, mal eine Geschichte über die Fernsehüberwachung der hannoverschen Verkehrsknotenpunkte zu machen. Beispielsweise könne man doch untersuchen, ob die Überwachung zu irgendwelchen unverhofften Erfolgen – etwa bei der Fahndung nach Dieben oder gestohlenen Autos – geführt habe. Nach der Konferenz spricht Henning mich an: »Hören Sie mal, wenn Sie jetzt an das Thema rangehen, überlegen Sie doch mal, wann das eigentlich erst richtig interessant wird.« Ich frage, wie er das meine. »Denken Sie mal an größere Demonstrationen.« Genau daran habe ich natürlich die ganze Zeit gedacht.

Ich probiere übrigens, die Geschichte zu recherchieren. Ich rufe den zuständigen Polizeibeamten an, ob ich über diese Überwachungszentrale eine Reportage machen könne. Ach, sagt der, im Augenblick ist hier gar nichts los. Da müßten Sie mal kommen, wenn eine Demonstration läuft. Später kommt dann ein Rückruf: Leider gehe das nicht, weil in dem Raum, wo die Monitore stehen, bei Demonstrationen auch die Einsatzzentrale der Polizei sei.

Auch ich darf mal für die CDU tätig werden. Gewerkschaftlich organisierte Lehrer haben gegen das Land Niedersachsen eine einstweilige Verfügung auf Einstellung in den Schuldienst erwirkt. Dazu soll ich mit dem CDU-Kultusminister Werner Remmers ein Interview machen. Am 25. Mai erscheint das Interview:

Keine der Antworten ist von Remmers, der womöglich nicht einmal wußte, daß ein Interview mit ihm erscheinen sollte. Die Antworten stammen teils von seinem Refe-

Keine freie Stelle – fünf Lehrer zogen vor Gericht

Von HANS ESSER

Hannover, 25. Mai In Niedersachsen müssen sofort 3000 Lehreranwärter eingestellt werden. Das forderte die Gewerkschaft „Erziehung und Wissenschaft". Das Verwaltungsgericht Hannover gab gestern dieser Forderung in einer „Einstweiligen Anordnung" gegen das niedersächsische Kultusministerium statt. Fünf Lehramtsanwärter, die zum 1. Mai keine Stelle bekommen hatten, waren vor Gericht gegangen. BILD sprach mit dem Kultusminister von Niedersachsen, Dr. Werner Remmers (CDU).

Minister Remmers: „Alle Ausbildungsplätze sind besetzt"

Kultusminister Dr. Remmers rechnet nicht mit einer Lehrerschwemme

BILD: „Rechnen Sie damit, daß jetzt eine Lehrerschwemme auf die Schulen zukommt und die Klassen kleiner werden?"

Minister Remmers: „Keineswegs. Der Gerichtsbeschluß verpflichtet uns nicht, zu jedem beliebigen Zeitpunkt beliebig viele Lehreranwärter einzustellen. Außerdem warten wir erst mal das Hauptverfahren ab."

BILD: „Es entsteht der Eindruck, daß noch viele Ausbildungsplätze für Lehramtskandidaten frei sind?"

Der Minister: „Nein. Alle Ausbildungsplätze sind besetzt. Die Entscheidung des Gerichts bemängelt nur, daß eine gesetzliche Grundlage fehlt, für die im übrigen der Innenminister zuständig ist."

BILD: „Wäre das Problem durch die Einführung eines 10. Hauptschuljahres zu lösen?"

Der Minister: „Klar und eindeutig: Ja für ein zusätzliches Berufsgrundbildungsjahr. Nein für das 10. Hauptschuljahr. Denn die Schulverdrossenheit an den Hauptschulen ist schon groß genug."

renten, teils von mir, die Fragen habe teils ich, teils Remmers Referent formuliert. Es kam gar nicht drauf an. Remmers und sein Büro konnten sicher sein, daß BILD schon die richtigen Argumente und die passende Tonlage finden würde. BILD wiederum wußte, was es dem CDU-Kultusminister schuldig war. Absprachen konnten sich auf Kosmetisches beschränken, alles andere funktionierte osmotisch. Bei Hans Esser auch schon.

Der BILD-Anwalt

BILD braucht Mitspieler, Handlanger, Kombattanten, Zuträger, Geradesteher und Kopfhinhalter. Leute, die ihre gesellschaftliche, berufliche oder amtliche Autorität leihen, um BILD einen Hauch von Seriosität zu geben. Ein typisches Beispiel ist der Prominenten-Anwalt Fritz W. Wie Hasselmann »immer für eine Schnurre gut« ist, so ist W. allzeit bereit, seine Phantasie in den Dienst einer »guten Geschichte« zu stellen. Der Spruch geht um: »Wenn nichts mehr geht, geh zu W.« Einmal angetippt, sprudelt W. ganze Geschichten im BILD-Stil hervor.

███████ Rechtsanwalt, legte sein
ganzes Herz in die Zeilen, die er für seine
Mutter Anneliese erfand

Dank an meine Mutter

Von der Geburt an hilfst Du mir,
gibst mir Deine Kraft zu Leben.
Ich wäre glücklich, wenn es mir
gelingt,
ein Teil von dem, was Du für mich
getan,
auf meine Art an Dich zurückzuge-
ben.
Und eines, bitte glaube mir,
für alles, was ich bin,
da dank' ich Dir.

                    Dein Sohn   Fritz

Ob wahr oder nicht, fragt keiner. Hauptsache, es heißt im Artikel: »Der bekannte (oder prominente) Scheidungsanwalt.« Den BILD-Sold für seine Tips, Interna, Klatsch und Sensationsgeschichten läßt W. aufs Konto seiner Mutter überweisen, die nun, ausweislich der Honorarkarte, Informationen zu den Geschichten »Po-Klopfer«, »Tricks der Ehemänner«, »17jähriger starb im Bad«, »Scheidung/Schlafanzug«, »Zu faul zur Liebe«, »Scheidung«, »53 Schals«, »Kuhprozeß«, oder »Nachhonorar für 7 Tips« geliefert hat.

Zum Muttertag darf W. deshalb ein Verslein in BILD aufsagen: »Liebeserklärung an meine Mutter«. Neben W. dichten für BILD (natürlich auch ein bißchen für ihre Mütter) die Ministerpräsidenten-Gattin Dr. Heide Adele Albrecht, die Kinder des Spielbank-Vorsitzenden Felsenstein, des Stadthallendirektors Praschak und des Bundesministers Egon Franke.

Konrad-Adenauer-Preis

»Auf die BILD-Zeitung
kann man sich verlassen.«
Alfred Dregger

Am 4. Juni 1977 verleiht die stockreaktionäre »Deutschland-Stiftung« ihre »Konrad-Adenauer-Preise« im ehemaligen Welfen-Schloß Herrenhausen. Ich werde für BILD-Hannover hingeschickt. Der Festakt ist nur für geladene Gäste, alle im dunklen Anzug, vorneweg Ernst Albrecht, Alfred Dregger, Franz-Josef Strauß, CSU-Minister Maier, Helmut Lemke, Gerhard Löwenthal, Otto von Habsburg, Kurt Ziesel; Helmut Kohl hatte sich angesagt, mußte aber wegen einer schweren Angina zu Hause beiben.

Ich fühle mich in eine längst vergangene feudalistische Zeit versetzt. Die meisten Redner beginnen ihre gestelzten Grußworte oder papierenen Reden mit: »Kaiserliche und königliche Hoheiten!« *

Albrecht nimmt die Gelegenheit wahr, richtig in die Vollen zu gehen, und gibt seiner Sorge um den freiheitlichen Rechtsstaat in Italien, Portugal und Frankreich Ausdruck, wo man bereits Gefahr laufe, den Kommunismus per Stimmzettel einzuführen. »Denn selbstverständlich ist der Eurokommunismus genauso gefährlich wie jeder andere Kommunismus.«

Einen besonders erpresserischen Appell richtete Albrecht an die »schweigende Mehrheit« der Studenten, an diejenigen, die sich nicht aktiv politisch betätigen, gleichwohl aber politische Betätigung dulden, wie bei dem damals aktuellen Uni-Streik. Diese neutralen unpoliti-

---

* Obwohl, so entschied das Landgericht Würzburg 1958, die Habsburger auch in Deutschland ihre Titel nicht mehr führen dürfen.

schen Studenten bedroht und schüchtert Albrecht ein:
Falls sie sich in Zukunft nicht aktiv gegen die streikenden
Studenten stellen würden, werde er, der Ministerpräsident und Landesvater, nicht nur den politisch aktiven,
sondern auch den Ruhe bewahrenden Studenten das
BAFöG streichen, das studierte Semester nicht anerkennen und schließlich auch den Allgemeinen Studentenausschüssen das Geld entziehen.

Albrechts Drohung läuft als Meldung über dpa, allerdings ohne Hinweis auf das Publikum, vor dem er sie
ausgesprochen hatte. Wer das Klima erlebt hat, in dem
Albrechts Worte gefallen waren, dem mußte die nüchterne dpa-Nachricht wie eine Beschönigung erscheinen,
auch wenn sie den Wortlaut korrekt wiedergab.

Schloß Herrenhausen ist von Polizeieinheiten abgeriegelt, doch nirgends ist ein Demonstrant zu sehen. Man ist
unter sich. Und plötzlich sind all die schönen Differenzierungen, auf die diese Herren und ihre Presse so besonde

Ein »Hans Esser«-Foto

Aufmarsch der Mumien
(Preisverleihung der Deutschland-Stiftung
im Herrenhauser Schloß)

von rechts nach rechts:
Gerhard Löwenthal (Vorsitzender)
Helmut Lemke (CDU, Kieler Landtagspräsident)
Hans Maier (CSU, Bayrischer Kultusminister)
Helmut Schelsky (Soziologe)
Hans Habe
Franz-Josef Strauß
Otto von Habsburg (»Kaiserliche Hoheit«)
im zweiten Glied: Kurt Ziesel,
»Zeremonienmeister« und Geschäftsführer
der *Deutschland-Stiftung*

ren Wert legen – zwischen dem »modernen, aufgeschlossenen« Albrecht und dem Draufschläger Dregger, zwischen dem Abendländler Otto von Habsburg und dem Uralt-Nazi Ziesel –, völlig verschwunden. Die Reihen sind fest geschlossen. Noch vor fünf Jahren wäre eine solche Demonstration rechten Machtbewußtseins nicht möglich gewesen. Hier wurde nicht mehr hinter den Kulissen abgesprochen, wie die Rechte ihre Rollen nach außen verteilen soll. Auf taktische Kinkerlitzchen konnte verzichtet werden. Der Strahlemann Albrecht konnte Hand in Hand mit dem Geschäftsführer der Deutschland-Stiftung Ziesel auftreten, der einst in Österreich seine Köchin durch Denunziation zur »Aburteilung« vor das »Sondergericht« bringen wollte, weil sie als seine Gutsbedienstete mehrfach gewagt hatte, unter anderem Dinge zu sagen wie: »Ihr Deutschen, schaut's, daß hinauskommt's! Wir haben euch nicht gebraucht. Es kommt auch noch mal ein anderer Tag.« Ziesel: »Es ist notwendig, daß die Heimat rücksichtslos gegen solche gesinnungslosen Elemente einschreitet . . . sie hat eine Gesinnung verraten, die reif fürs KZ ist.«*

Dregger überbringt die Grüße der hessischen CDU, die sich eben darauf vorbereitet »Ende nächsten Jahres auch die Verantwortung im Lande (Hessen) zu übernehmen.« Die reaktionäre hessische CDU nennt er die »Avantgarde der Unionsparteien«.

* Das Oberlandesgericht München bestätigt in einem Urteil vom 28. 4. 75 diese Tatsachen-Behauptung über Ziesel mit »dem klarstellenden Zusatz«, daß er den »Antrag auf Aburteilung durch das Sondergericht nicht allein auf *eine* Äußerung dieses oder ähnlichen Inhalts gestützt habe, sondern daß er die erwähnte Äußerung im Zusammenhang mit angeblichen weiteren ähnlichen *deutschfeindlichen* Äußerungen und Verhaltensweisen der Köchin, durch die er sich angeblich in seinem *Haus- und Hoffrieden* beeinträchtigt gesehen habe, zum Gegenstand seines Antrages auf Verurteilung durch das Sondergericht gemacht habe«.

118

Strauß versucht sich in ähnlicher Akrobatik: »Konservativ sein heißt, an der Spitze des Fortschritts zu marschieren.«

»Marschieren, marschieren«, hallt es mir im Ohr. Die Avantgarde marschiert, in ruhig festem Tritt.

Dregger (weiter):

»Die hessische CDU dankt den Preisträgern, daß sie das geistige Fundament festigen, auf dem wir den politischen Kampf zu führen haben.
Dieser politische Kampf gilt der Erhaltung und der Ausdehnung des Systems der Freiheit, des Systems, ohne das es freie Wissenschaft, freie Literatur, Freiheit der Publizistik ebensowenig geben kann wie freie Gewerkschaften und freie Unternehmer, wie freie Bürger und freie Parteien. Alle diese Freiheiten sind eine Einheit. Keine kann ohne die andere leben und keine dieser Freiheiten ist im System des Sozialismus möglich, das wir zu bekämpfen haben, um die Freiheit in Deutschland zu verfestigen. Entschieden wird dieser Kampf vor allem an den Schulen und Hochschulen. Hier hat das System der Freiheit in den letzten Jahren die größten Niederlagen erlitten. Hier haben Vertreter des Staats und der Universität am meisten Anpassung gezeigt. Hier ist es marxistischer Bildungspolitik gelungen, in jungen Menschen Systemverachtung zu erzeugen. Diese Systemverachtung, meine Damen und Herren, hat sich entwickelt zum Willen zur Systemveränderung. Diese Systemverachtung ist doch Ursache des Terrorismus geworden.«

Der einzige, der eine gewisse Distanz erkennen läßt, ist Strauß. Nicht, daß ihm die Richtung nicht paßt, aber es ist ihm wohl unangenehm, möglicherweise vor den Augen einiger intelligenterer Rechter dem reichlich fossilen Preisträger Habsburg, dessen Lob er zu reden hat, aufzusitzen. Er nennt den Otto einen jener fähigen Leute, für die er stellvertretend den Preis bekomme. Hoheit seien ihm erstmals aufgefallen, als er in mehreren Strauß-Veranstaltungen als dankbarer Zuhörer aufgetaucht sei.

Freiherr von Sass alias Matthias Walden, ständiger Kommentarschreiber in BILD, hält die Laudatio auf den Preisträger Hans Habe, »Millionen« würden ihn »begleiten«. Er meint aber wohl kaum die Millionen des gemeinsamen Verlegers Springer. Habe wiederum wettert gegen die »linke Mafia« von Beckett bis Ionesco, wobei ihm offensichtlich nicht bewußt ist, daß Ionesco Reaktionär ist. Er nennt die moderne Kunst nicht geradeheraus entartet, aber dekadent. Musik, Beat- und Pop-Szene seien Vorläufer des Marxismus, selbst die Kultur-Szene in den USA sei marxistisch unterwandert.

Schwindmann legt mir den Habe, Springers Haus- und Hofdichter, ständiger Sonntagskolumnist des Konzerns, besonders ans Herz: »Auf keinen Fall Hänschen vergessen!« Ich soll ihn interviewen. Nun konnte ich Habe bei einigen Streitgesprächen im Fernsehen und Rundfunk aus nächster Nähe erleben und fürchte, er wird mich erkennen. Ich bitte also eine Kollegin, Habe meine Fragen am Telefon zu stellen. Habe geht es freilich an erster Stelle gar nicht um ein Interview mit einem Organ der öffentlichen Meinung, sondern er will seinen Freunden von BILD bloß mal was melden: »Eins muß ich Ihnen sofort erzählen: Also da muß ich erst nach Hannover kommen, um euch (BILD) darauf aufmerksam zu machen, was hier in der Bahnhofsbuchhandlung mit der BILD-Zeitung geschieht. Als ich gestern mit dem »Roland« aus Ascona ankomme, will ich mich ja gleich über euch hier informieren lassen. Ich fragte den Verkäufer nach BILD, da keine auslag. Da holt dieser Typ sie doch tatsächlich unter dem Ladentisch hervor. Ich frage ihn: ›Verstecken Sie die, oder warum liegt sie nicht öffentlich aus?‹ Daraufhin sagte der junge Mann dreist: ›Die habe ich immer unter dem Ladentisch liegen!‹ Wissen Sie, einer, der so aussah, als ob man ihn vom Fleck weg verhaften müsse, mit Bart, langen Haaren und so. Sie kennen schon diese Typen.«

Man kennt Habe ja – und man erschrickt doch, wenn einer sich als so mies erweist, wie man ihn sich vorgestellt hat.

Während der Festreden, aus denen die Aggression auf Typen wie mich sprüht, fällt es mir schwer, der BILD-Reporter Hans Esser zu bleiben. Manchmal will ich schreien oder ertappe mich bei dem Wunsch, Stinkbomben in der Tasche zu haben. Ich beschränke mich schließlich darauf, nach den jeweiligen Kernsprüchen weiterzuklatschen, wenn keiner mehr klatscht. Es ist eine hilflose Geste, die aber immerhin etwas Peinlichkeit aufkommen läßt. So gut, so intelligent sind die Reden nun auch wieder nicht, das wissen Redner wie Publikum.

Auf einmal sehe ich einen Mann, der völlig aus dem Rahmen fällt, der – ohne durch Äußerlichkeiten aufzufallen – sofort erkennen läßt, daß er nicht dazugehört. Es ist ein holländischer Fotograf, der vor vier Monaten erst einen ganzen Tag bei mir in Köln gewesen ist, als er eine Ausstellung über Rechtsradikalismus in der BRD vorbereitete. Ich gebe mich ihm zu erkennen, erinnere ihn an Köln, wo er mich fotografiert hat. Es dauert eine Viertelstunde, bis er begreift, wer ich bin. Diese Veranstaltung ist so meilenweit weg von jedem Zusammenhang mit normalen, freundschaftlich-menschlichen Beziehungen, ist so sehr andere Welt, daß man sich kaum vorstellen kann, dort einen Freund zu sehen.

Später, nach dem Festakt, wird in dem Festsaal der Brauereigaststätten des Herrenhausen-Schlosses »diskutiert«, unter der Leitung von Gerhard Löwenthal, dem Vorstandsvorsitzenden der Deutschlandstiftung. Dieser Extremist im öffentlich-rechtlichen Dienst kündigt die Gründung einer Sammlungsbewegung an, weil man die Bürgerinitiativen nicht den Linken überlassen dürfe, und beschwert sich, daß die Presse die Preisverleihung nicht genügend würdigt. Sogar die »Hannoversche Allgemeine Zeitung« (Anmerkung G.W.: ein eher konservatives Blatt) habe die Veranstaltung nicht angekündigt. Man müsse wohl annehmen, daß die »HAZ« die »Frankfurter Rundschau« links überholen wolle. Er jedenfalls könne nur empfehlen, diese Zeitung abzubestellen, auch wenn er wegen dieses Boykottaufrufs vor Gericht gestellt werde. Man könne ja dann sammeln, um die Kosten aufzutreiben. Schließlich lobt Löwenthal die BILD-Zeitung als die einzige, die dieses wichtige Ereignis würdigt. Er zeigt wohlwollend auf mich. Ich nicke freundlich zurück.

Man fühlt sich ungestört. Ein CSU-Mann bleibt unwidersprochen, als er sagt: »Hätte de Gaulle Elsaß-Lothringen an Deutschland abtreten wollen, dann hätte man ihn an der Grenze gleich mit einem Kopfschuß empfangen. Wenn aber Willy Brandt einen Teil Deutschlands verkauft, stellt ihn niemand vor ein ordentliches Gericht.«

Es herrscht dicke Stammtisch-Luft. Ein Diskussionsredner berichtet, seine Frau, eine Italienerin, wisse nicht, ob sie die Christdemokraten wählen könne, die seien doch so korrupt. Wie, will er wissen, solle er da als Deutschnationaler argumentieren? Es antwortet Otto von Habsburg, seine Maxime sei »Nicht geschossen ist auch verfehlt!« Nicht Jägerlatein, sondern Fraktur.

Zum Schluß stehen alle auf und singen das Deutschlandlied. Der einzige, der nicht mitsingt, ist Strauß. Das fällt

Otto von Habsburg und Hans Esser
Anläßlich der Preisverleihung der Deutschlandstiftung interviewt Hans Esser »Seine Kaiserliche Hoheit«

auf, weil die Prominenz mit dem Gesicht zum Publikum steht. Ich baue das in meinen Bericht ein – samt Erklärung eines seiner Sicherheitsmänner, er sei nach langen Reden zu heiser und außerdem unmusikalisch. Dieser kleine Schlenker wird natürlich sofort weggestrichen. Schwindmann: »Was soll der Krempel?« Ich gebe die Pointe an unsere Klatschtante für ihre Rubrik »Stadtgespräch« weiter. Die freut sich und will es in ihre Kolumne aufnehmen. Mit absolut sicherem Instinkt wird es auch dort von Schwindmann abgelehnt. Man stelle sich vor, Peter von Oertzen hätte gewagt, beim Deutschlandlied zu schweigen . . .! Aufmacher, Seite 1, vielleicht: »SPD-Linksaußen verhöhnt Nationalhymne«?

Auch heißt es in meiner Geschichte: »Hans Habe erhielt den Preis für seinen Einsatz gegen Diktatur und Menschlichkeit.« Ein absichtsvoller Schreibfehler. Er wird »korrigiert«.

Obwohl BILD die Preisverleihung so gut wie exklusiv hat, wird sie sowohl in der Bundesausgabe als auch in Hannover nur kurz abgefeiert. Das scheint verwunderlich, wenn man bedenkt, daß es kaum eine Veranstaltung gibt, auf der Ideologie, Sprache und Politik des Hauses Springer so lupenrein dargeboten werden. Aber BILD ist eben, anders als die Herren im Herrenhäuser Schloß, vor seinen Millionen Lesern nicht »unter sich«. Das Blatt muß rechte Politik auch an den SPD-Wähler, an Arbeiter und Angestellte bringen, und der direkte Weg, über Strauß und Dregger, ist beschwerlich. Politik muß indirekter gemacht werden, über Emotionen und Vorurteile: Aufputschen gegen Minderheiten, Schüren von Haß und Angst – am besten anhand unpolitisch scheinender Objekte (Triebtäter, Gastarbeiter): Das erzeugt die Stimmung, die sich zum kollektiven Schrei nach Todesstrafe, Rübe ab, Draufschlagen verdichtet. Strauß und Dregger sind bloß die Fettaugen auf der Suppe des gesunden Volksempfindens. Die Küche, in der sie angerührt wird, ist die BILD-Zeitung.

Franz-Josef Strauß signiert Hans Esser die Festschrift der Deutschland-Stiftung (im Hintergrund Otto von Habsburg).
Weitere Unterzeichner
Kurt Ziesel, Otto von Habsburg, Gerhard Löwenthal, eine Quadriga im rechten Quadrat.

DEUTSCHLAND-STIFTUNG E.V.

BILD hat ein feines Sensorium dafür, was diesem Volksempfinden bekommt und was nicht. Nicht bekommt ihm beispielsweise die Darstellung und Selbstdarstellung reaktionärer Politik in ihrem eigenen Milieu: hier beispielsweise die Versammlung von CDU/CSU-Führern, Springer-Autoren, eines Stücks Kaiserlicher Hoheit und eines Schocks Welfen-Prinzen, allesamt im Feine-Leute-Anzug unter dem Dach des Welfen-Schlosses. Szenen wie diese reizen auf zum Klassenhaß, geben dem kleinbürgerlichen oder unbewußt-proletarischen BILD-Leser die Chance, Interessen zu entdecken, über Zusammenhänge zwischen den herrschaftlichen Äußerungen und den »volksempfindenden« Inhalten nachzudenken oder wenigstens Diskrepanzen zu fühlen. Auch darum fällt die Berichterstattung über den Mummenschanz von Herrenhausen so knapp aus.

Konrad-Adenauer-Preise im Schloß Herrenhausen überreicht

Von HANS ESSER

Hannover, 6. 6. Im festlich geschmückten Galeriesaal vom Schloß Herrenhausen wurden am Sonnabend die „Konrad-Adenauer-Preise" (je 10 000 Mark) verliehen: an Hans Habe (66) für Literatur, an Professor Helmut Schelsky (64) für Wissenschaft und an Otto von Habsburg (64), den ältesten Sohn des letzten Kaisers von Österreich/Ungarn für Publizistik.

Unter den Ehrengästen und Festrednern: die Hausherren des Schlosses Prinz Ernst August und Ehefrau, Ministerpräsident Dr. Ernst Albrecht, Hessens CDU-Vorsitzender Alfred Dregger und CSU-Vorsitzender Franz Josef Strauß.

Hans Habe, von einer schweren Infektionserkrankung noch stark angeschlagen, unterhielt sich mit dem Kaisersohn auf ungarisch: der gemeinsamen Muttersprache. „Kaiserliche Hoheit" Otto von Habsburg, der in einer Festansprache von seinem Freund Franz Josef Strauß gewürdigt wurde, gab sich bescheiden: „Ich will gar nicht mit ‚Kaiserliche Hoheit' angeredet werden. Das schafft so einen großen Abstand zum Volk. Man kann einfach Dr. von Habsburg zu mir sagen."

Am humorvollsten nahm der bedeutende Wissenschaftler Prof. Schelsky den Preis entgegen: „Wird ein Lebenswerk durch Preise und Festschriften geehrt, ist das die höflichste Form, jemandem zu bedeuten, sich aus der Arena zurückzuziehen. So nehme ich die Ehrung als Mahnung, mich in die Weltdistanz des Alteils zu begeben."

Die Bahlsen-Hochzeit

Wenn es um die Großen aus Wirtschaft und Politik geht, schaltet sich der Redaktionsleiter ein. Groß für Hannover ist die Familie des Keks-Giganten Bahlsen. Bei Bahlsens wird geheiratet. Das Wichtigste sind die Fotos. Doch die Bahlsens machen Schwierigkeiten, erinnern daran, daß der Oetker-Sohn nicht zuletzt aufgrund seiner BILD-Hochzeit ins Blickfeld von Entführern geraten sei. Schwindmann säuselt ins Telefon, er schmeichelt und bettelt, als ginge es um ein Leben: »Aber bitte, wir brauchen die Hochzeitsfotos, bitte.« Erfolglos. – Er erwähnt ganz nebenbei eine für die Bahlsen-Familie höchst peinliche Affäre, die bisher in der Öffentlichkeit nicht bekanntgeworden ist. Es ist reiner Zufall, daß er in diesem Gespräch darauf anspielt. Denn, so versichert er heute in einer eidesstattlichen Erklärung: »Ich habe bei meinem Telefonat mit Werner Bahlsen am Rande in einem ganz anderen Zusammenhang zwar die Affäre erwähnt und ihm gesagt, daß darüber nicht geschrieben werde. Ich habe sie jedoch nicht in Verbindung mit meinem Anliegen gebracht oder etwa mit der Veröffentlichung ›gedroht‹.« Es ging ihm wirklich nur um das »glanzvolle, strahlende Hochzeitsfest«, das er bereits als Superlativ zur Zentrale nach Hamburg gemeldet hatte. Nach diesem Exkurs zurück zur Klasseneinheit: »Wir sind schließlich aufeinander angewiesen, wir machen doch gemeinsame Sache.« Das Hochzeitsfoto ist genehmigt. Bahlens Hausfotograf, der seinen freien Tag nutzt, um sich auf dem Nürburgring als Ralleyfahrer zu erproben, wird über eine Funkstreife aufgespürt, das Foto nach Hannover gebracht.

Nun geht es um ein Foto des Bahlsen-Schlosses. Die Familie sträubt sich wieder. Kapitalisten-Sensibilität. Wecke nicht Neid und Zorn des Volkes! Der Redaktionsleiter beschwichtigt, das Schloß sollte »nur in Briefmarkengröße« abgebildet werden, nicht neiderweckend, nicht zu prunkvoll, nur zur Abrundung der strahlenden Hochzeitsgeschichte. Auch das Schloß wird genehmigt.

Schwindmann hat sich den ganzen Tag nur mit den Bahlsens beschäftigt. Als die Geschichte schließlich steht und nach Hamburg für den Bund durchgegeben ist, knickt er zusammen. Reklame machen für Leute, die einen dafür auch noch verachten, für sie schuften und zittern, unbedankt und ungeliebt – es ist zuviel: *   «, ruft er in den Raum, »   *   !« Der Ausbruch des Redaktionsleiters setzt auch bei unserer »vornehmen Berichterstatterin«, die mit dem Adelstick, plötzlich unterdrückte Haßgefühle frei: Sie vergißt ihre gute Erziehung und läßt sich zu Ausdrücken hinreißen, die ich von ihr noch nicht gehört habe. Und am nächsten Tag ist sie wieder das Hoffräulein, das sich durch die adlige Intimsphäre windet, gleichsam wie ein Holzwurm durch den Gotha, und ihre Persönlichkeit auf ein devotes Nichts reduziert.

Sie weiß nicht mehr, was sie tut, in einer Diskussion würde sie jede vernünftige Antwort schuldig bleiben, denn ihren kritischen Verstand hat sie längst im BILD-Archiv abgegeben. Aber sie fühlt es noch, weil sich Gefühle nicht so leicht kommandieren lassen. Das gilt auch für Schwindmann, der mir aufträgt, mich auf die Hochzeit im Hause Habsburg vorzubereiten: »Wen heiratet sie?« fragt er. »Irgend so einen Erbprinzen von und zu.« Schwindmann: »Also, wenn dieser Waldschrat die Kai-

sertochter heiratet, dann machen wir für den Bund 'ne große Sache draus.«
Für den BILD-Macher ein Waldschrat oder ein ＊ ,
für den BILD-Leser ein Märchenprinz. Es ist lehrreich, ab und zu an die verfassungsrechtliche Basis dieses Treibens zu erinnern: »»Jeder hat das Recht, seine Meinung in Wort, Schrift und Bild frei zu äußern und zu verbreiten ...« (Grundgesetz für die Bundesrepublik, Art. 5)

＊ Unter Androhung einer Ordnungsstrafe »bis zu 500 000,– DM oder Haft bis zu 2 Jahren« wurde ich vom Landgericht Hamburg durch die Richter Engelschall, Krause, Neuschild in einer vom Springer-Konzern veranlaßten »einstweiligen Verfügung« – »der Dringlichkeit wegen ohne mündliche Verhandlung« – dazu gezwungen, das unkenntlich gemachte Zitat   nicht weiter zu veröffentlichen. Redaktionsleiter Schwindmann in einer dem Gericht vorgelegten »eidesstattlichen Erklärung«: »Es ist richtig, daß ich mich seinerzeit bei Zusammenstellung des Artikels auch geärgert habe. Ich habe aber auf gar keinen Fall die mir hier in den Mund gelegten Worte gebraucht.«
(Ich hatte sie damals wörtlich mitgeschrieben. G. W.)

129

»Sein letztes Kommando:
Drei Jagdhunde«

Es ist unmöglich, in der BILD-Zeitung eine Satire zu schreiben. Man kann eine Geschichte noch so überspitzen, überdrehen, verzerren, verblödeln, veralbern, im Umfeld dieser Zeitung wird alles ernst genommen.

Ich bekomme den Auftrag, den Bundesgrenzschutzgeneral a. D. Paul Kühne zu interviewen. Als er noch im Dienst war, hatte Kühne zur Auffrischung des Feindbilds seinen Pressemajor in eine Offiziersuniform der »Nationalen Volksarmee« gesteckt und mit ihm zusammen dem Rotary-Club in Einbeck und dem Lyons-Club in Hameln einen Ost-West-Einakter vorgespielt. Ein Kühne-Spruch aus der aktiven Zeit: »Eine Straßenräumung oder Hausbesetzung zum Beispiel wäre eine Sache für den Bundesgrenzschutz; da würden wir ein bißchen härter draufschlagen.« Innenminister Maihofer sagte über seinen BGS-General: »Der Kühne ist ein alter Haudegen. Es könnte einem angst und bange werden, wenn nicht ein liberaler Demokrat die Befehlsgewalt hätte.«

Mit einem Fernsehteam fahren wir raus zu ihm nach Einbeck. Seine erste Frage: »Wird die Geschichte auch über BILD hinaus veröffentlicht?« Ich deute vage eine Zusammenarbeit von BILD und Quick an. Daraufhin Kühne: »Quick ist in Ordnung, steht ja immer noch Franz Josef Strauß dahinter. BILD ist ja auch unser Blatt, da weiß man, was läuft. Aber Stern, dieses Regierungsblatt. Übrigens, ich bin natürlich CDU-Mitglied, können Sie ruhig schreiben.«

Ein General spielt sich selbst
Der ehemalige Bundesgrenzschutz-Chef Paul Kühne erklärt
BILD-Reporter Hans Esser vor der Kamera, wie er seine Jagd-
hunde erzieht.

Die Kamera läuft dann und ich frage diese funktionslose
Figur aus: »Haben Sie mal Ihren Terminkalender da?«
»Ja, Moment.« »Was haben Sie die letzten 4 Wochen
gemacht?«
»Am Donnerstag, dem 10.: 20.00 Uhr Panorama Reiterverein Hauptversammlung; am Sonnabend, dem 12.
März, Jagdessen mit den Jagdgenossen meines Reviers,
um 11.00 Uhr war vorher schon 'ne Besprechung mit
dem VW-Chef. Am 15. wieder Rotary-Club; am Mitt-
woch, dem 16., um 10.45 Uhr Offiziersschule Hannover;

Sein letztes Komma

am Montag, dem 21. März, um 11.00 Uhr war das, 50. Geburtstag von Genscher, in Bonn in der Beethovenhalle; am 22. März Besprechung in Hannover mit einem Herrn von der BP, hat nicht unmittelbar geschäftlich was zu tun . . .« Es geht noch zehn Minuten so weiter.

Dann gibt er noch eine Lesung aus dem Mitgliedskalender des Rotary-Clubs, »quer durch den Garten«.

Alles Geldleute: Gynäkologen, Tiefbauunternehmer, Brauereidirektor usw., »quer durchs Volk«.

Als ich auch mal blättern will und nach der Kladde greife, zieht der General erschrocken sein Vereinsbuch an sich: »Das ist nicht rotarische Art.«

Ein Rotarier-General, der weiß, wem er zu dienen hat, der immerhin über einige Jahre das Oberkommando an der krisengefährdetsten Stelle des Landes einnahm. Wenn man bedenkt . . .

»Für die Leser hat die BILD-Zeitung ein unverwechselbares Profil im Rahmen der übrigen Nachrichtenträger: Sie ist eine Zeitung, welche die Belange des Volkes wahrnimmt, welche die nationalen Interessen hochhält, eine Zeitung, die weiß, was sie will und das auch mit der notwendigen Härte und Aggressivität durchsetzt.«

(aus einer vom Springer-Verlag herausgegebenen Analyse der Bild-Zeitung)

in Einbeck, hat seine Freude daran." general Kühne ist pasierter Jäger und Mitd in sechs Vereinen – örtlichen Reiterverein zum Rotary-Club. Seiter aufs Altenteil gewurde, hat er weniger elt als je zuvor. „Mein könnte dreimal so lang." Mit seiner Frau Anne-e (40) geht er oft morgens um 6 Uhr schon auf die Pirsch. „Sie ist ebenfalls Jägerin und schießt das Niederwild."

Sein neuer Gefechtsstand ist der Einbecker Bungalow, Gartenstraße 13. „Den Garten habe ich selbst angelegt, Zäune errichtet und eine große Grube ausgehoben für die Karpfen im Winter", sagt der General. Trotz seiner 4000-Mark-Pension und ungeachtet des Besitzes mehrerer Pelzgeschäfte leistet er sich nur einen bescheidenen VW-Variant.

Sein großer Stolz ist sein zwölfjähriger Sohn Hubertus, der in die Fußstapfen des Vaters steigen möchte: Er will zum Bundesgrenzschutz. Als Hubschrauberpilot.

Im Bücherbord noch alte Nazi-Schinken. »Was haben Sie zuletzt gelesen?« »Anne-Marie, welches Buch habe ich zuletzt gelesen?« Wir einigen uns später offiziell auf Weizsäcker. Nein, er ist wirklich kein Stratege mehr. Sein letztes Oberkommando bei der Heidebrand-Katastrophe nennt er »meine größte Schlacht seit dem 2. Weltkrieg«. Und nahtlos weiter: »Mein Nachbar, der Vorsitzende des Tierschutzvereins, hat seine helle Freude an meiner Drahthaarterrierzucht.«

Und so heißt nachher die BILD-Geschichte: »Sein letztes Kommando: drei Jagdhunde/BILD Hannover besuchte Bundesgrenzschutzgeneral a. D. Kühne. Er rettete unsere Heide.«

Wir lachen so sehr über diese Satire, daß ich plötzlich Angst bekomme. Was, wenn Kühne sich beschwert? Der befürchtete Anruf kommt auch, aber – Kühne ist mein Freund! »Große Klasse der Bericht, auch Brauereidirektor Dr. Lenz fand ihn sehr gelungen. Das müssen wir unbedingt wiederholen.«

133

Das Problem Satire existiert für die BILD-Zeitung nicht. Die absichtsvolle Übertreibung oder Umkehrung von Realität, die normalerweise zum Lachen reizt, kann dem BILD-Leser gar nicht mehr auffallen, weil alle Realität in BILD bereits verdreht, gekippt, umgekehrt erscheint.

Noch ein Beispiel: Ich zitiere in BILD Seine Kaiserliche Hoheit, Otto von Habsburg: »Ich will gar nicht immer mit ›Ihre Kaiserliche Hoheit‹ angeredet werden, das schafft so einen Abstand zum Volk, man kann auch einfach Dr. von Habsburg zu mir sagen.« Keiner lacht. Weder ein Kollege, noch Schwindmann. Und Hoheit fühlen sich auch gar nicht veralbert.

Ich rufe übrigens mal an und habe den depperten Verwalter, einen Erbgrafen von und zu, am Telefon, eine pompöse Null und ein unheimlicher Wichtigtuer, Adelsetiketten-Verwalter, der an die 20 Sätze verbraucht, um das Problem zu lösen, wie und ob ein Foto von der Verlobung der ältesten Tochter des Hauses Habsburg zu beschaffen sei. Bei der 2. Sekretärin gelandet, nehme ich Otto beim Wort und verlange »Herrn Dr. von Habsburg«. Es knackt in der Leitung: »Hoheit, Telefon für Sie!«

Der Mann hat sich überlebt? Immerhin, Strauß hat eine Laudatio auf ihn gehalten, er selbst rühmt sich, für dutzende Zeitungen aus aller Welt – von Taiwan bis Brasilien – regelmäßig seine Kommentare zu schreiben, hat früher lange im faschistischen Portugal gelebt, wurde in Vietnam von den Amis rumgereicht, als adliger Berichterstatter, Stimmungskanone an der Front. Jetzt schreibt er hin und wieder für BILD.

»Die Menschen brauchen jemanden, zu dem sie aufschauen können«, ist seine Devise.

BILD braucht reaktionäre Adelsottos wie ihn »zum Aufschauenlassen« für die Leser. Bis zur Genickstarre!

Gemeinsam mit dem rechtsextremen Publizisten William S. Schlamm ist der Kaisersohn Herausgeber der »Zeitbühne«.

»Daß sich auf der Rechten, mit der NPD, endlich eine aufrichtige und unverfälschte Sammlung zu entwickeln beginnt, beweist die Gesundung der deutschen Demokratie ...«, schrieb Schlamm in Springers »Welt am Sonntag«. Und Springer gehörte ebenso wie der Kaisersohn 1974 zu den Gratulanten an Schlamms 70. Geburtstag.

Springer an Schlamm: »Lieber William ... es ist gut, daß es Ihre mahnende Stimme gibt. Herzlich Ihr Axel Springer.« Und wie schrieb Habsburgs Otto, von: »Sie, verehrter Herr Schlamm, Sie haben nicht nur die letzten Tage des alten Reiches ... miterlebt, sondern seinen Geist aufgenommen. ... Kämpfen Sie weiter! ... Sprechen Sie zu uns in wahrem, unverfälschtem Deutsch. Säen Sie weiter. Die Ernte wird aufgehn.«

Alles hat seinen Preis

Die sogenannte seriöse Presse macht allerlei Verrenkungen, um wenigstens den Schein zu wahren, Geschäft und Redaktion hätten nichts miteinander zu tun. Das ist schon darum wichtig, weil das Grundgesetz ja nicht die Freiheit des Handels mit bedrucktem Papier oder das »anzeigenfreundliche redaktionelle Umfeld« unter besonderen Schutz stellt, sondern die Freiheit der Meinung und der Information. BILD macht den Hokuspokus dieser »Seriösen« nicht mit. Hier wird jedes Geschäft mitgenommen, das am redaktionellen Wegesrand liegt.

Ich hatte über eine KFZ-Versicherung berichtet, die ihren Kunden Geld rückerstattete, so eine Art Prämie für nicht in Anspruch genommene Leistungen (für die Versicherungen sind diese »Belohnungen« ein dickes Geschäft, weil die Autofahrer stimuliert werden, Leistungen sparsam bis gar nicht zu nutzen). Die Werbeabteilung einer anderen Versicherungsgesellschaft muß diesen Artikel gelesen haben, jedenfalls meldet sie sich bei BILD und fragt an, ob wir auch über ihre Rückerstattungs-Aktion schreiben würden. Schwindmann wird gefragt, er lehnt ab: »Nee, sehen wir gar nicht ein, ist ja schon mal gelaufen. Wir hatten sogar im Bund vor ein paar Tagen allgemein was über Ausschüttungen, ist für uns absolut nichts Neues mehr, machen wir nicht.«

Ich gebe das an den Versicherungsmann weiter. Seine Reaktion: »Passen Sie mal auf, sagen Sie Ihrem Redaktionsleiter, daß wir 4000 BILD-Exemplare aufkaufen, wenn Sie darüber eine Meldung bringen.« Kostenpunkt für die Versicherung: 1500 Mark. Schwindmann bekommt tatsächlich glänzende Augen, sieht im Geist wohl schon die Anzeigengeschäfte wachsen durch die »neuen« Auflagenzahlen.

Der Versicherungsmann kommt in die Redaktion und handelt mit Schwindmann das Geschäft aus, drückt ihn von 4000 auf 3500 Exemplare und macht zur Bedingung, daß die Story vor dem Druck mit ihm abgestimmt werden müsse. Ich schreibe die Meldung, Schwindmann redigiert sie, sie ist ihm zu karg, zu nüchtern, ohne jeden Superlativ. Das Endprodukt heißt: »Gute Nachricht für 230000 Autofahrer, Geld zurück von der Versicherung. Eine wunderbare Nachricht . . .«
Die Auslieferung regelt der Mann von der Versicherung direkt mit dem Vertrieb. Ob sie die Zeitungen gebündelt auf den Müllhaufen geschüttet oder ihren Vertretern in die Hand gedrückt haben, die dann wiederum kostenlose BILD-Werbung hätten betreiben können, weiß ich nicht. Um mögliche Unklarheiten zu beseitigen, wird das Geschäft von Schwindmann in einer späteren Redaktionskonferenz mit dem Prädikat »nachahmenswert« versehen: »Ihr braucht nicht erstaunt zu sein, weil wir das schon mal im Blatt hatten, schließlich haben wir unsere Auflage um 3500 Stück gesteigert. Und wie wir alle wissen, jeder hat schließlich seinen Preis.«

Was BILD auch tut, immer wird es zum Geschäft. Wer in BILD gelobt wird, dessen Laden floriert, wen BILD nicht mag, der kann gleich einpacken. Dafür sorgen die hohe Auflage und der sichere Griff, in dem BILD die von ihm geweckten und geschürten Emotionen seiner Leser hält. Dagegen könnte ein einzelner BILD-Schreiber auch dann nicht an, wenn er es wollte. In seinen Geschichten steckt eine Macht, von der er weder sich noch sie befreien kann. Er kann nichts lobend oder bloß wohlwollend beschreiben, ohne ökonomische Interessen zu fördern (wie er nichts kritisieren kann, ohne Pleiten zu fördern). Dafür drei Beispiele:

Ich habe in Köln zu tun und muß über die verstopfte Autobahn zurück nach Hannover. Dauer schätzungsweise 3–4 Stunden. Ich werde also mal wieder viel zu spät in der Redaktion sein. Um mir einen Anschiß zu ersparen, rufe ich an, klage über einen »Bandscheibenschaden«, murmele was von dringender ärztlicher Behandlung und deute an, daß man daraus eventuell eine Geschichte machen könne. Nun brauche ich sicherheitshalber nur noch ein ärztliches Attest. Das kann nicht schwer zu beschaffen sein, ich leide ja wirklich manchmal an einem Bandscheibenvorfall, der vom Chiro-Praktiker wieder eingerenkt werden muß. Im Branchenregister finde ich einen, zufällig ein ganz interessanter Mann. Er verwendet ein an ihm selbst in den USA praktiziertes Verfahren, ist aber charakterstark genug, sich nicht von BILD zerschreiben zu lassen. Er nennt mir den Namen eines Kollegen, dessen Verfahren er persönlich zwar schätze, der aber dennoch unter Heilpraktikern eine Ausnahme darstelle. Vielleicht sei der mit einer BILD-Geschichte einverstanden.

So komme ich zu dem Heilpraktiker Trinklech, der mit einer sogenannten Sauerstoff-Therapie arbeitet. Ich spreche mit ihm, er hat nichts gegen einen Bericht. Um mich vorab von der Ungefährlichkeit seiner Behandlung zu überzeugen, lasse ich mich selbst mehrmals an seinem Wunderapparat anschließen und mir flüssigen Sauerstoff durch die Venen spülen. Meine Gespräche mit Patienten

138

ergeben, daß er erstaunliche Erfolge vorweisen kann, daß schwere Fälle von Durchblutungsstörungen geheilt wurden, daß sogar eine absehbare Raucherbein-Amputation durch das Trinklech'sche Oxyvenierungs-Verfahren verhindert werden konnte. Auch ein Anruf bei der Medizinischen Hochschule bringt die Auskunft, daß die Methode zwar umstritten sei, aber – sachgemäß angewandt – nicht schaden könne. Also schreibe ich die Geschichte: »Peter Trinklech, der Mann, der mit Luft heilt.«

Die Wirkung ist ungeheuer. Als ich nach Erscheinen des Berichts wieder zu ihm komme, um meine »Spül«-Behandlung fortzusetzen, quillt das viel zu kleine Wartezimmer über von Patienten. Die Leute, zumeist ältere, stehen sogar auf den Gängen. Wie Trinklech mir erzählt, ist sein Ruf schon bis zu den am Bahnhof postierten Taxifahrern gedrungen. »Ach, Sie wollen zum Heilpraktiker?« Das hat er selbst erlebt, als er sich vom Bahnhof in seine Praxis fahren ließ. BILD hat ihn zum Begriff gemacht, mit meiner Hilfe.

Im Wartezimmer hängt meine BILD-Geschichte als Werbung. Ich bin froh, daß ich den Heilpraktiker wenigstens auf einen nicht zu hohen Behandlungs-Preis festgelegt habe, die übliche Inflation kann nicht stattfinden. Aber eine andere: er schafft sich kurz darauf einen zweiten Oxyvenierungs-Apparat an, stellt einen Assistenten ein und will demnächst in eine größere Praxis umziehen. Ich habe schon die Vision einer Praxis im Turnhallen-Format, reihenweise Bahren, ein Heer von Gehilfen schließt unentwegt Patienten an Schläuche an . . .

Übrigens werde ich inzwischen kostenlos behandelt, bekomme zusätzlich noch Spritzen und Medikamente. Ich habe es von Anfang bis Ende durchgespielt. Nach Abschluß meiner Esser-Rolle lasse ich mir die Rechnung schicken und bedanke mich bei ihm, weil wir kein schlechtes Verhältnis hatten. Trinklech, der von BILD aufgebaute Prominente, taucht später noch einmal auf, als Hellseher, aber das ist eine andere Geschichte.

Der zweite Fall: Ein Bäcker, der in Hannover einen kleinen Laden hatte, macht gutes, chemikalienfreies Brot. Es schmeckt ausgezeichnet und ist nicht teurer als die Konkurrenz-Produkte. Dieser Bäcker steht kurz vor dem Bankrott. Bis ich meine BILD-Geschichte über gesundes Brot schreibe. Seitdem floriert sein Laden, er muß erweitern, noch einen Bäcker einstellen, um die Nachfrage zu befriedigen. So schnell geht das.

Dritter Fall: Ein sich selbst Psychologe nennender Mann, mit einem Institut ausgestattet, reist durch unsere Lande und prophezeit den Leuten, daß er ihnen in Sekundenschnelle das Rauchen abgewöhnen könne. Seine Methode, basierend auf Suggestion, wird unterstützt durch eine Art Blitzlichtgerät mit gleichzeitiger leichter Nackenmassage plus beschwörenden Worten: »Lassen Sie dieses Laster sein! Sie können es jetzt aufgeben!« So etwa. Sein schlichter Name Meier war dabei durchaus hinderlich, deswegen nennt er sich P. H. A. Meier, lies: Petrus Herodes Alpha Meier.

Diesmal will ich verhindern, daß meine Geschichte das Geschäft belebt. Da ich den P. H. A. M. nicht einfach als Scharlatan abtun kann (»Psychologe kann mit neuer Methode das Rauchen nicht abgewöhnen« – das wäre keine BILD-Geschichte gewesen), will ich den »Erfolg« überziehen, durch Kuriosität der Darstellung unglaubwürdig machen. Dazu muß ich mich nun wiederum den Kollegen gegenüber unverdächtig machen: Ich darf ja nie den Ein-

140

druck entstehen lassen, ich sei raffiniert. Als alle über den »Magier mit dem Raucherblitz« lachen, sage ich spontan: »Ich rauche nicht mehr.« Das halte ich dann die restlichen drei Monate durch, als einziger Nichtraucher in einer Redaktion von Kettenrauchern. Der Eindruck ist tief, selbst in den wenigen Zeilen, die BILD zur Enthüllung des Hans Esser als Günter Wallraff schreibt, ist Platz für den Satz: »Immerhin hat er sich bei uns das Rauchen abgewöhnt – wohl weil er soviel arbeiten mußte.«

Dabei ging es mir in Wirklichkeit vor allem darum, vom Image her den unverdächtig unpolitischen Trottel und Naivling herauszukehren, der so treuherzig und blöde ist, daß er am Ende auch noch an seine eigenen Geschichten glaubt.

Alle meine Anstrengungen sind übrigens umsonst: Der »Psychologe« hat durch den BILD-Bericht starken Zulauf. Vor einem geplanten weiteren Besuch in Hannover schickt mir Petrus Herodes Alpha Meier eine freundliche Einladung auf sein Jagdschloß in Hessen, zusammen mit einer wertvollen Ledertasche und der Bitte, seinen Besuch in BILD entsprechend zu würdigen. Die Tasche gebe ich gleich weg, ein zweiter Artikel erscheint nicht.

Dennoch kommt der »Raucherblitz« noch einmal vor. BILD hat den Ehrgeiz, mit der Aktion »Rettet Hannover 96« den abgewirtschafteten lokalen Fußballklub zu sanieren. Schwindmann fordert die ganze Redaktion auf, bei allen bekannten Geschäftsleuten der Stadt und der Umgebung Geld aufzutreiben. Für Spenden dürfen wir positive Erwähnung des Spenders und/oder seiner Firma in einer zukünftigen BILD-Geschichte versprechen.

Schwindmann zu mir: »Dein Rauchertyp, ruf ihn an und sag ihm, wir machen eine riesige Werbung für ihn, wenn er tüchtig spendet.« So kommt auch Petrus Meier wieder zu Ehren. Obwohl ihn Hannover 96 einen feuchten Kehricht interessiert, zeichnet er eine 3000-Mark-Spende. »Hannover 96? Wer ist das?« erkundigt er sich am Telefon. Als ich ihm dann von Schwindmann ausrichte, daß er ihm anläßlich eines neuen Besuchs in Hannover einen weiteren werbewirksamen Artikel garantiere, ist er mit einer 3000-Mark-Zeichnung dabei. Dabei hat Schwindmann mir einige Tage vorher noch klar gemacht, daß der »Nikotinblitzer« für ihn kein Thema mehr sei.

»Ob Sie das Geld jemals werden zahlen müssen, steht in den Sternen«, kann ich ihm jetzt ausrichten. »Denn das Geld wird nur fällig, wenn der Verein seine Lizenz zurückbekommt, und da spricht im Moment noch sehr viel dagegen. Also, wenn Sie Glück haben, macht BILD für Sie eine kostenlose große Werbung.«

Nach diesem Schema werden viele Prominente, Fabrikanten und Geschäftsleute in Hannover und anderswo zu spendenfreudigen und begeisterten Fußballfans. Und gerade die routinierten Großverdiener unter ihnen wußten sicher sehr wohl, daß so eine vage PR-wirksame Spendenzulage am Telefon nicht rechtsverbindlich ist, falls sie jemals zur Kasse gebeten werden sollten.

Weitere 1000 Mark bekomme ich von einem Kunstbrust-Hersteller, über den ich zuvor einen werbewirksamen Artikel veröffentlicht habe, und der durch die Spende einen neuen PR-Bericht erwarten kann. Fettgedruckt taucht er in der Spendenliste als Toupet- und Natur-Brust-Prothesen-Fabrikant auf.

5000 Mark, die größte Einzelspende, die ich beibringe, stammt vom Safari-Tierpark Hodenhagen, einem amerikanischen Unternehmen, das mit Hilfe des Bürgermeisters von Hodenhagen, der jetzt Tierpark-Direktor ist, die Gegend verschandelt und mit den Tieren nicht eben vorbildlich umgeht. Kurzum, bei der Tierfreund-Attitüde von »BILD« eine »runde schöne Geschichte«. Ich habe einen solch kritischen Bericht bereits geplant und mit Schwindmann abgesprochen. Doch daraus wird jetzt nichts mehr, Schwindmann will bis zum Redaktionsschluß 100000 Mark zusammen haben und fordert mich auf: »Machen Sie da was locker!« Die Firma zeigte sich nicht abgeneigt. Ihre Bedingung: Abgesprochener Artikel, Aufmacher im Lokalteil, große Fotos, positiver Text . . .

Ich bringe es insgesamt auf 10000 Mark. Das ist nicht viel im Vergleich zu den anderen. Gegen Ende der Aktion haben wir 180000 Mark zusammen. Hauptanteil sind anonyme Kleinbeträge von 1,– bis 5,– Mark. Der Verein bekommt befristet seine Lizenz wieder, er ist gerettet. BILD kann mit den PR-Zusagen starten.
Eröffnet wird die Spendenliste durch Keksfabrikant und Albrecht-Mäzen Bahlsen. Mit 5000 DM ist er dabei. Obwohl er sich zuerst gesperrt hat. »Wir mäzenieren an und für sich nur die Kunst.« Aber Schwindmann flötete ins Telefon: »Es geht uns hier nicht um Fußball, sondern einzig und allein um das Ansehen unserer Stadt . . .« – Schwindmann treibt seine Mannschaft wie wild an, damit sie am ersten Tag schon 100000 zusammenschnorrt: »Wir können da nicht mehr runter, denn die Zeile ist ja schon abgesetzt.« Gisela Schönberger: »Herr Direktor, ich bitte Sie, jeder Betrag hilft. Herr Direktor, möchten Sie, daß wir das unter ihrem Namen oder unter ihrer Firma veröffentlichen?« Der Herr Direktor zieht es vor, anonym zu bleiben.
Gisela Schönberger: »Wir können uns dann auch gerne über eine weitere PR unterhalten. Das haben wir den anderen auch zugesagt.« Tagelang werden die Redakteu-

re als Bettler und Telefondrücker abkommandiert. Am Abend zählen nicht die geschriebenen Artikel, sondern die an Land gezogenen Spenden. Auch die Honorare der Freien werden danach bemessen. »Toll, schon am ersten Tag 93 000 Mark gespendet«, dichtet Schwindmann die Zeile des Seitenaufmachers Seite 5. »Rettet Hannover 96!« beschwört Albrecht die Hannoveraner. »Eine Aktion von Dr. Ernst Albrecht und BILD-Hannover«, heißt es noch am ersten Tag. Am nächsten Tag lautet Schwindmanns Jubelzeile: »Wunderbare Hannoveraner! Sie spendeten 115 967 Mark«, auf Seite 1 angekündigt mit »Toller Erfolg«.

Intern allerdings gesteht Schwindmann nach Dutzenden von Telefonaten, bei denen er sich eine Abfuhr nach der anderen eingeholt hat, selbstkritisch ein: »Müssen wir nach den ganzen Anrufen sagen, daß wir mit unserer Aktion schiefliegen. Alle Leute sind sauer auf Hannover 96.«

Aber einen Fehler öffentlich im Blatt zuzugeben, ist bei BILD nicht drin. Die Sache wird durchgezogen. BILD, Dein Retter und Helfer. Aus der BILD-Familie wird die Fußballfamilie. So eine Spendenaktion schafft Zusammengehörigkeitsgefühle. Viele spenden 96 Pfennig, dafür ist ihr Name einmal gedruckt im Blatt. Sie gehören dazu. Zu Bahlsen und Albrecht. Sie sind plötzlich wer. BILD macht's möglich.

Auch Hasselmann, BILD-Kasperl und Schutzpatron zugleich, wird bemüht, »verwendet sich« für BILD, mischt mit. Schwindmann: »Minister Hasselmann hat den Horten-Direktor angehauen. Horten ist mit 5000 Mark dabei.«

Die Werbung für Hasselmann und Horten zugleich folgt auf dem Fuß. Zwei Tage später in Treitschis Klatschkolumne:

144

»›Mein Gott, ist das ein junges Team hier‹, meinte Minister Wilfried Hasselmann, als er kürzlich das Warenhaus Horten besuchte. Gemeinsam mit Geschäftsführer Robert Krawutschke (44), Geschäftsführer Michael Solbach (32) und Personalchef Gerhard Weber (34) besuchte er 90 Minuten lang eines der größten Kaufhäuser in Hannover. Natürlich kredenzte man dem Minister auch ein Restaurantessen.«

Drei Tage später – weitere 50 000 Mark werden angegeben – zeichnet der anfängliche Privatmann Albrecht bereits als »Ministerpräsident« mit seinem Konterfei. Die Redakteure fangen an zu maulen. Uwe Klöpfer: »Wenn die Bettelarie morgen noch weitergeht, dann steig ich hier aus.« Aber es geht weiter und keiner steigt aus. »Hurra! Die größte Spende für 96«, jubelt Schwindmann am nächsten Tag in der Aufmacher-Zeile auf Seite 4 und der Artikel beginnt mit »Wunderbar«.
Es wird immer peinlicher. Die auf Spenden angesprochenen Insider des Sportgeschehens halten von der Rettungsaktion nichts: »Der Verein hat sich durch Miß- und Vetternwirtschaft verdientermaßen so runtergewirtschaftet.«
Sportgeschäftsinhaber G., ehemaliger Spieler bei Hannover 96, sagt mir am Telefon: »Keinen Pfennig spende ich für diesen Saustall. Wir haben damals, als wir noch in der Oberliga waren, für 'n Appel und Ei spielen müssen. Und seitdem die Absahner vom neuen Management das große Geld einsteckten, ging's mit dem Verein abwärts.«
Selbst die Sportredakteure der BILD-Redaktion halten die Rettungsaktion für Unfug. Ein Sportredakteur abends beim Bier zu mir: »Ein Wahnsinnsunternehmen. Mit dem Geld sollte man einen Kindergarten oder ein Altersheim unterstützen.«

Aber Schwindmann zieht die große Bettelarie werbewirksam durch. Für nichts und wieder nichts. Aber er sorgt für Druck auf die Stadtsparkasse, damit sie den heruntergewirtschafteten Verein einen zinslosen 900 000-Mark-Kredit weiter stundet. Ministerpräsident und »Hirte« Albrecht mit dem Fußball am Bein hält nun unter einem Rettungsring-Emblem auch seinen eigenen Kopf hin. Als Sportsfreund, Wohltäter und Retter, so fühlt er sich werbewirksam verkauft, glaubt er. So imponiert er dem verachteten »kleinen Mann« und wirft noch seine politische Autorität mit in die BILD-Waagschale.

Schwindmann hat von Anfang an erkannt: »Wenn Albrecht mitspielt, hat er damit ein Präjudiz geschaffen . . .«

Als die Aktion bei der Bevölkerung nicht den erwünschten Anklang findet, auf immer mehr Kritik stößt und viele unwirsch auflegen, wenn sie um Spendenbeiträge ersucht werden, kommt Friedhelm Borchers die Erkenntnis: »Wir waren nicht gut beraten, hier Albrecht vorzuspannen. Das hätten wir mal lieber Schmalstieg machen lassen sollen.«

Nachdem der DFB nicht zuletzt auf den BILD-Druck hin dem bankrotten Verein noch eine Gnadenfrist läßt und die Lizenz auf Widerruf verlängert, stellt sich heraus, daß von den in BILD werbewirksam angepriesenen 180 000 Mark nach 10 Tagen erst knapp über 5000 Mark eingezahlt wurden. Vor allem von Klein- und Kleinstzeichnern, für die es keine Geschäftswerbung war, die sich jedoch prompt an ihr Versprechen gehalten haben.

Raubfische

BILD manipuliert. Aber dabei bleibt es nicht. Denn das Bewußtsein, daß BILD manipuliert, verdreht und verfälscht, veranlaßt viele BILD-Informanten, sich darauf einzustellen. So wird der beschriebenen Eskalation – Reporter verdreht zum Monströsen, Redaktionsleiter verschärft die verdrehte Richtung, Zentrale legt noch einen Zahn zu – am unteren Ende noch eine Stufe angesetzt: Der Informant, der ins Blatt will, dreht seine Wahrheit auch schon nach BILD-Bedürfnissen zurecht. So entstehen die oft atemberaubend platten und dummen und überdurchschnittlich reaktionären Äußerungen auch führender SPD-Politiker in der BILD-Zeitung. Und wie im Sturm der großen Politik, so auch im Hannoveraner Wasserglas.

Schwindmann drückt mir eine Einladung der Linné-Gesellschaft in die Hand: »Aquarien- und Terrarien-Ausstellung. 80 Jahre biologische Gesellschaft Linné im Freizeitheim Vahrenwald.« Unter der anreißerischen Überschrift »Piranhas in Vahrenwald« beginnt ein sachlicher Text:

»Am 26. 3. 77 wird Herr Bürgermeister Dr. Scheel im Freizeitheim Vahrenwald, Hannover, um 11 Uhr die 10. Aquarienausstellung der Biologischen Gesellschaft ›Linné‹ anläßlich ihres 80jährigen Bestehens eröffnen. Die Mitglieder und ihre große Jugendgruppe haben keine Mühe gescheut, die von ihnen gepflegten etwa 130 Arten von Fischen, erdteilmäßig gegliedert, in ca. 60 Becken den interessierten Besuchern darzubieten. Die heutige

Umweltverschmutzung, die vor keinem Bach oder Teich haltmacht, hat dazu beigetragen, daß man die Natur in Form eines Aquariums in die Wohnung holt. Der Beweis sind über eine Million Aquarien, die zur Besinnlichkeit im Wohnzimmer der Bundesbürger stehen.«

Dann folgt noch eine weitere Seite Beschreibung über die ausgestellten Fischarten, wobei nur der letzte Satz den Piranhas gewidmet ist:

». . . Der aus vielen Erzählungen und Reiseberichten bekannte und gefürchtete *Piranha oder Pirya* ist selbstverständlich auch zu sehen.«

»Uns interessieren ausschließlich die Piranhas«, sagt Schwindmann zu mir, »den anderen Fischkram kannst du vergessen. Ich will eine richtig schön gruselige Geschichte. Nimm einen Fotografen mit.«

Der Vorsitzende der Linné-Gesellschaft Peter Wilhelm ist hocherfreut, als wir anrücken. Er schleppt mich zu den verschiedensten Bassins, um mir Purpurbarsche, Schokoladenguramis, die ihre Brut im Maul tragen, und lebend gebärende Halbschnabelhechte vorzuführen, ihre Eigenheiten und Haltung zu erklären.

Am Anfang gehe ich höflichkeitshalber noch darauf ein, bis ich ihm offen sage: »So sehr mich privat die gesamte Ausstellung auch interessiert, BILD hat mich einzig und allein der Piranhas wegen hier hin geschickt. Wo stecken denn die Tierchen?« Er führt mich zu einem kleinen Aquarium, worin ein paar unscheinbare mickrige Fischlein schwimmen.

Frage: »Im Amazonasgebiet werden doch häufig Menschen von diesen Fischen angegriffen, liest man jedenfalls in Abenteuerromanen, außerdem hin und wieder auch mal in der Zeitung.«

Antwort: »Das war dann aber sicher die BILD-Zeitung.«

Dann versucht er wieder, meine Aufmerksamkeit auf die anderen zahlreichen Zierfische zu lenken. Ich schaue auf meine Uhr. In einer viertel Stunde läuft die Zeit ab, die mir Schwindmann gesetzt hat. »Ich will nicht unhöflich sein«, entschuldige ich mich beim Aquarien-Vereinsvorsitzenden, »aber ich kann auch nichts dafür, wenn BILD es ausschließlich auf die Viecher abgesehen hat. Es ist zwecklos. Auf die anderen Fische kann ich höchstens in einem Nebensatz eingehen. Ich verabscheue meinen Job ja auch«, erkläre ich ihm weiter, und: »ich mache das nur vorübergehend.«

Da geht auch der Aquarienfreund aus sich heraus: »Wenn Sie schon so ehrlich zu mir sind, kann ich Ihnen ja auch die Wahrheit verraten. Die Piranhas haben wir ausschließlich als Köder für die BILD-Zeitung hier angeschafft. Auf diese blutrünstigen Raubfische stürzt sich doch die BILD-Zeitung, hab ich mir gedacht. Sonst würden wir doch mit keiner Zeile erwähnt.«

Da kann ich ihm recht geben, und wir freuen uns beide, daß über diesen Umweg seine Ausstellung überlaufen sein wird. »Aber die Tatsache allein genügt noch nicht«, mache ich dem Vorsitzenden klar, »wir brauchen noch was Gruseliges.«

Er holt den Halter des Piranha-Aquariums, einen unbekümmerten, jungen Mann, der zu den domestizierten Tieren ein geradezu freundschaftliches Verhältnis hat, jedenfalls nicht die Spur von Angst. Er erzählt, daß Piranhas erst ab einem bestimmten Alter und in riesigen Schwärmen gefährlich werden. Damit wäre die Geschichte natürlich gestorben. Also bohre ich nach: »Gab's hier in Hannover nicht mal einen Unglücksfall?« Er kapiert gleich, worum es mir geht. »Ja, vor acht Jahren ist mal was passiert. Der Leiter des Aquariums im Landesmuseum, der sich diese Tierchen hielt, ist von einem Fisch gezwickt worden, nachdem er alles nur Denkbare falsch gemacht hat. Aus einem fast leeren Aquarium heraus wollte er die Fische umsetzen. Da hat sich in Todesangst ein Fisch an seiner Fingerkuppe verbissen. Es war ein ganz kleines Stück angeritzt, das mit einem Pflaster wieder verklebt worden ist.« Ich notiere den Namen des »Opfers«.

Anschließend lasse ich mich über die besonderen Eigenschaften der Piranhas aufklären.

Der Aquarienfreund zitiert aus einem Lexikon der Aquaristik:

»Die größten Schwierigkeiten bei der Haltung bereitet ihre Angriffslust. Jeder nur etwas angeschlagene, kranke oder Schwäche zeigende Artgenosse wird überfallen und totgebissen . . . Auch scheint ihre Angriffslust gegenüber anderen Tieren von der Größe ihres eigenen Schwarmes abzuhängen . . . Als Einzelexemplare in der Regel friedliche Tiere, entwickeln sie ihre äußerste Aggressivität erst im Großschwarm . . . Das kritische Moment liegt beim Einsetzen neuer Fische in das Piranha-Becken. Der Augenblick der Benommenheit wird dann meist als Signal zum Angriff angesehen. Im allgemeinen sind die Piranhas sehr nervös . . . Versuche mit Gupies, die man zu den Piranhas einsetzte, haben gezeigt, daß die Piranhas über alle Tiere, die Anzeichen von Benommenheit oder Schock zeigten, herfielen und sie totbissen. Nur Gupies, die sich augenblicklich anpaßten und im Schwarm mitschwammen, überlebten . . .«

In freier Wildbahn – im Dschungelgebiet des Amazonas z. B. – wittern sie das Blut verwundeter Warmblüter kilometerweit, fallen in Schwärmen über das verwundete Tier – oder auch Menschen – her und reißen das Fleisch stückchenweise herunter, bis oft nur das Skelett übrigbleibt.

Einige ihrer Eigenschaften kommen mir sehr bekannt vor: Sie sind äußerst aggressiv, fallen in Schwärmen über Artfremde und Verwundete her, fressen alles auf, was Schwäche zeigt, Ausfallerscheinungen hat . . .

150

In der Geschichte erwähne ich dann zum Schluß in einem Nebensatz den »Unglücksfall«. Der Redaktionsleiter, der mich schon während des Schreibens genervt hat mit Fragen wie: »Ist der Sicherheitsabstand auch ausreichend? Besteht keine unmittelbare Gefahr für die Besucher?« macht aus diesem Nebensatz die Schlagzeile: »Piranhas rissen Museumsdirektor Stücke aus der Hand. Ärzte nähten es wieder an.« Fettgedruckt ist das auch sein Einstig in die Geschichte. (Er nahm mir das Manuskript aus der Hand und dichtete selbständig):

»Es war reines Versehen. Günter Kluge, Leiter des Landesmuseums Hannover, griff beim Reinigen in das Aquarium, das in seinem Büro steht. Sofort gruben sich 147 rasiermesserscharfe Zähne in seine Hand und rissen ihm ein Stück Fleisch heraus. Blutdurst der Piranhas, der gefährlichsten Süßwasserfische der Welt. Sieben dieser Amazonas-Fische können Sie von morgen an ab 11 Uhr

Piranhas haben 147 rasiermesserscharfe Zähne

Piranhas rissen Museums-Direktor ein Stück aus der Hand – Ärzte nähten es wieder an

Von HANS ESSER

Hannover, 25. März

Es war reines Versehen: Günther Kluge (64), Leiter des Landesmuseums Hannover, griff beim Reinigen in das Aquarium, das in seinem Büro steht. Sofort gruben sich 147 rasiermesserscharfe Zähne in seine Hand und rissen ihm ein Stück Fleisch heraus: Blutdurst der Piranhas, der gefährlichsten Süßwasserfische der Welt! Sieben dieser Amazonasfische können Sie von morgen an ab 11 Uhr im Freizeitheim Vahrenwald besichtigen.

Günther Kluge hatte übrigens Glück. Der in Gefangenschaft gezüchtete Fisch spuckte das Stückchen Hand wieder aus. Im Krankenhaus konnte es dem Museumsdirektor wieder eingenäht werden.

Die Ausstellung in Vahrenwald, bei der neben den Piranhas auch viele andere, ungefährliche Fische gezeigt werden, veranstaltet die Biologische Gesellschaft Linné. Sie ist die älteste in Deutschland und feiert 80jähriges Jubiläum.

Wenn es Sie allerdings gelüstet, Piranhas als Haustiere zu halten, können Sie am 3. April ab 16 Uhr die Fische für etwa 20 Mark pro Stück auf einer Fischbörse im Freizeitheim Vahrenwald ersteigern.

Die gefährlichsten Süßwasserfische der Welt – Piranhas – bissen Museumsdirektor Günther Kluge ein Stück Fleisch von der Hand. Wilhelm Peter, Chef der Aquarium-Gesellschaft, warnt alle Piranhas-Fans: Seien Sie vorsichtig

151

im Freizeitheim Vahrenwald besichtigen. Günter Kluge hatte übrigens Glück. Der in Gefangenschaft gezüchtete Fisch spuckte das Stückchen Hand wieder aus. Im Krankenhaus konnte es dem Museumsdirektor wieder angenäht werden.« Die Tatsache, daß der Vorgang bereits 8 Jahre zurückliegt, fällt unter den Tisch.

»Aktualisieren« heißt das bei BILD.

Es folgen dann, viel knapper, Daten zur Ausstellung mit dem Hinweis, daß diese Fische nach Beendigung der Ausstellung versteigert werden. Ich hatte schon vor, sie als mein Geschenk für die BILD-Redaktion zu ersteigern – als Wappentiere. Aber dann taten mir die Fische doch leid.

Nach Erscheinen des Artikels bekommt der Museumsleiter, der gerade krank zu Hause liegt, jede Menge Anrufe sensationsgieriger Mitbürger aus aller Welt und Beileidsbesuche von Freunden, die einen Blick auf seine mißhandelte Hand werfen wollen. Er selbst rührt sich nicht und verlangt auch keine Gegendarstellung. In jeder Provinz-Zeitung hätte der Chefredakteur einen gepfefferten Brief erhalten. Alles was passierte, ist ein sehr dezentes Interview in der »Neuen Hannoverschen Presse« mit dem Piranha-Opfer, das den »Wahrheitsgehalt dieser und anderer blutrünstiger Geschichten« beschreibt. Es ist von »einer Boulevardzeitung« die Rede. BILD wird nicht genannt.

Auch vom Vorsitzenden der Aquarienfreunde kommt kein Protest. Der ist zufrieden, weil so viele Besucher kommen (6000 in einer Woche), die dann bedauernd feststellen müssen, daß die harmlosen Piranha-Babys sie nicht das Gruseln lehren können.

Ein zweiter Fall: Es erscheint ein Buch von amerikanischen Psycho-Forschern zum Thema: Jeder kann hellsehen. Schwindmann hat das aufgeschnappt und ruft mich an: »Wir wollen da eine BILD-Aktion draus machen: ›Auch Sie können hellsehen!‹ Finden Sie jemanden, der ein bißchen prominent ist, der auch so Phänomene hat.« Ich habe wenig Hoffnung, aber was bleibt mir übrig. Ich rufe also meinen Heilpraktiker Trinklech an, bei dem ich ein gewisses Gespür für Publicity festgestellt habe. Den hat BILD zum halbwegs Prominenten gemacht, warum also nicht auch zum »Hellseher«?

Ich erzähle Trinklech, was BILD plant. Die Überschrift steht schon: »Ob Sie es glauben oder nicht – auch Sie können Hellsehen!« Ich sage: »Das haben Sie doch sicherlich, wie wir alle, auch schon einmal erlebt, daß sie schon beim Klingeln des Telefons genau wissen, wer da anruft, auch wenn Sie lange nichts mehr von ihm gehört haben . . .« Wir vereinbaren einen Termin und dann legt Trinklech los: »Ich habe immer wieder diese Fähigkeit in mir entdeckt . . .« Inzwischen glaubt Trinklech vermutlich selbst, daß er Hellsehen kann.

Als die Geschichte erschienen war, und zwar noch um einiges platter, als er sie erzählt hatte, kam ich doch mit etwas Bammel in seine Praxis. Aber was ist: Der Hellseh-Artikel hängt neben dem anderen zur Werbung an der Wand.

Opfer dieses Prozesses der Manipulation sind erstens das Publikum, der BILD-Leser, dem ein Piranha aufgebunden wird, und zweitens der BILD-Knecht, der einfache Reporter oder Redakteur, dem die Schuld zugeschoben wird. Denn wenn leitende Redakteure auch wissen, daß eine Geschichte vorne und hinten nicht stimmt, so achten sie doch penibel darauf, daß der kleine BILD-Mann die Verantwortung übernimmt. Neuverfaßte Geschichten werden dem ursprünglichen Verfasser meist vorgelegt zum »Autorisieren«. Wer wagt da noch zu sagen: »Es war aber doch alles ganz anders.«

»Ein armer alter Mann baut
die herrlichsten Geigen der Welt«

In der Nähe von Hannover, bei Nienburg, lebt der Geigenbauer Montag, der mit ungeheurer Sorgfalt Meistergeigen herstellt. Da es nur noch sehr wenige Geigenbauer gibt, schlage ich vor, über ihn eine Geschichte zu machen. Das Thema kommt sofort an, wie alles, was man mit dem Attribut »edel« versehen kann: Edle Pferde, edles Porzellan, edle Instrumente, edle Kunst, Edelsteine.

Es kommt da einiges zusammen: Erst mal der tägliche Umgang mit Schmutz in jeder Couleur; die Hoffnungslosigkeit, jemals in der gesellschaftlichen Wirklichkeit Schönheit zu finden, nährt den Traum von einem unantastbar Schönen, Edlen. Denn BILD-Redakteure sind gewöhnlich weder auf Marmor aufgewachsen, noch werden sie auf Marmor sterben – aber sie können drüber schreiben und sich so wenigstens ab und zu in Marmornähe fühlen.

Die Träume der Journalisten erzeugen Träume der Leser, Träume vom Weg nach oben. Ich werde bei BILD immer wieder auf Themen unter dem Aspekt »Vom Tellerwäscher zum Millionär« angesetzt. Es kommt nämlich sehr darauf an, das Schöne und Edle, von dem hier geträumt und träumen gemacht wird, nicht ganz so unerreichbar erscheinen zu lassen, wie es in dieser Gesellschaft ist. Welch ein Potential an Klassenhaß würde die BILD-Zeitung mit ihrem Baden im Glanz der Großen sonst erzeugen!
Die andere Methode, solche Wirkung zu verhindern, ist

154

die Paarung des Edlen mit Erbarmungswürdigem. Rilkes infame Zeile »Armut ist ein großer Glanz von Innen« – nur umgekehrt: Der Reiche leidet am Zipperlein, der Milliardär sitzt einsam, verbittert und verlassen auf seinem Traumschloß. Schwindmann erfindet für meine Geschichte den Titel: »Ein armer alter Mann baut die herrlichsten Geigen der Welt.«

Nichts dergleichen habe ich geschrieben: Der Mann war weder arm noch alt, er war ein rüstiger Sechzigjähriger, der zwar wie viele Künstler ein Stipendium hatte und sicher nicht zu den Großverdienern zählte, aber finanziell ganz gut zurechtkam. Doch Schwindmann dichtet weiter:

»Der alte Mann mit den eingefallenen Wangen und dem schütteren Haar schlurft durch seine Werkstatt, die auch sein Wohnzimmer ist. Er nimmt ein Holzbrett aus dem Regal und streicht zärtlich über die geglättete Oberfläche, ›Ahorn, 50 Jahre alt‹, murmelt er und vergißt dabei minutenlang, daß er mich, den BILD-Reporter, gerade zu Gast hat . . .«

Alles reine Erfindung, ich werde nicht einmal gefragt, ob es so gewesen sein könnte. Der Geigenbauer ist sehr erbost, daß er so mitleidheischend dargestellt worden ist. Leser, die ihn kennen, melden und beschweren sich: Ob der Autor ihnen ein Märchen habe aufbinden wollen? Das wollte er in der Tat, wenn auch nicht irgendein Märchen. Schwindmann hat ein sehr feines Gefühl dafür, welche Sorte Märchen nützlich und welche schädlich ist. Ich selbst habe, am Schluß der Geschichte, der bei sehr vielen BILD-Geschichten, um »die Geschichte rund zu machen«, mehr oder weniger erfunden ist, eine Pointe hinzugedichtet: Der Mann, der die kostbaren Geigen baut, verkaufe sie längst nicht jedermann. Er habe ein

Jahr seines Lebens dem Instrument geopfert und wolle nun sehen, ob der Kaufwillige auch Talent habe.

Ganz am Schluß der BILD-Geschichte kommt immer »sein schönstes« oder »sein schlimmstes Erlebnis«. In diesem Fall schrieb ich: Ein raffgieriger Bankier habe dem Geigenbauer Montag vorgetäuscht, er kaufe die Geige für seinen gelähmten Sohn. Er legte sie aber in seinen Safe, damit sie – durch Alter, wie eine Stradivari – noch wertvoller werde. Aber, endete meine Geschichte, »so lächelt der Meister, ›er weiß nicht, daß eine Montag-Geige ständig gespielt werden muß, um ihren Klang zu behalten‹. Die Geige verrotte nun im Banksafe.«

Dieses Märchen wird von Schwindmann ruckzuck gestrichen. Es ist ein – im BILD-Sinn – schlechtes, gefährliches Märchen, mit seiner aufreizenden Moral: Die Besitzgier und das Spekulantentum zerstört die edle Arbeit eines einfachen Künstlers.

Mein Märchen wird, wie gesagt, gestrichen. Was aber tut die Wirklichkeit? Nach Lektüre der BILD-Geschichte meldet sich ein gänzlich amusischer Schrotthändler und kauft für 13 000 Mark eine Montag-Geige. Als Wertanlage.

Wahr ist, was nicht geschrieben steht

Die Wahrheit liegt bei BILD oftmals weder in noch zwischen den Zeilen, sie liegt mehr unter den Zeilen, jedenfalls unter den gedruckten. Gedruckt wird, was die Auflage steigert – und wenn es auch die Wahrheit ist. Nicht gedruckt wird alles, was den Verkauf nicht fördert. Ein klassisches Prinzip, einfach und gleichzeitig universal anwendbar. Eine schnellebige Zeit erfordert einen schnellen Journalismus, einen sehr schnellen. Der Schreibradius umfaßt exakt 360 Grad. BILD-Schreiber verstehen sich als »Generalisten«.

Ob die Leser alles glauben, ist unerheblich, solange sie BILD weiter kaufen. Vereinzelte kritische Leserbriefe werden ignoriert, brenzlig wird es erst, wenn die »Primitivos« in Massen protestieren, wenn sie richtig bockig werden.

Wie bei der Geschichte mit der Wahrsagerin: Wenn es keine Wahrsager gäbe, müßte BILD sie erfinden. Leute, die an ihre eigenen »Wahrsagungen« glauben, das ist nicht nur was *für* BILD, das *ist* BILD. Hier handelt es sich um eine Frau, eine kleine Ganovin. BILD nimmt sich ihrer an, beschreibt liebevoll ihr Geschäft.

Die unbedarfte Frau – durch BILD animiert – sieht die Chance ihres Lebens gekommen, sich zur Hochstaplerin in Weltformat mit Millionenerbe aufbauen zu lassen. Denn – so hellsichtig ist sie – so eine getürkte Geschichte in BILD ist für sie ein Kapital, mit dem sich wuchern läßt. Der BILD-Bericht kurbelt das Geschäft weiter an und schafft die Basis für noch größere Betrügereien. BILD verhilft ihr erst zur rechten »Seriosität« und »Prominenz«.

Hellseherin besichtigt ihr 48 Millionen-Mark-Erbe in Amerika

Hannover, 8. März

Glücklich schloß die 53jährige Braut ihren 21 Jahre jüngeren Bräutigam vor der weißen Kirche von Santa Rosa im amerikanischen Bundesstaat Kalifornien in die Arme. Die hannoversche Millionärin und Hellseherin „Madame Vioville" hatte ihr Ziel erreicht: Hochzeit vor dem Altar mit Orgelspiel, feierlichen Ansprachen und – einer Riesenerbschaft.

Am 12. November 1976 fand die standesamtliche Trauung der in ganz Deutschland bekannten Wahrsagerin in Hannover statt. Mit der kirchlichen Eheschließung in den USA am 31. Januar erfüllte sie nun auch den letzten Willen ihres schwerreichen amerikanischen Erbonkels: „Meine Nichte bekommt das Geld erst, wenn sie mit einem vernünftigen Mann verheiratet ist."

Der „vernünftige" Mann ist der 32jährige Elektriker Hermann Schrö-

der – kein Trinker! Wegen ihres ersten Mannes, der in einer Trinkerheilanstalt endete, wäre sie von ihrem Onkel beinahe enterbt worden.

Nun reist sie also durch Amerika und besichtigt ihre Pferdefarmen, Hotels, Mietshäuser, Spielcasinos, Pelz- und Fleischfabriken – Gesamtwert: 48 Millionen Mark!

Und während sie sich von ihrem Mann in ihrem Luxuswagen (Opel Admiral mit hannoverschem Kennzeichen) durch die Staaten fahren läßt, überlegt sie, welche ihrer hochwertigen Immobilien sie demnächst verkaufen wird. „Denn spätestens im Juni will ich wieder in Hannover sein", sagt sie. „Und dann will ich einiges Geld zur Verfügung haben."

Die Hellseherei kann sie trotz ihres Reichtums nicht lassen. In Amerika strömen ihr die Zukunftsgläubigen scharenweise zu. Und in Hannover warten schon viele auf ihre Rückkehr.

Trauung in der Kirche von Santa Rosa, „Madame Vioville" und ihr Bräutigam

Die »wahrsagegeschädigten« Leser laufen Sturm und beschweren sich. Betrogene und Hereingelegte bedrängen die Redaktion. Es besteht akute Gefahr, daß sie die peinliche Schuldfrage stellen. Was tut ein geschulter Redaktionsleiter in solcher Situtation? Er wendet das Blatt. Aus Unterstützung wird Anklage. Die Akteure bleiben, das Stück wechselt. Gespielt wird jetzt: Wahrsagerin betrügt BILD-Leser.

Schwindmann: »Na, das läuft doch prima. Da machen wir einfach noch eine vierte Geschichte draus.«

Das Stück ist erneut drei Tage auf dem Spielplan, jetzt läuft es sogar im großen Theater –, der Bundesausgabe.

Am letzten Tag trägt es den Titel: »FBI fahndet nach Madame Vionville«. Die Geschichte wird aufgeputscht, Gerichtsvollzieher werden kontaktiert, schließlich ist die Wahrsagerin auf der Flucht. Eine kleine Betrügerin ist plötzlich eine Kapitalverbrecherin geworden. BILD kann ruhig Fehler machen, denn BILD weiß sie zu nutzen.

Das hat Hannovers bekannteste Wahrsagerin, Madame Vionville, nicht vorausgesehen:

Gerichtsvollzieher pfändete bei Millionen-Erbin

Monatelang hat sie Miete, Raten und Telefon nicht bezahlt

Hannovers berühmte Wahrsagerin wird von der Polizei gejagt

Sie soll 100 000 Mark unterschlagen haben

Hannover, 15. April

Wenn Madame Vionville ihren Kunden die Zukunft aus der Hand las, dachte sie zuerst an ihre eigene Zukunft: Die Wahrsagerin Gertrud Schröder (53) aus Hannover soll von Gutgläubigen aus ganz Deutschland über 100 000 Mark ergaunert haben!

„Vermutlich ist die Summe noch viel höher", sagt ein Beamter des Betrugsdezernats in Hannover, das gegen Madame ermittelt, „viele Leute melden sich nicht bei uns, weil sie sich schämen."

Der Trick mit dem Geld

Madames Trick: Während der Bearbeitungen (je 60 Mark) erkundete sie geschickt die finanzielle Lage ihrer Kunden. Je mehr Geld sie hatten, desto rosiger zeigten die Handlinien die Zukunft. So lag es „auf der Hand", daß die Kunden der Wahrsagerin gerne ein „Darlehen" gaben.

Ihr Geld sahen sie nie wieder. Die Fabrikbesitzerin Ruth Bade aus Lehrte überließ der fülligen Frau mit dem schütteren Haar sogar 54 000 Mark. „Ich muß sehr dumm gewesen sein", sagte sie zu BILD.

Madame Vionville selbst ist am 6. Dezember 1976 nach Amerika geflogen. „Ich habe da von einem Onkel Hotels und Fleischläden geerbt", tröstete sie ihre Geldgeber. Seitdem haben sie nie wieder etwas von der Wahrsagerin gehört.

Madame Vionville behauptet, den Rücktritt von Willi Brandt zwei Monate vorher vorausgesagt zu haben. Bis zu 3600 Mark verdiente Madame an einem Tag

BILD und das Tier

In der Wertskala der BILD-Geschichten stehen Tiere – insbesondere vereinsamte oder im Stich gelassene – ganz oben. Sie rangieren wesentlich höher als vergleichbare menschliche Fälle, es sei denn, es handele sich um ganz »große Tiere«, Millionäre, Filmstars.

Kaum eine BILD-Woche, in der nicht mehrere Aufmacher von ergreifenden Tierschicksalen handeln und Unrecht an Menschen in die Kurznachrichten drücken. Auf der täglichen Börse »Redaktionskonferenz« werden diese Tierschicksale unter der Rubrik »human touch« gehandelt.

Ein trostloser Tag für eine BILD-Redaktion. Kein attraktives Verbrechen. Kein Mord. Keine zünftige Vergewaltigung. Kein origineller Selbstmord. Einfach nichts los. »Hast du bei der Polizei noch mal durchtelefoniert?« wird Klöpfer gefragt. »Auch da nichts los?« – Klöpfer schüttelt mit dem Kopf. Schwindmann wendet sich an uns alle und gibt die Tageslosung aus: »Nichts mit Tränen? Mit viel Schnief-Schnief? So eine menschliche Note fehlt der Zeitung heute noch. Irgendwas aus dem menschlichen Bereich, wo wir noch nicht wissen, was. Auf jeden Fall werden wir für geschmackvolle 30 Zeilen Platz freihalten. Ich will eine rührende, ans Herz gehende Tiergeschichte mit viel Schnief-Schnief.«

Auferstehung eines Sterbenden

21. 2. **Jetzt ist Opa Vahl gelähmt**
19. 3. **Opa Vahl fleht um Hilfe**
21. 3. **Heidi Kabel weinte, als sie Henry Vahl sah!**
31. 3. **Opa Vahl ruft nach seiner toten Frau!**
15. 4. **Old Henry hat eine Freundin gefunden**
18. 4. **Opa Vahl: Haareschneiden? Das kann ich nicht bezahlen**
2. 6. **Keiner will Opa Vahl! Opa Vahl - Es gibt keine Hoffnung mehr für ihn!**
3. 6. **Heidi Kabel: Ich habe einen Platz für Opa Vahl – Tausende riefen an! BILD-Leser: Wir geben Opa Vahl ein Zuhause!**
8. 7. **Opa Vahl im Sterben**
9. 7. **Heidi Kabel: Einmal möchte ich Old Henry noch sehen!**
30. 7. **Totengräber fiel zu Opa Vahl ins Grab**

Das Sterben des beliebten 79jährigen Volksschauspielers Henry Vahl vom Ohnsorg-Theater belebte BILD in täglich neuen Schlagzeilen und Artikeln, die an die Mitleidsgefühle ihrer Leser appellieren. Als Henry Vahl schließlich vom Tod gezeichnet im Krankenhaus lag und intensivste Pflege brauchte, putschte BILD diese Gefühle künstlich noch höher und rief das weite Herz der »großen BILD-Familie« an: Opa Vahl benötige eine Pflegefamilie, da er sonst verloren sei. Eine Mitleids- und Hilfswoge rollte an. Zahlreiche BILD-Leser ließen ihren BILD-produzierten Gefühlen freien Lauf und boten

161

»Opa Vahl«
Mitleidswoge bei den Lesern. Für die Macher bereits ein
»Toter«, den man nach Belieben aus dem Sarg auferstehen läßt.
Zynischer Klappmechanismus in der Zentral-Redaktion
Hamburg.

»Opa Vahl« ein neues Zuhause für seinen Lebensabend an. BILD konnte so seine Schlagzeilen bis zum endgültigen Tod des populären Volksschauspielers verlängern. Während dieser ganzen Zeit, in der die Gefühle der Nation für ihren Opa Vahl gemolken wurden, hing in der Hamburger Zentralredaktion eine makabre Fotomontage, die Henry Vahl in seinem Sarg zeigte, den man je nach Schlagzeile beliebig ein Stück sterben oder auferstehen lassen konnte.

Merkblatt für Selbstmörder

(die sicher gehen wollen, daß ihre Verzweiflungstat in BILD beachtet wird.)

von einem Insider

Wenn Sie nur Arbeiter sind, haben Sie es schwer. Stadträte, Millionäre, Beamte und Fabrikanten (da kann die Firma auch nur zwei Mitarbeiter haben) kommen leichter ins Blatt.

Wählen Sie eine »interessante« Todesart: Selbstgebastelter Elektrischer Stuhl zum Beispiel oder »öffentlicher Tod«. Das heißt: Springen Sie von einem möglichst hohen Dom. Oder verfüttern Sie sich im Zoo – möglichst an einem Tag mit viel Publikum – den Raubtieren.

Wenn Sie aber unbedingt einsam in ihrem Zimmer sterben wollen, weil Ihnen wirklich nicht nach Öffentlichkeit zumute ist, dann suchen Sie sich wenigstens ein gutes Motiv für Ihren Freitod aus. Vorsicht – »seelische Depressionen« oder wenig origineller Freitod wegen sozialer Deklassierung oder Arbeitslosigkeit gibt es bei BILD gar nicht. Schlagzeilenträchtig sind dagegen Motive wie: Liebeskummer, Ehekrach, schlechte Schulnoten, Pickel im Gesicht, Stottern, Ladendiebstähle (unter 20 Mark), Dauerregen, verpaßte Züge, das Fernsehprogramm, Essen verbrannt, Beule im Auto oder möglichst eine Mischung von allem.

Sorgen Sie dafür, daß das Motiv bekannt wird. Das heißt: Legen Sie Ihren Abschiedsbrief so hin, daß ein Nachbar ihn findet. Denn BILD-Reporter fragen immer erst bei Nachbarn. Zur Sicherheit sollten Sie aber – falls Ihr Nachbar BILD nicht mag – ein Duplikat des Abschiedsbriefs an die Zentralredaktion schicken.

Schreiben Sie, daß Sie auf Ihre Persönlichkeitsrechte verzichten, sonst wird Ihr Name abgekürzt oder gar erfunden *und* abgekürzt.

Legen Sie ein Foto bei, dann haben Sie den Fotochef von BILD auf Ihrer Seite. Wenn Sie Familie haben, dann möglichst ein Bild mit Frau und Kindern.

Hinweis für die Hinterbliebenen: Pro Foto gibt es im Schnitt 45 Mark. Wird der Freitod Seitenaufmacher, kommt noch Zeilenhonorar von rund 100 Mark dazu.

Die Mädchen in BILD

Als unverzichtbar gelten für die BILD-Mischung nackte Mädchen, »Miezen« genannt. Die Fotos werden über BILD-Beschaffer besorgt. Vorgaben gibt es so gut wie keine. Bei Rückfragen wird einem ein Phantasie-Name genannt, eventuell noch das Alter und bei Dunkelhäutigen erfährt man allenfalls, ob es sich um eine hier lebende Studentin handelt.

Als »Heike von der Alster« kurz darauf »Uschi von der Isar« war, hatten die BILD-Journalisten ihren Spaß. Die dazu getexteten Geschichten sind fast ausnahmslos erfunden.

Die Funktion dieser Mädchen ist jedem hier klar. Keiner, dem von Schwindmann die »Mieze« hingeschmissen wird, entzieht sich dem »Texten, 15 Zeilen!« Ich traue mich auch nicht, nein zu sagen. Statt dessen versuche ich mit meinen Texten, die BILD-»Miezen«-Absicht zu unterlaufen. Zum Beispiel so:

»Kitty, 24 Jahre, Textilarbeiterin, wollte eigentlich auf ihrer Fensterbank in Linden (das ist ein Arbeiterviertel) erste Frühlingssonnenstrahlen genießen. Aber als ein Nachbar das Fernglas auf sie richtete, zog sie schnell den Bambusvorhang herunter. Jetzt schaut sie mit ihren grünen Katzenaugen verschreckt ins Blitzlicht ihres Freundes. Er ist Fotograf und knipst sie immer, wenn sie ihren geschmeidigen Körper zeigt. Immer wieder verspricht er ihr, daß es wirklich nur das letzte Mal ist, daß er sie nackt unter die Leute bringt.«

Der letzte Satz wird gestrichen und ersetzt durch: »Er hat

sich nämlich vorgenommen, sie als Fotomodell groß herauszubringen.«

Schwindmann merkt wohl, daß ich absichtlich gegen den BILD-Strich texte, um diese entwürdigende Arbeit loszuwerden. Aber er will es wissen und knallt mir immer wieder, oft sogar, wenn ich gerade nach Hause gehen will, seine Garniermädchen auf den Tisch. Erst als ich dann auch noch eine ans Herz gehende, rührende Kindergeschichte durch die Zeile »Mariana findet Bananen gräßlich« entstelle, gibt er's auf.

Original-Text Esser . . .

Kay (16), das Mädchen aus Bali,
blickt versonnen in die Zukunft. Auf eine Heiratsanzeige
hin ist sie nach Hannover gekommen. Aber nach drei Monaten
wurde sie gewahr, daß ihr Bräutigam seit zehn Jahren verheiratet
ist und drei Kinder hat.
Jetzt arbeitet sie als Fotomodell, um sich das Geld für
die Rückreise in ihr Sonnenparadies zusammenzusparen.
»Dort am Strand starren
einen die Männer auch nicht so
geil und ausgehungert an, wenn
man oben ohne rumläuft«, erzählt
Kay wehmütig.

. . . und was der Redaktionsleiter daraus machte.

Nach Hannover – der Liebe wegen . . .

Kay (16), das Mädchen aus Bali, blickt versonnen in die Zukunft. Auf eine Heiratsanzeige hin ist sie nach Hannover gekommen. Aber nach drei Monaten entschloß sie sich, doch lieber allein zu bleiben. Jetzt arbeitet sie als Fotomodell, um sich das Geld für die Rückreise in ihr Sonnenparadies zusammenzusparen.

»Falsch geparkt, Politesse schrieb eigenen Mann auf«

Eine unheimliche Geschichte, eine Lüge, die von der Realität eingeholt wird. Ich soll über »die Politessen in unserer Stadt« schreiben. Meine ursprüngliche Idee, die Schwierigkeiten dieses Frauenberufs darzustellen, kann ich nicht verwirklichen. Aber der Reihe nach:

Ich gehe ins Ordnungsamt und will die Politessen interviewen. Der Leiter des Ordnungsamtes, ein Herr Fadler, führt mir die Frauen vor – und führt auch gleichzeitig das Gespräch, quasi als Sprachrohr. Wenn sich doch mal eine traut, selbständig zu antworten, fährt er ihr sofort über'n Mund. Ergebnis des Dialogs: leeres, abgedroschenes Stroh, Werbesprüche für die Stadt, mit denen ich nichts zu tun haben will. Ich werde sauer, der Mann geht mir ziemlich auf den Wecker. Um ihn loszuwerden, sage ich in schönstem Beamtendeutsch: »Es tut mir leid, Herr Fadler, daß ich Ihnen das jetzt sagen muß, aber wir bei BILD haben eine neue Dienstanweisung, wir dürfen Untergebene nicht mehr im Beisein ihrer Vorgesetzten interviewen. Lassen Sie mich bitte mit den Damen allein. Vorschrift ist Vorschift!« Diese Lüge wirkt prompt, Fadler und sein Pressesprecher, den er vorsichtshalber mitgebracht hat, zucken bei dem vertrauten Wort »Dienstanweisung« zusammen. Fadler ist zwar pikiert, räumt aber das Feld, denn das weiß er auch, mit BILD darf man es sich nicht verderben.
Ich bin ohnehin sauer auf ihn, weil ich am Telefon mehrfach ausdrücklich die gewerkschaftliche Sprecherin der

Politessen verlangt hatte und doch immer wieder zu Herrn Fadler durchgestellt wurde.

Meine Genugtuung, daß ich jetzt mit den Frauen alleine sprechen kann, ist allerdings nur von kurzer Dauer, weil Fadlers Disziplinierungs- und Kontroll-Funktion nahtlos von der Dienstältesten, einer Oberglucke, übernommen wird, etwa so: »Frau Neumann wollte eben damit sagen, daß . . .« Es ist also nicht viel zu machen, eine nichtssagende Begegnung.

Während ich noch an der Geschichte schreibe, wird sie bereits mehrmals abgerufen. Unter diesem Zeitdruck erfinde ich in meiner Not den typischen, abgerundeten Schluß: »Eine Politesse ging in ihrer Diensteifrigkeit so weit, daß sie sogar ihren eigenen Mann aufschrieb.« Diese Geschichte ist dann im Hannover-Teil gelaufen.

Am nächsten Morgen werde ich um 9.30 Uhr von Schwindmann geweckt: »Sie müssen sofort in die Redaktion kommen. Der Bund will diese Geschichte von der Politesse, die ihren eigenen Mann aufgeschrieben hat.«

Eine vertrackte Situation. Wie soll ich da rauskommen? Daß ich so ziemlich alles außer der Wahrheit sagen kann, ist mir klar. Ein ungeschriebenes BILD-Gesetz ist es, nie zu sagen: »Das stimmt nicht«. Es gehört zur Grundausbildung eines BILD-Reporters, solange zu suchen, zu drehen und zu wenden, bis es »stimmt«!

Ich versuche mich rauszureden: »Die will das nicht, hat schon einmal Krach mit ihrem Mann bekommen. Das gab 'ne harte Auseinandersetzung. Dazu ist die bestimmt nicht bereit.«

Schwindmann witterte sofort eine weitere Dramatisierung: »Was, ist sie deswegen geschieden?«

170

»Nein, gar nicht, aber die ist absolut nicht dazu bereit. Außerdem liegt das ja schon vier, fünf Jahre zurück.« »Macht überhaupt nichts. Das aktualisieren wir. Kommen Sie sofort!«

Ich gehe zur Redaktion. Schwindmann gibt mir präzise Anweisungen: »Sie laufen jetzt zum Ordnungsamt, dauert 'ne halbe Stunde, kommen zurück, schreiben den Artikel, noch 'ne halbe Stunde, dann geben Sie es dem Bund durch. Das ist dort als Aufmacher Seite 3 fest eingeplant.«

Ich bin ziemlich down. Wo soll ich bloß die nicht existierende Politesse hernehmen? Was macht ein BILD-Reporter in solcher Situation? Er muß eine finden, die mitspielt, gegen Gage versteht sich, das ist in solchen Fällen immer drin: »Informationshonorar« nennt sich dann dieses Schweigegeld. Heute sträuben sich mir alle Haare, aber in der damaligen Zwangslage weiß ich keinen besseren Ausweg. Ich finde keine Politesse und gehe zu Fadler hoch, um ihn auf die Geschichte vorzubereiten: »Vor langer Zeit, da hab ich mal 'ne Politesse auf der Straße getroffen. Die erzählte mir tatsächlich, daß sie sogar ihren eigenen Mann aufgeschrieben hätte!«
»Ach ja, so was, ist mir neu, wußte ich nicht.« Ich versuche, Fadler behutsam einzureden, daß eine solche Geschichte – auch wenn sie nicht ganz stimmt – doch eine gute Werbung für die Stadt sei. Er sagt ganz unbekümmert: »Sie meinen, wir sollten einen Türken bauen?«
»So würde ich das nicht nennen, es könnte ja täglich passieren, wäre das nicht ein toller Beweis für die Unbestechlichkeit und Diensteifrigkeit unserer Politessen? Da geht eine total in ihrem Dienst auf, ist ein Beispiel für

wahres Beamtentum, ohne verbeamtet zu sein, das hat doch Vorbildcharakter.«

Mitten in meinen schönsten Ausführungen wird Fadler leider zu einer Konferenz abberufen. Damit habe ich rechnen müssen, ich bin ja unangemeldet. Aber er scheint mitspielen zu wollen. Immer noch in der Hoffnung, eine »engagierbare« Politesse zu finden, stelle ich mich in die Eingangstür, habe aber kein Glück und gehe wieder hoch zu Fadler. Der kommt mir strahlend entgegen: »Ich habe sie gefunden!« Zuerst verstehe ich kein Wort, denke dann, das gibt's noch nicht, mit dieser Regie von oben will mich doch irgend jemand reinlegen. Hat der Fadler eine gefunden, die die Rolle spielt, nur um mal in die BILD-Zeitung zu kommen?
Fadler präsentiert sie, die Muster-Politesse, eine Zierde unserer Gesellschaft, die ihren eigenen Mann, der sie am Sonnabend erst zum Dienst gefahren hatte und dann die Familieneinkäufe machen wollte, mit einem Strafzettel belohnte!

Die Geschichte war gerettet. Ob sie nun wahr war oder nicht – ich weiß es bis heute nicht. Victor Löhlein, Verbindungsmann zur Zentrale, im Springer-Jargon »Nachrichtenführer« (Nafü) genannt, beauftragt mich, die Story einem BILD-Hamburg-Mann mündlich durchzugeben. Von ihm bekommt sie noch den letzten Schliff, so daß der Schluß wieder aus reiner Dichtung besteht. Die BILD-Ehre ist wiederhergestellt. Die Geschichte erscheint unter der Autorenzeile: »Von Hans Esser« in der Bundesausgabe. Direkt über Erhards Todesanzeige.

Au, Au, Herr Esser!

Nachts um 11 ruft er an, am 31. Mai: ein ständiger BILD-Leser, seit 1952, wie er sagt. Ich bin als letzter in der Redaktion und von einem hektischen Tag reichlich gestreßt. Er braucht einen Rat. – BILD hilft –: »Sie haben mir schon oft mit Auskünften zur Verfügung gestanden. Ich brauche Ihren Rat«, fordert eine ältere, etwas barsche Stimme. Seine Auskunft sollte er kriegen, aber von Wallraff, nicht von Esser!

»Ja, worum geht es denn?« erkundige ich mich arglos.
»Ich muß wissen, wie es korrekt heißt: ›Ich kündige Sie
oder ich kündige Ihnen?‹«
»Warum müssen Sie das denn wissen?« frage ich direkt.
Ich erfahre, daß er Hausbesitzer von 4 Wohnhäusern und
einem Ladenlokal ist.
»Ich kümmere mich noch um alles selbst«, sagt er selbst-
zufrieden, »heutzutage kann man sich ja auf seine Angestellten nicht mehr verlassen.«
»Und wem wollen Sie nun aus welchem Grund kündigen?« frage ich.
Ich erfahre, daß es sich um einen arbeitslosen Arbeiter
handelt, der seit zwei Monaten mit der Miete im Rück-
stand ist.
»Dieses arbeitsscheue Pack«, wettert der Hausbesitzer,
»Gesindel, Gesocks. Jetzt war sogar die Polizei in meinem Haus bei ihm in der Wohnung wegen eines Laden-
diebstahls. Ich schmeiß ihn jetzt raus. Verbrecher dulde
ich in einem anständigen Haus nicht.«
»Was muß er denn an Miete zahlen für wieviel qm?«
frage ich ihn.
»480 DM, 52 qm«, gibt der Hausbesitzer noch bereitwil-
lig Auskunft.
Dann allerdings schon kürzer angebunden:
»Jetzt sagen Sie mir endlich, wie es korrekt heißen muß:
Ich kündige Sie oder ich kündige Ihnen. Ich muß nämlich
den Kündigungsbrief noch fristgerecht mit dem heutigen
Datum auf der Bahnpost mit Einschreiben aufgeben.«
– Oh, Mensch! –
»Der gesamte Satzbau ist – so wie ich das sehe – schon
total falsch. Haben Sie etwas zum Schreiben, dann dik-
tiere ich Ihnen, wie es richtig heißen muß. Schreiben
Sie.« Ich höre, wie er nach Papier und Stift kramt. Er:

»Aber nicht so lang, beeilen Sie sich. Der Brief muß in 50 Minuten spätestens am Bahnpostamt abgestempelt sein. Sonst sitzt er mir noch einen Monat länger in der Bude. Wie heißt das richtig? Ich kündige Sie oder ich kündige Ihnen?«

»Beides ist falsch, beides«, sage ich. »Schreiben Sie auf, ich sage Ihnen, wie es richtig heißen muß:

›Lieber Herr Soundso! Da Sie mir während unseres langjährigen Mietverhältnisses über den Umweg Ihrer Miete indirekt einen Teil eines Hauses geschenkt haben Komma möchte ich Ihnen hiermit mitteilen . . .‹ – man sollte vielleicht noch einfügen: – ›Bitte entschuldigen Sie die längst fällige Benachrichtigung‹ – Schreiben Sie auch mit? Erst mal ins Unreine, kleine Änderungen können Sie dann mit Ihren Worten immer noch einfügen . . .«.

Schweigen am anderen Ende, aber ich diktiere unbeirrt weiter:

». . . teile ich Ihnen hiermit mit Komma daß ich Ihnen jetzt das längst überfällige Wohnrecht auf Lebenszeit einräume Punkt. Hören Sie mich noch?!« –

Er hört mich sehr wohl, aber ich merke, wie am anderen Ende nicht mehr mitgeschrieben wird und seine nörglerische Stimme beharrt darauf: »Ich will von Ihnen als meiner Zeitung nichts anderes wissen als wie es grammatisch korrekt zu lauten hat: Ich kündige Sie oder ich kündige Ihnen?!«

»Ja, begreifen Sie endlich, das ist von der Idee her schon so grundlegend falsch, daß es auch grammatikalisch nie richtig werden kann.«

Hausbesitzer: »Geben Sie mir doch mal Ihren Namen!«

Ich: »Mein Name ist Esser.«

Hausbesitzer: »Wie schreibt sich das?«

Ich (wütend): »Esser wie Messer.«

Hausbesitzer: »Haben Sie Abitur?«

Ich: »Wofür halten Sie uns? Wir haben hier alle den ordentlichen Abschluß der Sonderschule.«

Hausbesitzer: »Was ist das, Sonderschule? Ich habe das Abitur.«

Und unbeirrt verlangt er aufs neue: »Schauen Sie gefälligst mal in einem Lexikon nach, wie es heißt: Ich kündige Sie oder ich kündige Ihnen? Sie haben doch Nachschlagewerke auf der Redaktion?«

Ich (die Macht von BILD mal im anderen Sinne ausspielend): »Überlegen Sie sich gut, was Sie tun. Ich werde eine große Geschichte daraus machen, wenn Sie den Mann auf die Straße setzen. Ich sehe die Schlagzeile schon vor mir: ›Riesenskandal! Hausbesitzer mißbraucht deutsche Grammatik. Unschuldiger Mieter muß dran glauben.‹ Oder wie finden Sie das:

›Der Hausbesitzer, der seine Mieter auf die Straße setzt – Denn Grammatik ist ihm teuer, Menschenrechte nicht geheuer‹ – so etwa, ins Unreine gesprochen. Bei besonders gravierenden Fällen fangen wir nämlich an zu dichten, müssen Sie wissen.«

Am anderen Ende wird aufgelegt. Ich hoffe, BILD hat einen eingefleischten Leser weniger. Auf jeden Fall dürfte er seinen Kündigungstermin um null Uhr erst mal verpaßt haben.

Einige Zeit später mußte ich wieder mal Dampf ablassen: bei einem anderen Telefon-Gespräch, das ich ebenfalls mitstenografiert habe. Wieder ging es um ein Wohnungsproblem, um ein Altbau-Haus, bei dem ich den Verdacht hatte, daß es der Verwalter systematisch verfallen läßt. Ich hatte recherchiert, daß von der Wohnungsverwaltungs-Gesellschaft die Kündigungen der Mieter vorbereitet waren. Die Hauptstromleitung war gekappt, die

Mieter saßen ohne Licht und Strom, Wasser tropfte von den Wänden.

Der Artikel erscheint. Ich wundere mich, daß Schwindmann ihn durchgehen ließ. Allerdings hatte er sich vorher vergewissert, daß es sich nicht um eine große Wohnungsbaugesellschaft handelt, sondern nur um eine obskure Klitsche, die nicht mal im Telefonbuch steht. Unter solchen Vorzeichen kommt auch ab und zu ein sozialer Touch ins Blatt, allerdings meist schlecht plaziert, in Größe und Aufmachung erschlagen von den Hauptgeschichten aus der Traumwelt von Glanz und Glimmer.

Skandal! Wohnhaus verwahrlost, weil die Mieter ausziehen sollen

Von HANS ESSER

Vedekindstraße 28: Ein Haus verwahrlost, weil es renoviert werden soll

Hannover, 24. März

So springt man in Hannover mit den Mietern um: Zwei Tage lang waren die acht Parteien des dreistöckigen Wohnhauses in der Wedekindstraße 28 ohne Licht und Strom. Aber auch sonst verwahrlost das Haus seit einem Jahr. Denn der Hausbesitzer will, daß die Mieter ausziehen. Die Kündigungen sind bereits unterwegs.

„Seit vor einem Jahr der frühere Besitzer des Hauses gestorben ist, erleben wir hier die Hölle", sagt verbittert der 54jährige Rundfunktechniker Ernst Present. Er kann die Ofenheizung nicht mehr benutzen, „weil die Risse im Kamin nicht repariert wurden. Ich habe mir eine Kohlenmonoxyd-Vergiftung zugezogen", klagt er. „Seitdem muß ich für teures Geld elektrisch heizen."

Aber das ist nicht der einzige Fehler: Die Tür zum Hof des Hauses fehlt. Die Haustür selbst steht immer offen, weil die Klinke herausgerissen ist. In einer Wohnung sickert Wasser über die Wände.

der Geschäftsführer jener Immobilienfirma, die vor einem Jahr das Wohnhaus für 400 000 Mark gekauft hat, weiß: „Wir wollen das Haus renovieren lassen. Deshalb kündigen wir den Mietern."

Beratung bei Kerzenlicht: Frau Eickenberg mit Tochter Astrid und deren Verlobten Erol, Sait Albairak, Ernst Present und Sim Halit

Am Abend, bevor der Artikel erscheinen soll, ruft mich der Hausverwalter, ein Immobilienmakler, Hause an. Er hat von meinen Recherchen in seinem »Horrorhaus« erfahren und erst einmal prompt dafür gesorgt, daß nach zwei Tagen die Stromleitung wieder instand gesetzt wird. Jetzt, so meint er wohl, könne er noch was retten. Aber auch diesem Miethai gegenüber bin ich eher Wallraff als

177

Esser. Jemand, dessen Psyche eine Entladung dringend
nötig hat. Ohne Rücksicht auf die Kündigung, die
zwangsläufig gefolgt wäre, wenn Schwindmann von der
Angelegenheit erfahren hätte, lief die vorübergehende
Seelenreinigung in Form eines Telefongesprächs mit dem
Hausverwalter Kannewurf so ab:*

Am Telefon Herr *Kannewurf*:

»'n Abend, Herr Esser. Ich ruf Sie vorsichtshalber noch
mal an, damit nicht am Ende Porzellan zerschlagen wird,
wo man noch kitten kann.«

»*Esser*«: »Ja, das ist aber wirklich nett, obwohl es in
meinem Bericht ja gar nicht um einen Polterabend geht.
Es ist so, die Sache ist gelaufen und ich finde, Sie sind da
noch ganz glimpflich bei weggekommen, wenn man überlegt . . .«

* In dieser etwas gekürzten Mitschrift kommen Wiederholungen und
Unklarheiten vor. Ich gebe sie des unmittelbaren Eindrucks wegen
wieder, wie ich sie protokolliert habe.

178

Kannewurf: »Ja, um was geht es denn überhaupt? Ich meine, wenn objektiv berichtet wird, Herr Esser, bin ich der letzte, der da irgendwas reklamiert oder so. Das ist 'ne ganz klare Sache. Nur, ich meine, man muß das immer von beiden Seiten sehen, das ist meine Meinung dazu.

»Esser«: »Es sind in dem Haus doch eine ganze Menge Sachen, die für die Mieter eine Zumutung bedeuten, die sie so nicht hinnehmen können. Ich hab mir das Haus ja angesehen. Das fängt damit an, daß die Schellen rausgerissen sind, daß das Haus nicht mehr verschließbar ist, daß die Hoftüre fehlt, daß das Wasser die Wände runterläuft. In dem Haus kann keiner, beim besten Willen, erst recht, wenn er Kinder hat, einigermaßen anständig leben. Und deshalb muß da was geschehen.«

Kannewurf: »Sie geben das Geld?«

»Esser«: »Bitte?«

Kannewurf: »Sie geben das Geld?«

»Esser«: »Ja, hören Sie mal. Wenn Sie da im Jahr 23– 25 000,– DM Miete kriegen . . .«

Kannewurf: »Ja, Sie müssen das Geld doch erst mal reinkriegen. Und die Unkosten, die Kosten . . .«

»Esser«: »Selbst die Scheiben, die sind ja nicht von Ihnen repariert. Da ist zufällig ein Mieter, der ist Glaser.«

Kannewurf: »Oh, Herr Esser . . .«

»Esser«: »Zum Glück, und der ersetzt die Scheiben dann auch noch auf seine eigenen Kosten.«

Kannewurf: »Au, au, au, ja, ja, Herr Esser, au, au.«

»Esser«: »Ich meine, ich bin gerne bereit, wenn Sie glauben, ich hab das zu sehr vom Einzelfall aufgezogen und nur die Oberfläche angekratzt . . .«

Kannewurf: »Ja, Herr Esser, Herr Esser, au . . .«

»Esser«: ». . . daß ich noch mal was über Ihre zahlreichen anderen Häuser mache.«

Kannewurf: »Nein, Herr Esser, es geht um dieses Haus. Es geht um dieses, ganz allein um dieses Haus. Und ich meine, was zumutbar ist, das wissen wir selbst am besten, das sind für uns Routine-Sachen . . .«

»Esser«: »Ich meine, Sie wollen das Haus, wenn Sie die Mieter jetzt vertrieben haben, zu Luxuswohnungen umbauen lassen.«

Kannewurf: »Ja, genau.«

»Esser«: »Und dann welche Mieten zur Grundlage nehmen? Wahrscheinlich doch . . .«

Kannewurf: »Kosten- und Vergleichsmieten.«

»Esser«: »Vergleichsmieten. Also 600,– bis 800,– Mark. Also je nach Quadratmeterzahl.«

Kannewurf: »Ja, natürlich.«

»Esser«: »Das heißt aber, daß die Mieter, die jetzt drin sind, da nicht mehr wohnen können, da die das Geld nicht haben.«

Kannewurf: »Ja, Herr Esser, soll das Haus noch mehr verfallen oder was woll'n wir damit machen? Also wissen Sie, ich komme im Augenblick mit der Logik nicht ganz hin.«

»Esser«: »Wieso, Sie lassen das Haus doch systematisch verfallen. Ich meine, da wohnen Leute 33 Jahre drin.«

Kannewurf: »Da wohnt einer 33 Jahre!«

»Esser«: »Nee, da wohnt auch noch 'ne alte Frau, die wohnt sogar 35 Jahre da.«

Kannewurf: »Das ist Vater, Mutter und Tochter, wo wir . . .«

»Esser«: »Das sind schon mal drei Menschen.«

Kannewurf: ». . . na die S. ist ja jünger, also das ist ja nu nicht der Fall. Der Mann ist ja nun ein Ausländer. Also das is' ja nur . . .«

»Esser«: »Moment. S. Der Name klingt ausländisch und es ist eine Deutsche, obwohl Ausländer natürlich . . .«

180

Kannewurf: »Das ist Erika S.«

»Esser«: ». . . auch keine Menschen zweiter Klasse sind, vielmehr sein sollten! Oder?!«

Kannewurf: »Herr Esser, Herr Esser, darum geht's nicht. Wir bauen schließlich alles um.«

»Esser«: »Aber Sie haben die Kündigungen rausgeschickt.«

Kannewurf: »Herr Esser, entschuldigen Sie, wir können doch nicht investieren und dieselben Mieten beibehalten. Entschuldigen Sie bitte. Ich weiß nicht . . .«

»Esser«: »Ich meine, Sie sind doch nicht der Inhaber, Sie sind doch nur der Geschäftsführer, oder? Wen meinen Sie eigentlich damit, wenn Sie ständig von ›wir‹ sprechen?«

Kannewurf: Ja, ich weiß nicht, wie Sie sich das vorstellen? Also das wär, wenn Sie mir das vorher noch mal vorlegen, wär ich Ihnen dankbar.«

»Esser«: »Ich meine, machen wir uns nichts vor, Sie gehen doch nur vom Kapitalinteresse aus.«

Kannewurf: »Sie etwa nicht?«

»Esser«: »Wir müssen uns der Probleme der Mieter annehmen.«

Kannewurf: »Sie gehen nicht davon aus? Sie sagen dann eines Tages also: es hat nicht sollen sein. Oder wie? Ich komme da jetzt noch nicht ganz klar.«

»Esser:« »Sie müssen von den Möglichkeiten der Mieter ausgehen.«

Kannewurf: »Ja, und was heißt das?«

»Esser«: »Ja, daß Sie denen das so herrichten, daß sie menschenwürdig drin wohnen können und nicht mit aller Gewalt durch tüchtiges Nachhelfen alles verkommen lassen, um die Mieter so das Fürchten zu lehren, daß sie freiwillig von dannen ziehen.«

181

Kannewurf: »Ach du lieber Gott. Herr Esser, Herr Esser. Sie haben die Sollzahlen gar nicht gesehen.«

»Esser«: »Was heißt hier schon Sollzahlen? Es geht um Kann-Zahlen. Ich hab mir da die regelmäßigen Überweisungen angesehen. Einzelne Ausländer überweisen die Mieten sogar für Monate im voraus aus Angst, daß man Ihnen sonst irgendwie einen Strick drehen kann. Passen Sie auf. Ich möchte das gerne nicht nur als Einzelfall darstellen. Geben Sie mir die Adressen der anderen Häuser, die Sie verwalten. Daraus mache ich eine große Geschichte, wie es da insgesamt aussieht. Vielleicht sogar eine Serie. Nachdem wir die Serie ›Schlösser in Niedersachsen‹ – übrigens in Farbe – abgefahren haben, könnte ich mir . . .«

Kannewurf: »Ich meine, wenn Sie einen Artikel bringen, der begründet ist, der also auch objektiv ist, beidseitig objektiv.«

»Esser«: »Es gibt keine beidseitige Objektivität.«

Kannewurf: »Nein, Herr Esser, Herr Esser?«

»Esser«: »Man muß immer wissen, von welcher Warte her, auf welcher Seite man steht, man muß sich eben entscheiden . . .«

Kannewurf: »Herr Esser, au, au, Herr Esser.«

»Esser«: »». . . für wen Sie etwas schreiben.«

Kannewurf: »Herr Esser . . .«

»Esser«: »Wir wollen ja nicht immer nur Einzelmißstände darstellen. Wir wollen ja auch ingesamt die Situation mal aufzeigen.«

Kannewurf: »Wie meinen Sie das: Die Situation. Was wir verwalten?«

»Esser«: »Da steckt doch System drin.«

Kannewurf: »Das, was wir verwalten?«

»Esser«: »Ja.«

182

Kannewurf: »Herr, Esser, Herr Esser! Au, au.«

»Esser«: »Wenn Sie nichts zu verbergen haben, können Sie mir unbesorgt die Adressen geben.«

Kannewurf: »Ich kann Ihnen doch gar keine Adressen sagen.«

»Esser«: »Warum denn nicht?«

Kannewurf: »Ich muß doch erst mal die Eigentümer fragen. Entschuldigen Sie bitte. Ich kann doch für die Eigentümer, über die Köpfe der Eigentümer nichts hinwegmachen und die stehen morgen in der Zeitung. Entschuldigen Sie bitte.«

»Esser«: »Ja, ich meine, das sind allenfalls mildernde Umstände. Aber das entbindet Sie natürlich nicht von der Schuld«.

Kannewurf: »Was heißt das mit der Schuld? Wir haben doch mit den Mietern nichts zu tun und den ganzen Sachen. Entschuldigen Sie bitte. Da liegen wir doch vollkommen verkehrt miteinander.«

»Esser«: »Aber als Verwalter müssen Sie den Eigentümern doch ausdrücklich klarmachen, was zu tun ist, damit das ein menschengerechtes Wohnen wird.«

Kannewurf: »Entschuldigen, entschuldigen Sie bitte. Ich bin doch nur Vermittler. Ich hab doch keinen unmittelbaren Einfluß darauf. Da sagen die Eigentümer: Kümmern Sie sich um die Häuser und sorgen Sie dafür, daß die Mieten pünktlich reinkommen, daß der Vorgarten in Ordnung ist. Gucken Sie die Treppenhäuser durch, daß sie in Ordnung sind. Gucken Sie, daß die Wohnungen in Ordnung sind. So. Und machen Sie mir die Mietnebenkostenabrechnung zum Jahresende oder zum Anfang des neuen Jahres für das alte Jahr. Und dafür kriegen wir ein Honorar in der und der Höhe. Wollen Sie das machen oder wollen Sie das nicht machen?

Sehen Sie, so sieht das Verhältnis aus.«

»Esser«: »Wie gesagt, ich bin gern bereit, noch mal einen großen Artikel oder eine Serie, das ist ja sowieso jetzt verschenkt gewesen, das is 'n Klacks im Grund genommen.«

Kannewurf: »Herr Esser . . .«

»Esser«: »Ich bin gerne bereit, wenn Sie bereit sind, Ihre Zahlen da vorzulegen, ich mach gerne einen großen Bericht, insgesamt über die gesamten zu verwaltenden Gebäude.«

Kannewurf: »Herr Esser. Ich muß doch erst mal Ihren Artikel lesen. Ich muß doch – was Sie geschrieben haben.«

»Esser«: »Na gut. Dann würd ich sagen . . .«

Kannewurf: »Den muß ich doch lesen.«

»Esser«: »Ich würd sagen, lesen Sie ihn morgen und ich nehm Sie beim Wort, und Sie öffnen mir Ihre Bilanzen, und ich mach einen großen Nachfolgeartikel, wo ich vom Einzelfall dann erst mal zum Gesamtproblem komme.«

Kannewurf: »Seh ich doch keine Veranlassung.«

»Esser«: »Aber Sie haben es mir doch gerade angeboten.«

Kannewurf: »Ich habe es Ihnen angeboten, daß ich normalerweise doch nicht über die Eigentümer springen kann. Das habe ich Ihnen doch gesagt. Ich kann doch die Eigentümer, die sagen doch morgen zu mir, sind Sie verrückt geworden, Sie müssen doch nach Wunstorf (Psychiatrische Klinik bei Hannover) hin.«

»Esser«: »Die Eigentümer werden doch wahrscheinlich genauso reinen Herzens wie Sie dastehen und begierig sein, ihre Lauterkeit da mal unter Beweis stellen zu dürfen.«

Kannewurf: »Herr Esser, dann müssen Sie doch ganz

184

Hannover anklagen. Dann müssen Sie jeden Hausbesitzer anklagen. Wir haben doch diese Verhältnisse nicht verschuldet. Ich habe Ihnen heute nachmittag klipp und klar gesagt, wir sind in diese Sache doch nur reingeschlittert.«

»Esser«: »Tja, mitgehangen, mitgefangen.«

Kannewurf: »Entschuldigen Sie bitte, wer soll diese menschenwürdige Wartung bezahlen? Überhaupt, das frage ich mich die ganze Zeit: Was interessiert das die BILD-Zeitung überhaupt. Das kenne ich von Ihrem Blatt sonst doch nicht, daß da unbescholtene Hausbesitzer und Verwalter runtergemacht werden . . .«

»Esser«: »Das mag daran liegen, daß wir da jetzt nach neuen Richtlinien vorzugehen haben. Es geht einfach um die Ausweitung und Präzisierung des Begriffs Terrorismus.«

Kannewurf: »Ja, recht so, da sollten Sie besser weiter drüber schreiben. Man kann ja nicht mal mehr sein Geld ungefährdet zur Bank bringen. Da muß man ja Angst haben, auf offener Straße überfallen zu werden.»

»Esser«: »Sie scheinen mich falsch zu verstehen, ich spreche von einem ganz anderen Terrorismus. Nämlich von Ihrem Terror den Mietern gegenüber. Es gibt nämlich so 'ne Terroristen und so 'ne. Nur die letzteren laufen alle noch frei rum und kein Steckbrief warnt vor ihnen. Ich wage zu behaupten, daß die zweite Sorte bei uns viel zahlreicher vertreten ist als die erste. Man kann die Menschen schließlich auch mit einer Bruchwohnung verletzen und unter Umständen sogar totschlagen, verstehen Sie mich?«

Kannewurf: »Herr Esser, was erlauben Sie sich, wer gibt Ihnen das Recht so mit mir zu reden.«

»Esser«: »Wir wissen schließlich, was Terrorismus ist.

Außerdem habe ich den Artikel nicht allein gemacht und werde auch die Serie nicht allein schreiben. Da haben wir immer 'nen ganzen Stab dran. Da sind Hausjuristen, die das Ganze absichern, Zuträger und Zuschreiber, Umschreiber, Draufschreiber, die dem Ganzen noch den letzten Pfiff geben und nicht zu vergessen, die Absegner. Wir wissen genau, was wir tun. Wir sind eine unangreifbare Mannschaft, und wer sich uns entgegenstellt, der wird zu spüren kriegen, mit wem er sich da anlegt.«

Kannewurf: »Herr Esser, Herr Esser, au, au, au. So kenne ich Ihr Blatt ja gar nicht. Das hält man ja im Kopp nicht aus. Das ist ja zum Davonlaufen!«

»Esser«: »Stop! Nicht so schnell. Ich hab da eine Idee. Passen Sie auf. Ich quartier mich da mal bei Ihnen zur Untermiete ein und . . .«

Kannewurf: »Sie können sich herzensgerne bei uns einquartieren. Wir haben da noch ein paar sehr schöne ruhige Wohnungen leerstehen. Über den Preis ließe sich reden.«

»Esser«: »Nein, ich meine die ganz bestimmten in dem Terrorhaus. Dann kriegt man's ja auch viel stärker mit, dann ist man betroffen und dann ist das nicht so unverbindlich vom Schreibtisch herab.«

Kannewurf: »Warten Sie, das geht gar nicht. Wir haben da generellen Zuzugsstopp seit 'nem halben Jahr, um überhaupt die Verhältnisse in den Griff zu kriegen.«

»Esser«: »Ich mache Ihnen noch einen besseren Vorschlag: Wir quartieren uns zusammen dort ein. Dann würden Sie nach drei Monaten ganz anders reden. Wetten wir? Das nennen die Wissenschaftler teilnehmende Beobachtung. Sie kriegen auf jeden Fall immer viel mehr mit, und kriegen unter Umständen eine ganz nette Wut, während es sie sonst womöglich kaltlassen würde. Da

rationalisieren wir, ohne Umschweife. Sie tauschen Ihr Büro mit der Familie aus der Wohnung, wo das Wasser die Wände runterrinnt. Da richten Sie jetzt Ihr Büro ein, und ich zieh mit Ihnen zusammen dort ein. Und nach drei Monaten unterhalten wir uns noch mal.«

Kannewurf: »Um Gottes willen, was soll das denn, Herr Esser. So nicht! Das nicht mit uns! Herr Esser! Ich würde sagen, da lassen wir die Gerichte drüber entscheiden.«

»Esser«: »Ja.«

Kannewurf: »Da lassen wir die Gerichte drüber entscheiden, wie das weiterläuft.«

»Esser«: »Gut, dann vertrauen wir erst mal auf unsere Gerichte.«

Kannemann: »Ja.«

»Esser«: »Und wir sprechen uns später wieder anläßlich der Serie im neuen BILD!«

Kannewurf: »Ich protestiere auf's entschiedenste. Ohne mich. Ohne uns.«

»Sie werden sich das gut überlegen«, sage ich, »und bedenken Sie gut, mit wem Sie es zu tun haben. Wir sind nicht irgendwer.«

Und ich lege auf.

Der Mann in der Höhle

Am Mittelland-Kanal bei Anderten wird nach einem ertrunkenen Jungen gesucht. Amateurfunker, die über eine Notruf-Zentrale dabei helfen, berichten, sie seien auf einen Mann gestoßen, der in einer Höhle haust. Ich soll den Mann ausfindig machen.

Am ersten Tag finde ich ihn nicht. Am zweiten Tag hilft mir ein pensionierter Polizist, der mit seinem Schäferhund nachts auf Streife geht. Plötzlich stehen wir mit dem Hund vor dem ängstlichen »Höhlenmenschen«. Ich erinnere mich, was einem anderen Mann, über dessen Leben in einer Höhle in der Nähe von Düsseldorf die BILD-Zeitung berichtet hatte, widerfahren war: Aufgebrachte BILD-Leser hatten die Behausung des angeblichen Unholds zertrümmert, ihn selbst in die Flucht geschlagen. Sowas darf mit meiner Geschichte nicht passieren. Ich verabrede mit dem Mann einen Termin für den nächsten Tag, um in Ruhe mit ihm reden und sorgfältig recherchieren zu können.
Doch zum vereinbarten Zeitpunkt ist er nicht da. Ich rufe in der Redaktion an: »Der Mann hat sich nicht an den Termin gehalten. Die Geschichte scheint zu platzen.« Antwort: »Das geht nicht. Die Geschichte ist eingeplant, großer Aufmacher, mit zwei Fotos, die bringen Sie mit!« Inzwischen ist es dunkel geworden, ich habe kein Blitzlicht, kann aber noch einen Fotografen auftreiben. Dann kommt der Mann und erzählt seine Geschichte:

Er arbeitet hier für einen Subunternehmer, reinigt Kessel

von Bundesbahn-Waggons, in denen Öl, Teer und alle möglichen giftigen Chemikalien transportiert werden. Die Arbeitskolonne schrubbt ohne Atemschutzgerät und ist von den giftigen Dämpfen fast ständig benommen. Für diesen Job, der stundenweise bezahlt wird, finden sich nur Männer, die gestrandet sind: Landstreicher, Alkoholiker. Als Unterkunft steht ihnen direkt neben den Geleisen ein Dreckloch von Baracke zur Verfügung, aus ein paar Brettern zusammengenagelt. Der Mann, über den ich schreiben soll, ekelt sich vor dem Dreck und den Alkoholikern, die nachts im Delirium auf einander losgingen. Er hat aber weder Geld für eine Mietkaution noch überhaupt die Chance, bei seinem Aussehen – der Arbeitsdreck geht erst mit der Haut ab – ein Zimmer zu bekommen. Mit Naturphilosoph, der unter den Sternen schlafen will, oder mit Unhold ist also nichts.

Suche nach einem Fotografen und das Gespräch in der Höhle haben lange gedauert, ich komme verspätet in die Redaktion zurück. Schwindmann schreit mich vor versammelter Mannschaft an: »Wo bleiben Sie denn so lange? Ich schmeiß Sie raus!« Ich versuche zu erklären. »Reden Sie nicht, dazu haben Sie überhaupt kein Recht!« Schwindmann schlägt so heftig mit der Faust auf den Tisch, daß sich auf dem Fernsehschirm, wo gerade ein Europacup-Spiel übertragen wird, schräge Streifen zeigen. Ich stehe völlig fassungslos da, lehmverschmiert und geschafft. Die Sekretärin lacht mich aus: »Wie sehn Sie denn aus?« – »Ich komme nun mal nicht von einem Empfang des Ministerpräsidenten oder vom Kaffeeklatsch mit Hasselmann.«

Ich habe Angst. Hätte ich mich gewehrt, hätte Schwindmann sicher ernst gemacht mit seiner Drohung. Ich bin in

Der Höhlenbewohner
(in der Höhle Kopf von H. E.)
»Sozialer Hintergrund« wird bei BILD als »sozialer Ballast«
verschwiegen oder idyllisiert.

der typischen Situation des typischen BILD-Reporters. Jetzt – so läßt sich Schwindmanns Signal übersetzen – darf gar nichts mehr passieren, sonst passiert's. Machen Sie jetzt noch die geringsten Schwierigkeiten, sind Sie ihren Arbeitsplatz los. Nur noch eine schnell abgelieferte Geschichte, die reibungslos in Schwindmanns Vorurteile und ins Blatt paßt, kann mich retten.

»Wir nennen ihn Pennerkönig«, sagt Schwindmann, »Sie müssen die Zeile in Ihrer Geschichte halten! Alles klar?!«
Nichts war klar.
»Pennerkönig ist vielleicht ein bißchen daneben gegriffen. Er ist ein Einzelgänger, ein ganz armes Schwein und er hat auch keinerlei Gefolge.«
Aber Schwindmann gibt mir durch eine Handbewegung zu verstehen, daß ich mich zu trollen habe.
»Die Zeile steht. Ist das klar!«

Den unheimlichen schwarzen Gesellen, den Schwindmann wohl am liebsten gesehen hätte, kann ich ihm eingedenk des Düsseldorfer Vorfalls nicht liefern. Die wahre Geschichte erst recht nicht. Also mache ich aus dem Höhlenmenschen einen skurrillen, aber doch sympathischen Kerl, ein Original, einen modernen Diogenes.
Schwindmann ist zufrieden, schimpft aber weiter: »Es ist immer dasselbe mit Ihnen! Sie halten sich an keine Zeit!«
Und wie jedes Springpferd, das, mit Sporen und Peitsche über einen Parcours getrieben, am Schluß ein Stück Zucker bekommt, werde auch ich belohnt, bevor ich kurz vor Mitternacht die Redaktion verlasse, klopft mir Schwindmann auf die Schulter: »Allerdings, die Geschichte ist wieder einmal blendend!« »Gut«, sage ich, »ich werde das in Zukunft berücksichtigen. Ich werde

Hannovers „Penner-König"

lebt glücklich

in einer Höhle

Von HANS ESSER
Hannover, 12. 5.

Er könnte ein gutverdienender Maurermeister sein. Er könnte Frau und Kinder haben und ein eigenes Heim, aber Siegfried Volkner (36) zieht es vor, in einer selbstgebauten Erdhöhle zu leben. Neben der großen Schleuse am Mittellandkanal in Misburg verkriecht sich der Einsiedler jeden Abend, wenn's dunkel wird in seinen Bau und träumt von der Vergangenheit.

„Ich habe mit allem abgeschlossen, ich erwarte nichts mehr vom Leben, ich will nur meine Ruhe haben", sagt der abgehärtete Einzelgänger, der selbst bei Temperaturen unter Null Grad in seinem Erdloch die Stellung hält.

Seit seinem jüngeren Bruder Willi (32) vor vier Jahren beide Beine amputiert wurden, hat sich Siegfried Volkner aus dem bürgerlichen Leben zurückgezogen. „Ich war schuld daran, ich hab' ihn immer mit in die Kneipen geschleppt und so zum Alkoholiker gemacht. Der Schnaps hat ihn kaputt gemacht."

Siegfried Volkner gab seine Stelle als Vorarbeiter bei der Baufirma „Gundlach" auf, streunte herum, schlief im Freien, wo es ihm gerade gefiel und als der erste Schnee fiel, grub er sich die Höhle.

Er hat seinen Stolz und bettelt nicht. Die Polizei kennt ihn und hält ihn für einen „Lebenskünstler wie einst Diogenes in der Tonne". Er arbeitet nur ab und wann in einer Chemiefirma und reinigt Kessel. „Nur so lange, daß es für Essen und Trinken reicht."

Allerdings: Alle 14 Tage einmal wechselt der Höhlenmensch sein Quartier. „Dann besucht mich eine Freundin im Hotel. Ich bezahl 30 Mark, sie legt 10 dazu. Aber dann reicht's mir auch wieder für eine Weile."

Sein größter Wunsch? „Daß mein Bruder mit beiden Beinen käm' und sagt: ,Sigi, komm, wir ziehen in die Welt hinaus!',"

Einsiedler Volkner vor dem mit Laub getarnten Einstieg zur Höhle

Siegfried Volkner (36) in seiner selbstgebauten Erdhöhle. Adresse: Mittellandkanal, große Schleuse

jetzt die Themen erst anbieten, wenn ich sie fertig vorbereitet habe, wenn sie wirklich stehen. Dann kann so etwas nicht mehr passieren.« Schwindmann braust sofort wieder auf: »Das geht überhaupt nicht! Wie stellen Sie sich das vor? Sie können doch nicht ihre eigene Redaktion in der Redaktion gründen! Sie haben mir die Geschichten vorher zu erzählen!«

»Darin zeigt sich auch das Verlangen der Leser nach der Möglichkeit, die notwendigerweise immer abstrakter werdende Gesellschaft in der sie leben, durch eine Rückführung auf den einzelnen Menschen und sein Schicksal nähergebracht zu bekommen und der Wunsch, Objekte zur Identifikation und Projektion zu erhalten, an denen die eigenen Sorgen und Probleme abreagiert werden können.«
(aus einer vom Springer-Verlag herausgegebenen Analyse der BILD-Zeitung)

»Höhlenforscher im Harz«

Eine BILD-Redaktion darf eine professionelle Fälscherwerkstatt genannt werden. Man darf sich das nur nicht so
vorstellen, als gebe es einen offiziellen, gar schriftlichen
Auftrag, dies und das zu fälschen. Es gibt auch keine
mündlichen Anweisungen wie: Bastelt mal hier 'ne erfundene Geschichte, oder: Baut mal 'nen Türken! Fälschung entsteht bei BILD wortlos, sozusagen systematisch:

Die freien Mitarbeiter werden pro Zeile bezahlt. Sie
stehen mit den Geschichten, die sie anbieten, in existen-
tieller Konkurrenz. Da sie es sich nicht leisten könnten,
eine Geschichte zu recherchieren, ohne die Gewißheit zu
haben, daß sie ins Blatt kommt (und bezahlt wird), müssen sie – ohne genaue Kenntnis des wirklichen Sachver-
halts – bereits einen möglichst saftigen, originellen
Aspekt anbieten. Der Redaktionsleiter, der in Konkurrenz zu den Redaktionsleitern der anderen BILD-Büros
steht, verschärft diesen ungeprüften Aspekt oft noch um
eine Drehung, um eine Chance zu haben, damit in die
Bundesausgabe zu kommen. Gelingt ihm das, legen die
Redakteure in der Hamburger BILD-Zentrale noch einen Zahn zu und machen die denkbar »knackigste«
Überschrift. Die steht oft schon fest, wenn der freie Mitarbeiter auf Recherche geht – und wehe ihm, die Schlagzeile, auf die er zuschreiben muß, läßt sich nicht halten!
Vielmehr: Wehe den Tatsachen, die sich der Schlagzeile
nicht anpassen wollen.

Wenn es dann schließlich heißt: Der Facharbeiter Peter K. aus Frankfurt – dann war auch mit Gewalt keine Brücke zwischen Wahrheit und BILD-Geschichte mehr zu schlagen. Ohne Nachnamen und aus einer Großstadt, das heißt unauffindbar, unüberprüfbar, undementierbar. Solche Geschichten sind entweder frei erfunden oder haben so wenig mit der Wirklichkeit zu tun, daß selbst einem BILD-Macher vor dem Gedanken, mit der Wahrheit etwa in Form einer Gegendarstellung konfrontiert zu werden, schwindlig geworden ist.

Andererseits spricht natürlich ein vollständiger Name keineswegs gegen Fälschung. Ich habe selbst so eine Geschichte gemacht, in einem Fall, wo ich glaubte, keinen größeren Schaden anrichten zu können.

Eines Tages fragt mich Schwindmann: »Haben Sie keine Geschichte?« Er fragt es vorwurfsvoll, ich habe schon zwei Tage nichts mehr im Blatt gehabt. »Woran sitzen Sie denn?« Ich arbeite gerade an dem Thema »Höhlenforscher im Harz«. »Das ist ja ausgezeichnet, machen wir!«

»Es ist aber noch nicht soweit.« Denn der einzige Höhlenforscher im Harz, den ich ausfindig gemacht habe, will unter gar keinen Umständen in die BILD-Zeitung. Er meint, dann würden die Höhlen von Hobby-Entdeckern übervölkert, und man finde schließlich nur noch deren Abfälle. Zudem will er nicht das Startzeichen zu einem gefährlichen neuen Modesport geben.

Nachmittags kommt Schwindmann zu mir: »Der Höhlenforscher ist fest eingeplant. Gehen Sie los und machen Sie die Geschichte.«

»Aber der Mann ist nicht bereit dazu!«

»Das ist jetzt Ihre Aufgabe, bringen Sie's ihm bei. Und kommen Sie mir nicht ohne die Geschichte zurück!«

Was tun? Zwei Tage nichts im Blatt, jetzt eine fest einge-
plante Geschichte platzen lassen, hätte bedeutend: Esser
– Kurs fallend. Die Hausbörse für Schreiberlinge ist emp-
findlich wie ein Seismograph. Und darin unterscheidet
sich meine Situation nicht von der anderer Kollegen: Ich
muß Erfolg haben, darf nichts riskieren. Wenn auch aus
anderen Gründen: Die andern hängen mit ihrer beruflichen Existenz als BILD-Journalisten darin, ich mit meiner beruflichen Existenz als Entdecker, Aufklärer über
BILD. Dennoch stehe ich unter dem gleichen Zwang,
mitzumachen, will ich nicht die Arbeit fast eines Jahres
umsonst getan haben.

Mir fällt ein, daß es in Hannover den Vorsitzenden eines
Geologen-Verbandes gibt, der auf Teufel komm raus mit
seiner Mineralien-Sammlung in die BILD-Zeitung will.
Ich rufe ihn an: »Wie ist das eigentlich mit ihren Mineralien? Liegen diese Sachen auch in Höhlen?«

»Nee, in Höhlen gibt's so was nicht. Das stammt aus
Felslandschaften. In Höhlen gibt's meist nur Tropfsteine
oder Kreide.« »Na, vielleicht gibt's doch einen Umweg
wie wir ihre Mineralien ins Blatt bringen können. Können wir uns in einer halben Stunde . . .« »Ja, ich weiß, Ihr
BILD-Leute seid immer so schnell.«

Ich fahre hin. Der Geologe hat noch den zweiten Vorsitzenden seines Verbandes dazugeholt. In der Wohnung
gibt's eine reichhaltige Mineraliensammlung, versteinerte Mammut- und Walfischknochen, 20 Millionen Jahre
alt. Ich will ihm gleich reinen Wein einschenken:
»Passen Sie mal auf: Sie kennen die BILD-Zeitung, Sie
wissen, was da ernst zu nehmen ist und was nicht. Diese
Mineralien, die könnten doch auch in Höhlen gefunden
werden, wer weiß das schon!«

»Ausgeschlossen!«

Er läßt sich nicht darauf ein. Ich zeige ein Foto, das ich aus einer Illustrierten, die mal im Kino verteilt worden war, herausgeschnitten habe: Da zwängt sich einer mit Helm und Karbid-Lampe durch eine schmale Felsspalte.

»Gucken Sie mal, der hat doch eine verdammte Ähnlichkeit mit Ihnen.«

Doch der weiß gar nicht, was das nun wieder sollte.

»Gut, ich sag Ihnen jetzt mal, wie das läuft. Wir werden Sie als großen Höhlenforscher aufbauen. Sie waren doch schon mal in einer Höhle?«

»Ja, in einer Tropfsteinhöhle. Als Tourist. Aber deswegen bin ich doch kein Höhlenforscher.«

»Naja, da kann man ein bißchen drumherum schreiben. Jedenfalls verlagern wir Ihre hochinteressante und wichtige Mineraliensammlung in die Höhlen.«

Er kapiert immer noch nicht. Er denkt wohl, was ist das für 'ne komische Type, quasselt mich hier voll . . . Er beginnt wieder, von Gesteinsproben und Kosten der Mineralien zu erzählen, die er zum größten Teil nicht gefunden, sondern auf Aktionen gekauft hat.

Ich muß in einer halben Stunde in der Redaktion sein, mit Geschichte und Fotos. Nun wird dem Geologen doch unheimlich:

»Lassen Sie auf jeden Fall meinen Namen aus dem Spiel!«

»Ohne Namen keine Geschichte, das ist unser oberstes Prinzip, damit steht und fällt die Glaubwürdigkeit.«

Ganz hat er's immer noch nicht begriffen, als ich gehe, daß er jetzt zum verwegenen Höhlenforscher wird, der in den Eingeweiden der Erde herumkratzt.

Schwindmann ahnt, daß die Geschichte so nicht stimmt. Er fragt gleich: »Kann der Mann Spaß vertragen?« Ich sage: »Vielleicht.« »Die Geschichte muß davon leben, wie er diese ganzen Fossilien als Gebrauchsgegenstände in der Wohnung herumliegen hat.« Und so sah sie aus:

Schwindmann fragte nicht, warum der »Höhlenforscher« plötzlich doch bereit gewesen sei. Er fragt nie: »Stimmt die Geschichte denn auch?« Und wenn sie noch so absurd ist. Stets fragt er nur: »Gibt's auch keinen Ärger?« Das heißt, gibt's juristische Schwierigkeiten? Oder hält der Patient still?

Schwindmann und auch die anderen Kollegen wahren stets den Schein – vor jenem Abgrund, hinter dem dann gar nichts mehr ist. Jeder weiß, daß hier nicht journalistische Berufsethik zählt, aber keiner spricht es aus. Es herrscht eine stillschweigende Komplizenschaft.

Das Merkwürdigste: Der Höhlenforscher von meinen (und Schwindmanns) Gnaden hält absolut still. Nicht einmal die Unterschrift zu dem Bild, das erkennbar ihn nicht zeigt, bringt ihn zu einem Protest. Vielleicht denkt er: Wer so weit geht, der geht noch weiter, mit dem kann ich es sowieso nicht aufnehmen. Es soll Bundesminister geben, die auf BILD-Erfindungen ähnlich reagieren.

Der Hannoveraner, der schon 100 Höhlen erforschte

Allein und gut ausgerüstet kriecht er tagelang in der Erde herum

Andreas Glenther mit einer Expeditions-Tropf... einem seltenen Schwarzstein.

Von HANS ESSER

Hannover, 14. Juni

Als Briefbeschwerer dient ihm der versteinerte Wirbelknochen eines Walfisches: Alter 20 Millionen Jahre. Im Wohnzimmer schimmern gläsern geheimnisvolle Bergkristalle und bizarre Tropfsteingebilde, und seinen Nachttisch ziert die versteinerte Rückenflosse eines Höhlenbären, der vor mehr als 200 000 Jahren den Harz unsicher machte. Hunderte von

selbstgebastelten Tropfbohrt der Geologe, Mineraliensammler und Höhlenforscher Andreas Glenther (27) in seinem Haus in Döhren aufbewahrt.

Mehrmals im Jahr steigt er in die "Unterwelt" und erforscht noch unerschlossene Höhlensysteme in ganz Europa. Auf sich allein gestellt und wie ein Bergsteiger ausgerüstet mit Steinschlaghelm, Bergschuhen und Karbidlampe, kriecht er

tagelang in den Eingeweiden der Erde herum. Der Grund für sein Forschungsfieber: neue Erkenntnisse über die Entstehungsgeschichte der Erde und Abenteuerlust. "Wenn man nach Tagen der Entbehrung und Gefahren wieder blinzelnd das Licht der Welt erblickt, ist es, als ob man neu geboren würde."

Den über hundert Höhlen des Harzes hat der Wissen-

schaftler inzwischen den Rücken gekehrt. "Sie bergen keine Geheimnisse mehr." Und das schlimmste: "Am Wochenende sind sie von Hobbyforschern überlaufen. Dann findet man dort statt seltener Mineralien und Fossilien nur noch Konservendosen und den ganzen Wohlstandsmüll."

Das sind dann neue Forschungsaufgaben für Wissenschaftler der kommenden Jahrtausende!

Geologe Andreas Glenther (27) auf Expedition in der Mörkhöhle im Dachsteingebirge.

An den Witzen sollt Ihr sie erkennen

Ich behalte nie Witze. Wenn mir einer besonders gut gefällt, und ich will ihn weitererzählen, kommt es vor, daß ich zum Schluß ganz schön dumm dastehe: Die Pointe ist mir entfallen. Besonders unangenehm ist es, wenn dann einige aus Höflichkeit oder auch aus Unsicherheit verquält oder polternd lachen, nur um sich selbst keine Blöße zu geben, weil sie meinen, es handle sich wohl um einen besonders klugen Witz, den sie nur nicht verstanden hätten.

Die Witze, die in der Redaktion kursieren, zeichnen sich durch besondere Plattheit aus. Vielleicht sind sie auch aus der überschüssigen Phantasie der Zeilenmacher entsprungen und kommen nur nicht ins Blatt, weil sie allzu deutlich die BILD-Ideologie herausstellen.

Einer stößt auf besondere Begeisterung und wird mit großer Wonne weitererzählt. Schwindmann ist es, der ihn wie eine gelungene Schlagzeile als Rätsel in Umlauf bringt: »Was ist das: Zwei Kommas in der Mitte und am Schluß ein Strichpunkt? Antwort unter schallendem Gelächter der anderen: ›Meine Schwester weiß, (komma) daß sie schön ist, (komma) deshalb geht sie auf den Strich(punkt).‹«

Ein anderer Witz, genausowenig lustig, wird mit befreiendem, selbsterkennendem Gelächter quittiert.

Edeltraut Höfken, sonst nicht gerade eine Witze-Erzählerin, sondern in ihren Geschichten auf die erhabenen, schönen Dinge abonniert wie auf Niedersachsens Adel, – »edel, nobel, Glanz« –, gibt ihn zum besten: »Kennt Ihr schon den neuesten BILD-Witz?«

»Kommt jemand in den Himmel, und auf der Erde leuchtet ein rotes Licht auf. Fragt er Petrus, und der erklärt: ›Da hat eben ein Mann gelogen.‹ Kurz darauf leuchtet ein grünes Licht auf, und Petrus erklärt ihm: ›Jetzt hat eine Frau gelogen.‹ Plötzlich ist die Erde in ein riesiges, flimmerndes helles Lichtermeer getaucht, der ganze Himmel wie mit einem Feuerwerk überzogen. Sagt Petrus: ›Auf der Erde wird eben die BILD-Zeitung angedruckt.‹«

Wie sie da alle – unter sich – wissend grienen und sich einen ablachen. Aber Edeltraut befleißigt sich doch noch einmal mäßigend einzugreifen: »Da kann man schließlich nur drüber lachen, wenn man da drübersteht.«

Sie haben gelogen und betrogen,
daß sich die Balkenüberschriften bogen
sie können so lange drüber lachen
bis ihre Balkenzeilen krachen!

Da leuchtet auf das Lichtermeer
das ist die tägliche Wiederkehr
von Massenlüge und Massenbeschiß
das ist das Gebiß der Finsternis
das frißt sich ein, das beißt sich fest
das gibt der Hoffnung, dem Traum den Rest.

Das knabbert dir den Willen an
das nagt dir die Gedanken weg
die impfen dich mit Angst und Wahn
und füttern dich mit ihrem Dreck.

Traumkiller und Massenstiller
nehmen dich zur Brust
polieren dir die Fresse
sie sagen dir, was du tun mußt
in ihrem eigenen Interesse.

G.W.

Die letzte Instanz

»Es ist also wichtig, daß diese Instanz BILD zwei Wesenszüge vereint: männliche Autorität und Durchsetzungskraft einerseits, mütterliche Fürsorge und mütterliches Verständnis andererseits. Die Übernahme der Über-Ich-Funktionen wird hierdurch erst in vollem Umfange ermöglicht: die Zeitung übernimmt damit in gewissen Bereichen eine ›Elternrolle‹: man beugt sich nicht nur einer festen Autorität, sondern findet eine verständnisvolle Instanz, der man sich unbesorgt anvertrauen kann.«
(aus einer vom Springer-Verlag herausgegebenen Analyse der BILD-Zeitung)

Täglich wenden sich Hilfesuchende an BILD. Von Behörden, Freunden oder Familienmitgliedern enttäuscht oder im Stich gelassen, wenden sie sich an »ihre« Zeitung wie an eine letzte Instanz. Einsame, Verzweifelte, Lebensmüde, Selbstmörder.

»BILD verkörpert für die Leser eine Instanz, die dafür sorgt, daß alles mit rechten Dingen zugeht . . .«
(aus einer vom Springer-Verlag herausgegebenen Analyse der BILD-Zeitung)

Sie erwarten von BILD Hilfe, ein offenes Ohr für ihre Probleme und Öffentlichkeit. BILD nährt diese Hoffnung durch die Rubrik »BILD kämpft für Sie«. Ein Dampfablasser-Ressort, Beschwerde-Briefkasten und gleichzeitig noch ein kostenlos anfallender Informationsfond, aus dem man sich die originellsten Fälle zum Ausschlachten heraussucht.

Gleichzeitig auch ein Abwimmlungsressort. Wenn Leser mit ihren Sorgen anrufen und der Redakteur spürt, da steckt »keine Geschichte drin«, verweist er an dieses Ressort nach Hamburg: »Dafür sind wir hier nicht zuständig. Da müssen Sie sich schon schriftlich an unsere Sonder-Redaktion ›BILD kämpft‹ nach Hamburg wenden.« Dort gehen täglich weit über Hundert Hilfeersuchen ein. Der einfachste Weg – wie gesagt – ist es, dorthin abzuwimmeln.

Häufig gehen Redakteure und Mitarbeiter aber auch auf die Ratlosen und Hilfesuchenden ein. Dann vertauschen sie oft die Rollen. Die anrufen, um Sorgen und Nöte bei BILD abzuladen, werden ihrerseits zum Schuttabladeplatz von angestauten Aggressionen und Zynismus der Herren BILD-Redakteure. Ich habe immer wieder erlebt, wie hier Ratsuchende in größter Not anstatt Hilfe oder Zuspruch zu erhalten, Spott und Hohn ernteten.

Heribert Klampf, (Ende 20), – er sitzt neben mir –, wird von einem Mann angerufen, der angekündigt hat, sich umzubringen, weil ihn seine wesentlich jüngere Freundin verlassen hat. Während er mit dem »Selbstmordkandidaten« telefoniert, hat er bereits ein Foto neben sich liegen, das den Anrufer mit seiner Braut in glücklichen Tagen zeigt. Ich weiß nicht, wie er an das Foto gekommen ist. Klampf, abgebrochener Jurist mit guten Kontakten zur Polizei, ist Spezialist in Fotobeschaffung. Wenn es darum geht, das Foto eines frisch Verstorbenen, Ermordeten oder eines Sexualmord zum Opfer gefallenen Kindes zu besorgen, Klampf macht es möglich. Fährt zu den Angehörigen, murmelt etwas Unverständliches vor sich hin, worauf die Angehörigen wahrscheinlich annehmen, es handele sich um eine Amtsperson. Das wird ihm wohl schon so manche Tür geöffnet haben.

Die Angehörigen glauben, das Foto diene womöglich als erkennungsdienstliche Unterlage zur schnelleren Ergreifung des Täters und händigen oft ihr halbes Fotoalbum aus.
Je nach Einschätzung der Lage arbeitet Klampf auch nach der Schockmethode: »Wir können uns natürlich auch ein Foto vom Leichenschauhaus besorgen, aber das sieht dann nicht so gut aus.«
Manchmal reist er auch auf die »Mitleidstour«, obwohl die mehr zum Repertoire des älteren Kollegen Viktor Löhlein gehört, der einen Herzanfall vortäuscht, um ein Glas Wasser bittet und damit erreicht, zum Ausruhen erst einmal in die Wohnung gelassen zu werden, und dann so lange bohrt, bis er die Fotos für die Veröffentlichung hat. (Ein juristisch nicht zu packender Hausfriedensbruch!)
Heribert Klampf hat einen Spruch drauf, der, mit entsprechender Gestik vorgeführt, deutlich macht, wie er seinen Job versteht: »Schaba-Schaba-Du, meine Frau ist krank, Ihr Mann ist tot, haben Se nich'n Bild für mich?!«
Diese Beschwörungsformel wird nach gelungener Fotobeschaffungs-Aktion galant vorgetragen, indem er einmal um die eigene Achse tänzelt, während er die gespreizte Hand über seinen Kopf hält, so als wollte er sagen: Wen haben wir da wieder geleimt.

Dennoch hat Klampf nicht den typischen BILD-Zynismus entwickelt. Dafür ist er nicht kaltschnäuzig genug. Er wirkt häufig leicht euphorisiert, so als ob er Speed genommen hätte. Aber er nimmt keine Drogen. Er wirkt wie jemand, der nichts mehr richtig ernst nimmt. Manchmal schaukelt er sich beim Schreiben durch rhythmische Bewegungen in einen Glückszustand hinein und lächelt einen ganz verklärt an.

So wie jetzt, als er am anderen Ende der Leitung den Selbstmörder hat, der über BILD sein Vorhaben demonstrativ ankündigt.

Das folgende Protokoll ist die wörtliche Wiedergabe einer Szene, wie ich sie am 27. Juni abends auf der Redaktion miterlebe.

Ich sitze gerade an einer blutrünstigen Geschichte, die mir Schwindmann abverlangt hat: »Was Hannovers Scharfrichter pro Kopf verdienten.« Auf die Idee kam er durch einen gleichartigen Artikel in der Hamburger Ausgabe der BILD-Zeitung.

»›Kommstu unter meine Hand und willtu nicht bekennen, will ich dich so lange ziehen uf der Leiter, daß man mit einem Licht durch dich soll hersehen.‹ Damit drohte 1662 der Braunschweiger Henker einer 14jährigen Angeklagten, die der Hexerei bezichtigt wurde. Als er mit seinem ›peinlichem Verhör‹ zu Ende war, hatte das Mädchen schließlich ›gestanden‹ eine Maus geboren zu haben«, tippe ich in die Schreibmaschine, als ich Klampf ins Telefon sprechen höre: »Herr Kunde*, wieso leben Sie noch?« Zu mir, während er die Sprechmuschel zuhält: »Der hat schon 20 Schlaftabletten gefressen.«

Ins Telefon: »Hat sich die Ingrid nicht bei Ihnen gemel-

* Name geändert

det? (Er zeigt auf das Foto, auf dem Herr Kunde seine 20 Jahre jüngere Freundin umarmt.)

Klampf (ins Telefon): »Was Sie nicht sagen, alles verschnitten? Nicht tief genug? Na, sagen Sie mal!«
(Zu mir leise: »Leider nicht tief genug.«)
Ins Telefon: »Ach, Herr Kunde, Sie reden doch nur so, Sie trauen sich das ja doch nicht so richtig.«

Und er legt auf. Ich glaube zuerst, Klampf spielt mir da etwas vor, macht sich da einen makabren Scherz mit mir. Aber er zeigt auf das Foto, die junge Verlobte, eine große Schwarzhaarige neben einem älteren Herrn mit Schnauzbart, der ein wenig wie ein Zigeuner aussieht. »Ich hab mit der Alten schon gesprochen«, sagt Klampf. »Die ist stark, die Alte. Sie will das Leben noch genießen und ist mit einem Jungen losgezogen. Sie sagt: ›Soll er doch.‹«
Und dann sagt Klampf sehr genüßlich: »Die Geschichte lebt von dem Zitat: ›Soll er doch‹ . . . Wird eine gute Geschichte, das Foto hab ich ja schon!«
»Du bist wahnsinnig«, sage ich.
(Ich versuche mich zu beruhigen. Klampf hat schon einiges an Weinbrand intus. Vielleicht zieht er nur eine Show ab.)

Ein weiterer Anruf kommt. Klampf greift zum Hörer: »Also, jetzt sagen Sie mal, Herr Kunde, wieso leben Sie eigentlich immer noch? Dann waren die Schlaftabletten wohl zu schwach? Jetzt hören Sie mir mal gut zu, – können Sie mir überhaupt noch folgen? Also jetzt hören Sie mal. Hauen Sie sich anständig die Hucke voll. Kaufen Se sich erst mal 'ne Flasche Schnaps.« (Hier bin ich nicht sicher, wie Klampf das meint. Ob er umgeschwenkt ist, und Kunde von seinem Entschluß abbringen will oder der Rat mit dem »Huckevollhauen« ihm die letzte Hemmung vorm Selbstmord nehmen soll, damit er morgen »eine Geschichte« hat . . . »BILD war dabei . . ?«)

Auch Uwe Klöpfer scheint seine Zweifel zu haben. Er meldet sich aus dem Hintergrund (spöttisch): »He, bist Du Pfarrer geworden?« – »Bis Du da mit 'nem Fotografen vor Ort bist, soll der wenigstens noch warten.« (Schlaftabletten in Kombination mit Alkohol können die Wirkung erheblich steigern und letztlich durch Herzversagen den Tod herbeiführen. Es ist bekannt, daß bei bestimmten Schlafmitteln 15–30 Tabletten schon eine todsichere Dosis sind, wenn reichlich Alkohol dazukommt und der Selbstmörder einen schwachen Kreislauf hat. Wußte das Klampf etwa nicht?)

Inzwischen macht Polizeireporter Klampf in einer Versicherung an Eides statt geltend, er habe die Polizei angerufen und sie gebeten, sich an Ort und Stelle zu unterrichten.

Viktor Löhlein, Nachrichtenführer, der vorbekommt, mit wegwerfender Handbewegung zu Klampf: »Nimm's nicht tragisch. Diese Kunden kenn ich. Trau denen nicht, immer dasselbe, kommt nie was bei rum.«

Klampf ist nicht etwa eine besonders brutale Ausnahme. Das Klima hier züchtet solche Verhaltensweisen. Schon der allgemeine Umgangston ist darauf angelegt. So, als Schwindmann vom Selbstmord einer 68jährigen Frau erfährt, die sich aus dem 7. Stockwerk eines Hochhauses in den Tod gestürzt hat, und er Klöpfer beauftragt: »Da steigen wir ein. Du machst die Hüpferin.«

Oder, als anläßlich des Selbstmordes von Barzels Tochter der Lokalehrgeiz erwacht und man überlegt, welcher Bezug sich zu Hannover herstellen ließe. Als nichts dabei herauskommt, stellt ein junges Redaktionsmitglied betrübt fest: »Schade, daß sie das nicht in Hannover gemacht hat.«

Oder: Hai zu Klampf: »Da haben sich zwei Kinder mit KK (Kleinkalibergewehr) beschossen.« Klampf: »Dufte, prima. Tot?!« Hai: »Ne, nur schwerverletzt.«

Selbst Gisela Schönberger, mit zwanzig die Jüngste in der Redaktion, reagiert kalt und zynisch, wenn es womöglich um das Leben eines Menschen geht. Sie hat sich sonst noch nicht dem allgemeinen Klima unterworfen. Sie gibt ihren Geschichten häufig nicht den erwünschten Dreh, muß sie deshalb immer wieder umschreiben und Schwindmann weist sie oft vor versammelter Mannschaft zurecht. Einmal stellt sie versonnen fest: »Wenn ich überlege. Jetzt bin ich schon genau ein Jahr hier. Vor drei Jahren hätte ich mir das nie träumen lassen. Da habe ich noch einen Abituraufsatz über die Manipulationen und Lügen der BILD-Zeitung geschrieben und heute sitze ich hier und mache mir die Hände selber schmutzig und mische kräftig mit.« Sie will hier weg, um ihr Studium weiterzumachen, sagt sie. Aber, das sagen einige hier. Vielleicht wird so für sie die Arbeit erträglicher.

Michael Bartz gerät in Gewissenskonflikte, und die fast noch kindlich wirkende Gisela Schönberger versucht, sie ihm auf besonders drastische Art auszureden.

Bartz hat eine Geschichte recherchiert über einen schießwütigen jungen Mann, der in der Nähe von Hannover auf

Hunde geschossen hat und dabei spielende Kinder gefährdete. Die Geschichte liegt bereits einige Tage auf Schwindmanns Schreibtisch. Der fand, das sei keine starke Geschichte, – womit er von seinem Standpunkt aus wohl recht hatte –, ließ sie liegen, plante sie einmal mit 25 Zeilen (eine größere Meldung) in den Themenplan ein und verschob sie abermals. Da erhält Michael Bartz den Anruf der alten Mutter des Jungen mit dem Gewehr. Er ist nach dem Gespräch völlig geknickt, nachdem er zuvor vergeblich versucht hatte, die alte Frau zu beruhigen. »Sie meint es ernst, sie will sich etwas antun, wenn das über ihren Sohn erscheint. Ich finde, das ist die Meldung nicht wert. Man sollte sie sein lassen.«

Was tut Gisela Schönberger? Hilft sie Bartz? Nein, sie sagt: »Sie sollten ihr heute noch eine Kopie des Artikels ins Haus schicken. Wenn sie Glück haben, bringt die sich dann auf sehr originelle Art und Weise um: frißt Gift und steigt bei Mondschein in einen See oder so. Dann haben Sie morgen endlich die ganz große Geschichte.«

Bartz kann nicht darüber lachen. »Ich muß wohl Schwindmann Bescheid sagen, ob wir die Meldung zurückhalten können.« Er kommt zurück: »›Wir unterdrücken niemals und unter keinen Umständen Nachrichten‹, hat Schwindmann gesagt. Und: ›Was geht uns der Selbstmord dieser Frau an.‹ Er will sie bringen, ich habe mein Möglichstes versucht . . .«

Und Michael Bartz *ist* tatsächlich *erleichtert!* Zwar hat er nichts erreicht, die Geschichte soll erscheinen und mit ihr soll riskiert werden, wovor Bartz sich noch vor Minuten so fürchtete, aber die Verantwortung trägt nun nicht mehr der Mensch Bartz, sondern der Vorgesetzte Schwindmann – nein, noch mehr: ein Prinzip, eine heilige Pflicht: Nachrichten dürfen niemals unterdrückt werden.

Und obwohl Bartz täglich an sich und anderen erfährt, daß BILD nichts anderes tut, als Nachrichten zu mißhandeln und zu unterdrücken, gelingt es ihm, sich selbst am hohen Ideal blindzusehen. Ich habe geglaubt – mir wurde befohlen: Weltanschauung und Befehlsnotstand, das war auch jenes Gemisch, mit dem man sich in diesem Land schon immer zu beruhigen verstand.

(Die Geschichte fiel schließlich doch noch raus – sie war zu langweilig.)

Die BILD-Redakteure wahren die in ihnen wohnende Selbstverständlichkeit des Taktes. Es sei denn, es geht um die Opfer. Da lebt sich zynische Verachtung aus. Diejenigen, von deren Groschen man lebt, werden bestenfalls, wenn man mild gestimmt ist, als »die kleinen Leute« tituliert. In aufgeräumterer Stimmung heißen sie »Primitivos« (so der frühere BILD-Chefredakteur Peter Boenisch) oder »quicklebendige moderne Analphabeten« (so der verstorbene Springer-Freund, »Welt«-Chefredakteur, BILD-Kolumnist Hans Zehrer). Im übrigen sind sie – und auch das erinnert –: Menschenmaterial, Stoff für die Aggressionen, die gesellschaftlichen Aufstiegsträume und Abstiegsängste der Täter am BILD-Schreibtisch.

Intensiv-Station

Ich fange an, mir selber fremd zu werden. Ich bin nun bald vier Monate bei BILD, und die mitgebrachten Bücher liegen noch immer unausgepackt im Koffer.

Ich ertappe mich dabei, daß ich nicht mehr in der Lage bin, Freunden ernsthaft zuzuhören. Steckt ja doch keine Geschichte drin. Alles wird unmittelbar sortiert nach dem Gesichtspunkt der Verwendbarkeit. Für BILD.

Nach einem Monat in dieser Stadt, wurde ich mir bewußt, daß ich Hannover doch recht gut kenne, weil ich schon öfter, auch mal eine Woche, hier war. Aber nun ist es eine andere, fremde Stadt aus einem ganz anderen Blickwinkel. Die Altstadt, in der ich noch vor einem Jahr eine Straßenlesung gemacht hatte, hat ihr Anheimelndes verloren. Ich erinnere mich überhaupt erst wieder daran, als mich ein Hannoverscher Freund darauf aufmerksam macht. Es ist jetzt eine neue Stadt, eine Retortenstadt.

Wenn ich vom Redaktionsleiter rausgeschickt werde, vor Ort, um Geschichten »aufzureißen«, begegne ich Menschen wie Ausbeutungsobjekten. Lasse sie nicht ausreden, wenn sie von ihren Nöten und Problemen erzählen. Keine Zeit. Alles in meiner Umwelt wird auf unmittelbare Ausschlachtung für BILD selektiert. Alle ein bis zwei Stunden ein telefonischer Rechenschaftsbericht an Schwindmann. Ich höre mich reden wie einen routinierten, ausgefuchsten BILD-Schreiber. »Keine Angst, uns können Sie sich unbesorgt anvertrauen. Wir machen das schon.«

Als meine Vermieterin, eine Assistentin der Universität, ihr Kind zu Hause erwartet und gegen morgen die Geburt überraschend einsetzt, die Hebamme zu spät kommt und ich bereits den Notarzt bestellt habe, reagiere ich wie der typische BILD-Reporter. (Die Hebamme kommt im letzten Augenblick, als auch schon das Kind kommt. Ich beobachte vom Fenster aus dem 4. Stock, wie sie zuvor noch 50 Meter weiter zum Kiosk geht, um sich erst mal eine BILD-Zeitung zu holen!)

Es ist eine sehr dramatische Geburt, ich bin ganz hilflos und mache falsch, was man nur falsch machen kann. Das einzige, was ich von Geburten weiß, habe ich in alten amerikanischen Western gesehen: daß bei derartigen Anlässen Kessel mit Wasser auf den Ofen gestellt werden. Also setze ich Wasser auf den Elektroherd, bis es kocht und als die Hebamme aus dem Nebenraum nach Wasser ruft, schleppe ich eine Schüssel mit heißem Wasser an, so daß sie sich ihre Hände verbrüht.

Gegen Mittag rufe ich Schwindmann an und mache ihm klar, daß ich bei einer Hausgeburt »Erste Hilfe« leisten mußte. Zuerst maßregelt er mich am Telefon: »So kann ich mit Ihnen nicht arbeiten, wenn Sie sich an keine Zeiten halten.« Dann schon beherrschter: »Hausgeburt, sagten Sie? Da seh ich unter Umständen eine Geschichte. Knöpfen Sie sich die Hebamme vor, reden Sie mit der jungen Mutter. Ich schicke einen Fotografen hin.«

Auch das noch! Monika Müller, linke Soziologin, wird sich – mit Recht – nicht in der BILD-Zeitung verbraten lassen wollen. Aber ich habe nach dem Anschiß nicht die Kraft, einfach nein zu sagen. Schwindmann hat auch schon aufgelegt und der Fotograf ist unterwegs. Mir ist sehr mulmig zumute.

Zuerst rede ich mit der Hebamme, Hannovers einziger,

die noch Hausgeburten macht. Sie ist auch schon BILD-geschädigt. Vor zwei Jahren war sie groß im Blatt als »Mutter Strauch«. Und immer, wenn's dramatisch wurde in der Geschichte, ließ sie der Schreiber zu Gott beten. Die Geschichte endete damit, daß sie Gott anfleht, damit er ihr auf ihre alten Tage noch mal Drillinge zum Entbinden beschert – kein Wort davon wahr. Frau Strauch betet nie. Sie hält von »Kirche und solchem Spökes« gar nichts und auch vor Drillingen hat sie eher einen Horror, weil sie mit ihren medizinischen Möglichkeiten da unter Umständen überfordert wäre.

Nach dem Artikel war sie dem Spott ihrer Familie und der Kritik von Ärzten ausgesetzt, weil Beten bei Komplikationsgeburten nun nicht gerade das erprobteste medizinische Mittel ist. Ich verspreche ihr, daß ich das in meinem Bericht auf jeden Fall richtig stellen werde. Und sie spielt mit. – Monika ist zu geschwächt, als daß sie mir noch Widerstand entgegensetzen würde. Nur als die Hebamme für den Fotografen ihren Neugeborenen wieder auswickelt, um ihm an den Beinen fassend den obligatorischen Klaps auf den Po zu geben und das grelle Blitzlicht dem Kind nach dem Geburtsschock noch einen zweiten Schock versetzt, schreit sie auf.

Ich entschuldige mich, und es ist mir unangenehm, aber das Gefühl der Genugtuung überwiegt. So, das Foto hätten wir! Damit steht auch die Geschichte. »Du wirst nicht zu erkennen sein«, beruhige ich sie. »Und Neugeborene sehen doch alle gleich aus.«

Die Geschichte kommt recht groß in BILD und seitdem ist die Zahl der Hausgeburten in Hannover um fast 100 Prozent angestiegen, wie mir die Hebamme später zu meinem Entsetzen erzählt. (Denn Hausgeburten sind doch recht problematisch, wenn Komplikationen bei der Geburt auftreten!)

213

Später ist mir Monika noch einmal behilflich, als mir Schwindmann drei Themen hintereinander ablehnt:

1. »Arbeitslosigkeit: Reportage. Ab 7 Uhr früh ein Vormittag in einem Arbeitsamt. »Kein Thema«, sagt Schwindmann. »Die Leute nicht auch noch mit sowas belasten.«

2. Ein bein-amputierter Schwerkriegsbeschädigter, der sich auf einem Rollbrett durch Hannover quält. Das Sozialamt bestellt ihn wegen jeder läppischen Bewilligung ins Amt, wo er an keinen Fahrstuhlknopf herankommt und ständigen Demütigungen ausgesetzt ist. »Zu unappetitlich«, sagt Schwindmann. »Kein Thema für uns.«

3. Die zunehmenden Hakenkreuz-Schmierereien in Hannover zum Anlaß nehmen, die jüdische Gemeinde vorzustellen. »Kein Thema für uns. Da geh ich nicht ran«, sagt Schwindmann.

Die Abfuhren lassen meinen BILD-Kurs stark fallen. Also muß Monika mir noch mal aus der Klemme helfen. Sie stillt ihren Nikolas ganz frei und unbefangen in der Universität oder wo sie sonst gerade ist. Wer Anstoß nimmt, soll nach dem Grund dafür bei sich selber suchen. »Da machen wir eine BILD-Aktion draus. Frage des Tages: ›Ich stille, wo ich will.‹« Und mit Fotografin ziehen wir mit Monika und dem Baby durch Museen, Restaurants und Parkanlagen. Ich besorge für Monika Kopftuch und Sonnenbrille, damit sie nicht erkennbar ist. Und der Name wird geändert.

Dennoch. Alles um mich herum gerinnt und erstarrt zur verkürzten BILD-Floskel-Geschichte. Ich stelle fest, daß mir bei Geschehnissen gleich Überschriften und Artikelanfänge einfallen. Und als ich eine private Auseinandersetzung mit meiner Freundin habe, versuche ich sie mit der ernsthaft vorgetragenen Feststellung abzublocken: »Laß mich endlich in Ruhe damit. Da seh ich die Geschichte nicht. Wirklich.« Sie erzählt mir später, daß ich in der ganzen Zeit die eingesteckten Aggressionen an sie weitergab und insgesamt ein anderer war. »Typisch Esser! Wenn das der Wallraff sehen würde, der würde sich dafür schämen«, das war eine feststehende Redensart von ihr in dieser Zeit.

Am 21. April, nach eineinhalb Monaten, weist sie mich darauf hin, daß ich im privaten Gespräch zum ersten Mal von »wir« spreche, als von der BILD-Zeitung die Rede ist. Sie hat mich auf ein soziales Thema aufmerksam gemacht. Spontanreaktion von mir: »Mit so was können *wir* hier nichts anfangen.«

Das Klima in der Redaktion ist bestimmt von Einschüchterung und Angst. Es herrscht eine ganz eiskalte Stimmung von Druck und Zwang. Die Kollegen unterhalten sich irgendwie lachend mit einem und dennoch, du hast das Gefühl, du gehst einen Schritt zur Seite und schon kriegst du eine in die Fresse oder dir wird ein Bein gestellt.

In diesem Klima lebt man nicht, man funktioniert nur noch. Roboterhaft. Mit einmal eingespeicherter Marschrichtung wirst du in Gang gesetzt.

Du kannst kaum noch Anteil nehmen, denn das, was du speicherst, wird ständig abgerufen und überprüft. Du hast dein Programm drin und den Code hat Schwindmann und dessen Code hat Prinz und dessen wiederum Springer, der da irgendwo unsichtbar über den Wolken schwebt und hier und da mit einem Fingerzeig die Richtung angibt.

Du nimmst keinen Anteil mehr, die wirklichen Menschen werden dir gleichgültig, du schaffst sie dir neu, nach

Springers Eben-BILD. Du arbeitest in der Intensivstation der Massenträume. Bösartiger, unwirklicher, ablenkender Träume.

Die Traumfabrikanten, die Macher ziehen sich selbst an ihren eigenen Geschichten hoch. Es kommt vor, daß sie am nächsten Tag beim Lesen ihrer eigenen gedruckten Geschichten noch mal ergriffen sind. Über das Gedruckte im Blatt werden sie sich erst ihrer eigenen Existenz bewußt.

Ich bin im Blatt, also gibt es mich.

Selbst mir geht es schon so. Ein öffentliches Anschnauzen von Schwindmann verunsichert mich, drückt meine Stimmung. Es kann vorkommen, daß ich auf ein vordergründiges Lob von ihm bereits voll abfahre. Eine beängstigende Anpassung in so kurzer Zeit.

»Sie haben es schon raus, Geschichten so zu schreiben, daß keine Fragen mehr offen bleiben.« Und ich fange an, das für ein Lob zu halten, ja, mich darüber zu freuen. Als Hans Esser. Dabei ist es ein wirklicher Erfolg nur für Wallraff. Wenn Schwindmann es befürwortet, schaffe ich es vielleicht, in die Zentrale nach Hamburg versetzt zu werden.

23. Mai, 23 Uhr. Ich habe zwei Geschichten mit Verspätung abgeliefert. Schwindmann sitzt in seinem Büro und betrachtet im Fernsehen einen Edelwestern mit John Wayne. Schwindmann überfliegt das Manuskript, redigiert leicht. Hier eine Kürzung, dort eine Verstärkung. »Bring's rüber zum Layout.« Dann förmlich: »Ich will mit Ihnen sprechen. Nehmen Sie Platz.«

Ich befürchte schon, er hat einen Verdacht, und rede mir zu: nur cool bleiben, nichts anmerken lassen. Diese Angst habe ich übrigens ständig: Schwindmann am Tele-

216

fon zum Beispiel: »Was, der soll hier sein? In Hannover? Was Sie nicht sagen. Ist doch nicht möglich!« Und schon beziehe ich es auf mich und glaube mich entdeckt.

Aber bisher war es immer Fehlalarm. Selbst bei einem guten Bekannten, der plötzlich in der Redaktion vor meinem Schreibtisch stand und mich nach der Kollegin Höfken fragte. Es war ein Literaturveranstalter, der hier für mich unerwartet als Schlepper für Sanella auftrat, um einen Ostergedicht-Wettbewerb für Kinder unterzubringen. Er hat mich nicht erkannt. Ich saß nachher mit weichen Knien da. In der Kantine wurde ich zweimal erkannt. Von Redakteuren der »Neuen Hannoverschen Presse«. Den einen konnte ich über meine Identität hinwegtäuschen: »Mit dem bin ich schon mal verwechselt worden. Aber ich bin es nicht, der hat doch 'ne Brille und 'nen Schnauzbart.« Es hat ihn überzeugt. Der zweite Kollege steuerte unbeirrt auf mich zu und flüsterte nur: »Günter?« Durch beschwörende Blicke gab ich ihm zu verstehen, daß ich unerkannt bleiben wollte. Er hat's verstanden und mit keinem darüber gesprochen. Er kombinierte auch nicht BILD-Zeitung, sondern nahm an, ich würde im Verlagshaus Madsack neue Technologien, mit denen Setzer wegrationalisiert werden, auskundschaften.

Die ständige Furcht, entdeckt zu werden, beschäftigt mich bis in meine Träume. Ich träume von allen möglichen Fallen, die man mir stellen könnte. Oder, daß meine Tochter Ines plötzlich in die Redaktion gelaufen kommt und mich stürmisch begrüßt: »Hallo Günter«.

Auch fürchte ich, daß ich mich einmal gehenlassen könnte und am Telefon oder bei einer spontanen Begrüßung mich mit Wallraff vorstellen könnte.

Jetzt ist die Angst, enttarnt zu werden, wieder da, als mir

Schwindmann seine Zigarettenschachtel entgegen-
schnellt und mich suggestiv auffordert: »Nehmen Sie
schon! Kommen Sie!«

Er versucht es immer wieder. Ich kenne das Spiel schon
und falle nicht mehr drauf rein, nachdem ich einmal
schon reflexartig zugriff und ihm die Zigarette dann allerdings wieder zurückgab. Es erscheint ihm unheimlich und
vielleicht sogar gefährlich, daß sich da einer von der
Suchthaltung aller andern so deutlich absetzt. Es ist je-
weils erneut ein Überrumpelungsversuch. »Nein, wirklich, vielen Dank. Ich hab's mir wirklich abgewöhnt. Sie
wissen doch, der Raucherblitz. Er wirkt immer noch.«
Schwindmann mit ungewohnter Freundlichkeit in der
Stimme: »Ich wollte Sie fragen, wie Sie sich bei uns
fühlen und ob Sie zufrieden sind?«

Ich: »Es fängt an, Spaß zu machen.« Schwindmann: »Das
freut mich. Ich kann Ihnen das ruhig so offen sagen, sie
sind einer der besten Schreiber hier. Sie haben den Blick
fürs Wesentliche. Das Problem ist, daß Sie mit der Zeit
noch nicht so hinkommen. Aber das legt sich. Ich werde
Sie verstärkt dem Streß aussetzen, dann kommt das von
selbst.« Schöne Aussichten!

Auf meine heutige Aufmacher-Geschichte anspielend
(eine »Unternehmerhuldigung« mit kaum versteckten
ironischen Untertönen, die aber wohl nur meiner eigenen
Entlastung dienen und hier nicht wahrgenommen werden): »Ich möchte Sie mehr auf Themen ansetzen wie
heute. Es gibt doch sicher noch mehr solche Unternehmer in Hannover. Sie müssen sie aufspüren. Wir brauchen solche Geschichten von Unternehmern, die ihr Ver-
mögen aus dem Nichts gestampft haben. Wir müssen sie
als Vorbilder und Orientierungshilfen aufbauen.«

»Ich gehe gern an solche Themen ran«, sage ich. »Man

brauchte nur etwas mehr Zeit, um die Leute zum Reden zu bringen. Das geht nicht in einer halben Stunde, jemanden aufzutauen. Ich habe Psychologie studiert. Ich weiß, wie man Menschen hinter die Fassaden guckt . . .«

Schwindmann: »Das gefällt mir bei Ihnen. Sie haben Blut geleckt, nehmen die Fährte auf und sind kaum noch zu halten, wie der Hund an der Kette.* Ich beobachte das schon die ganze Zeit an Ihnen. Sie sind dabei, den richtigen Spürsinn zu entwickeln. Nur weiter so, Sie sind auf dem richtigen Weg . . .«

Wenn ich auf einen Termin vor Ort geschickt werde, komme ich mir vor, wie ein Freigänger aus dem Knast. Anfangs dachte ich noch, ich schaffe BILD, immer häufiger befürchte ich jetzt, BILD schafft mich.

Tagebuchnotiz:
Was ist das eigentlich, was sich da verändert? Man geht durch etwas durch, und es bleibt immer etwas hängen, man soll nicht so tun, als wenn man völlig unbeschadet wieder herauskäme. Irgendwas färbt ab, es ist wie beim Rauchen: man braucht mindestens die gleiche Zeit, die man nicht raucht, bis das wieder absorbiert ist, so ist man hier auch irgendwie infiziert. Man braucht eine lange Zeit. Was hat sich da verändert? Vielleicht ist man fortan etwas kaltschnäuziger, abgebrühter, kälter manchem gegenüber geworden, geht über einiges leichter hinweg, es berührt einen manches nicht, was früher Entsetzen ausgelöst hätte. Man sagt, ich sehe die Geschichte nicht.

---

* Ein Bild, das von seinem obersten Kriegsherren stammt. Axel Cäsar Springer spricht von BILD als von seinem »Kettenhund«.

Ich merke, wie der Apparat mich absorbiert, auf den Leim lockt, aufweicht und umdreht. Es ist, als wollte ich eine Reportage über Drogenmißbrauch machen und hätte mich – nur um zu wissen, wovon ich schreibe – selbst gespritzt. Komme ich überhaupt von diesem Trip einigermaßen heil wieder runter? Sicherheitshalber setze ich die Droge immer mal wieder ab, mache einen oder ein paar Tage krank, fahre nach Köln oder Hamburg, zu Freunden, die ich einweihe, obwohl ich weiß, daß viele von ihnen das Geheimnis unterm Siegel der Verschwiegenheit weitergeben. Doch selbst diese Gefahr nehme ich in Kauf (und es stimmt im Rückblick froh, daß so viele es gewußt haben und doch vier Monate lang nichts auf die andere Seite drang, keiner mich für Geld oder Karriere verraten hat).

Am Nachmittag des 22. Juli wurde Günter Wallraff von einem Freund aus Hamburg telefonisch gewarnt: Ein Magazin habe die Meldung gedruckt, Wallraff sei als Hans Esser bei BILD-Hannover tätig. Der Andruck sei bereits beim Springer-Verlag bekannt. Wallraff mußte seine Arbeit abbrechen.

Ein „Untergrund-Kommunist" schlich sich ein

rb Hamburg, 23. Juli

Günter Wallraff war drei Monate unser Kollege. Wallraff, der sich unter falschem Namen schon bei Gerling und anderen Firmen und Institutionen einschlich, hat sich auch bei BILD eingeschlichen. Wallraf, den man laut Gerichtsbeschluß ungestraft einen „Untergrundkommunisten" nennen darf.

Er kaute gern auf Gras und auf Blättern, kippte auch schon morgens mal ein Glas Whisky „Ballantines", löffelte Vitaminpulver und fluchte, wenn er beim Tischtennis verlor. Er beugte immer tief den Rücken, konnte keinem so recht in die Augen schauen, sprach allzuoft mit sanfter Stimme „jawohl".

Er habe bei einer Werbeagentur in Düsseldorf gearbeitet, und nun wolle er sehen, wie man Journalist wird.

Diese Geschichte war so falsch wie der Name: Hans Esser. Er ließ sich einen Hauspaß auf diesen Namen ausstellen, sprach damit als Reporter bei Lesern und Behörden vor, und an seinem Telefon meldete sich eine Frauenstimme nur mit „Hallo".

Er schlief dort in einer Kommune — heute sagt man Wohngemeinschaft dazu.

Er tarnte sich gut; verdiente auch gut: 8455 Mark in drei Monaten, denn er hat Talent zum Schreiben.

Er spielte falsch und niederträchtig mit den Kollegen, die ihn als echten Kollegen aufgenommen hatten.

Vor genau einem Monat meldete er sich ab, mit Magenschmerzen. Seitdem ist er wieder im Dunkeln verschwunden, aus dem er sich anschlich. Und schreibt nun wohl, was er alles in der BILD-Lokal-Redaktion Hannover erlebt haben will.

Er wird einen Kübel voll Jauche ausgießen, dieser falsche Kollege. Sei's drum.

Immerhin hat er sich bei uns das Rauchen abgewöhnt — wohl weil er so viel arbeiten mußte.

Ein Untergrundkommunist schlich sich ein: Wallraff. Natürlich ohne Bart   So kennt ihn jeder ...

222

Danach

Welch ein Mißverhältnis: Hier das Massenblatt BILD, die größte öffentliche Meinungsmacht Europas mit täglich mehr als elf Millionen Lesern, verlegt von einem der größten Pressekonzerne des Kontinents – dort Günter Wallraff, ein parteiloser Schriftsteller, der seine »Produktionsmittel« in einer Reisetasche davontragen kann. Und doch gerät die Großmacht BILD, die nichts zu tun vorgibt als Freiheit und Menschenrechte zu verteidigen, außer Fassung, als bekannt wird, daß ein einzelner aus nächster Nähe beobachtet haben soll, wie sie das macht.
BILD am 23. Juli 1977:
Gegenüber der Agentur Reuter kommentiert der stellvertretende BILD-Chefredakteur Horst Fust: »Infame, kriminelle Methode eines Untergrundkommunisten.« In der bundesweiten Tageszeitung des Springer-Konzerns heißt es: »Faschisten und Kommunisten wie Wallraff haben nun freilich kein realistisches Weltbild . . . Deshalb stehen faschistische und kommunistische Journalisten auch dauernd unter Enthüllungszwang. Ununterbrochen müssen sie irgendwelche ›Machenschaften aufdecken‹ . . .«

Aber warum denn so viel Schaum vorm Mund, wenn es gar keine Machenschaften aufzudecken gibt? Womit sollte Wallraff denn seine »Kübel« gefüllt haben, wenn er gar keine »Jauche« finden konnte?

Wer so reagiert, macht Fehler. Er denunziert beispielsweise Methoden der Verstellung, mit denen die eigenen

Leute tagtäglich (und ohne jede moralische Rechtfertigung) arbeiten. »Eben jene Methoden«, schreibt der »Spiegel«, »die Wallraff von Kritikern angelastet werden, gehören – ironischerweise – zum Repertoire der BILD-Redaktion, die sich nun besonders heftig über den Eindringling empört: Wie Springer-Reporter zuweilen als Krankenpfleger, Kellner oder Kondolierende auftreten, um sich ungehindert in die Privatsphäre ihrer Opfer einschleichen zu können, exakt so verbirgt Wallraff seit mehr als zehn Jahren immer wieder seine wahre Identität – freilich nicht, um persönliche, sondern um gesellschaftliche ›Geheimbereiche‹ auszuleuchten, wie Heinrich Böll es nennt.«

Jeder Mensch hat eine schützenswerte Sphäre intimen Lebens und Erlebens, in die kein maskierter Journalist sollte einbrechen dürfen. Kann eine Produktionsstätte von Meinungen und Informationen, die für die Öffentlichkeit bestimmt sind, andere »Geheimnisse« haben als solche, deren Entdeckung nur die Lauterkeit ihres Tuns unter Beweis stellen müssen? Und konnte der Springer-Konzern nicht gelassen davon ausgehen, daß Wallraff – anders als BILD, das es sich gefallen lassen muß, ein Werk professioneller Fälscher genannt zu werden – in seinem Bericht strikt bei der Wahrheit bleiben muß, wenn er eine Chance haben soll, juristische Auseinandersetzungen mit den Anwälten und dem Geld des Konzerns auch nur einigermaßen glimpflich zu bestehen?

Aber nein: Fieberhaft wird in Wallraffs Leben herumrecherchiert, Redaktionsräume werden nach Wanzen abgesucht und Telefone nach Abhörmöglichkeiten überprüft. Vergeblich wird der verlassene Arbeitsplatz des »Hans Esser« gefilzt – ohne daß sich belastende Unterlagen, etwa eigenhändige Unterschriften Wallraffs mit dem Namenszug »Hans Esser« finden. Mitglieder der Hannoveraner BILD-Redaktion sagen vor Konzernbevollmächtigten aus und geben eidesstattliche Erklärungen ab. Rechtsanwalt Josef Augstein tritt für BILD-Redakteure zusätzlich in Aktion. Ein Hamburger BILD-Reporter, der seine Fähigkeiten als Mitarbeiter von XY-Zimmermann geschult hat, macht sich in Hannover auf Wallraffs Spuren. Reportertrupps gehen dem Vorleben des »Untergrundkommunisten« nach. Rechercheure fahnden in der Hildebrandstraße in Köln-Mauenheim, wo Wallraff seine Kindheit und Jugend verbrachte, nach »Belastungsmaterial«. Die Nachbarn von Wallraffs Mutter, fast durchweg ältere Menschen, werden abgefragt. Bei Wallraffs Mutter nuscheln die »Besucher« Namen und Herkunft so, daß die alte Frau zunächst »Spiegel«-Verlag versteht und glaubt, Freunde ihres Sohnes vor sich zu haben. Sie erzählt von den Sorgen, die sie sich um ihren einzigen Sohn macht, und wird erst mißtrauisch, als die Fragen immer bohrender und der Wunsch nach Fotos immer fordernder werden. Als Wallraffs Mutter schließlich das Gespräch mit den aufdringlichen Herren durch Schließen der Haustür beendet, machen sie sich wieder über die Nachbarschaft her. Von einer 86jährigen Frau wollen sie wissen: »Hat er als Kind Obst in Ihrem Garten geklaut? Hat er sich auf der Straße geprügelt?«

Wallraffs Schwiegereltern (der Schwiegervater sitzt gelähmt im Rollstuhl) werden erst telefonisch belästigt, dann mit einem Hausbesuch überrascht. Wallraffs Frau wird angerufen, ehemalige Lehrer und Mitschüler werden gesucht.

Was immer dabei herausgekommen sein mag, das Recherchieren hat sich gelohnt: Etliche Nachbarn von Wallraffs Mutter gehen mittlerweile davon aus, daß der Sohn wohl Terrorist sein müsse, wenn so viele nach ihm suchten. Einige, mit denen Wallraffs Mutter ab und an ein Schwätzchen hielt, bleiben ihr nun fern, in umliegenden Geschäften stockt die Unterhaltung, wenn sie hereinkommt. Nur manchmal tröstet eine Wohlmeinende: »Nehmen Sie es sich doch nicht so zu Herzen, Sie können doch auch nichts dafür, daß Sie so einen Sohn haben, genausowenig wie die Eltern von Baader und Meinhof.« Wallraffs Mutter ist nun so weit: sie will am liebsten weg aus der Gegend, wenn es sein muß sogar – wogegen sie sich bislang stets sträubte – in ein Altersheim.

Es ist viel von Gewalt die Rede in diesem Land, von Terroristen und »Mordbanden«, vor allem auch in BILD. Von der Art Gewalt, wie sie den Verwandten eines politischen Gegners angetan wird, ist keine Rede. Denn die herrschende Stimmung ist so, daß der Vorsitzende des Verbands nordwestdeutscher Zeitungsverleger, Georg Pfingsten, an den Sprecher der niedersächsischen SPD schreiben kann: »Halten Sie es wirklich für richtig, daß ein gewisser Herr Wallraff sich als ›Wanze‹ in die Redaktion der BILD-Zeitung eingeschlichen hat? Vielleicht haben Sie die Ereignisse an den darauffolgenden Tagen – ich denke dabei an den verberblichen Mord an Herrn Jürgen Ponto – eines besseren belehrt.«

Wer BILD angreift, der schießt auch? Ist es da ein Wunder, daß die Demokraten Westeuropas immer besorgter auf die Bundesrepublik blicken? Daß bürgerliche Zeitungen und Zeitschriften, staatliche und private Fernsehanstalten fast aller westeuropäischen Länder sich um

Nachdruckrechte an Wallraffs Bericht und um die Sendeerlaubnis des Films über Wallraffs BILD-Zeit bemühen, den der WDR vom Programm abgesetzt hat?

Maßloser Umgang mit wirtschaftlicher Macht, gewalttätiger Mißbrauch von Sprache oder auch Mißachtung von Minderheiten vermitteln unserer Umwelt jenes Bild vom Westdeutschen, das Springers Blätter »böswillig« und »verzerrt« nennen.

Günter Wallraff hat die Methoden von BILD kennengelernt. Wir haben zum ersten Mal authentisch erfahren, wie BILD gemacht wird, auch welche Opfer es kostet – selbst unter den journalistischen Mittätern. Wir haben erfahren, wie die Leser zugerichtet, wie sie – nicht zum Kanonen-, zum Auflagenfutter degradiert werden.

Die wirklichen Interessen der Leser bleiben auf der Strecke. Anstelle der Presse als Institut gesellschaftlicher Aufklärung tritt die öffentliche Bedürfnisanstalt der Volksseele. Nur ein Beispiel: Ein Volksschauspieler liegt im Sterben. Wochenlang zapft BILD der Trauerfähigkeit seiner Leser mit Details vom Sterbebett, die jede Menschenwürde mißachten, die letzten Tränen ab.

Solcher Journalismus, der mit den von Verfassungsvätern gedachten Aufgaben der Presse nichts zu tun hat, stützt sich auf den von Wallraff zitierten Artikel 5 des Bonner Grundgesetzes: »Jeder hat das Recht, seine Meinung in Wort, Schrift und Bild frei zu äußern und zu verbreiten . . . Eine Zensur findet nicht statt.« In Artikel 18 dieses Grundgesetzes aber heißt es: »Wer die Freiheit der Meinungsäußerung, insbesondere die Pressefreiheit . . . zum Kampf gegen die freiheitlich demokratische

Grundordnung mißbraucht, verwirkt diese Grund-
rechte.«

Reinhold Neven Du Mont

Aufruf
der Gewerkschaftszeitung der IG Metall

Protest gegen den WDR

»Informationen aus dem Hinterland« von Jörg Gfrörer – so heißt ein
Dokumentarfilm, der im Auftrag des Westdeutschen Rundfunks
(WDR) zum Buch von Wallraff erstellt wurde. Ein schwedisch-hollän-
disch-deutsches Kamerateam hatte die wesentlichen Abschnitte der
journalistischen Arbeit Wallraffs bei BILD mitgefilmt. Entstanden ist
daraus ein eindrucksvoller Bericht über die Arbeitsmethoden und die
Wirkung von BILD.
Die Wochenzeitung ZEIT, der man kaum sozialistische Umtriebe
nachsagen kann, bezeichnet den Film als ein »ganz außerordentliches
Dokument, das fraglos in die Geschichte der Zeitungswissenschaft
eingehen wird«. Der Film wurde bereits mehrere Male in Schweden,
Holland und der Schweiz gesendet, nur der WDR verweigert die Ausstrahlung aus zweifelhaften journalistischen und rechtlichen Gründen.
Dieser Film wurde mit Geldern von Fernsehzuschauern finanziert.
Müssen – so fragt man sich – Fernsehzuschauer demnächst erst ins
Ausland reisen, um sich deutsche Filme ansehen zu dürfen? Hier hilft
nur noch Protest, und zwar massiver, damit nicht anonyme Anstaltsin-
stanzen über das entscheiden, was ihre Kunden sehen dürfen. Metall
fordert daher seine Leser auf, an den WDR zu appellieren, um die
Ausstrahlung des Filmes zu verlangen. Die Adresse: Westdeutscher
Rundfunk (WDR), Appellhofplatz 1, 5000 Köln.

Die Opfer müssen sich wehren

Eckart Spoo

Es verstärkt sich der Eindruck einer Fortsetzung der Vergangenheit mit anderen Mitteln. Axel Springer selbst hat die Kontinuität der Stimmungen zum Programm erhoben: »*Ich war mir seit Kriegsende klar, daß der deutsche Leser eines auf keinen Fall wollte, nämlich nachdenken.*« Nachdenken hätte geheißen: zurückdenken an Zerstörer der ersten deutschen Republik wie den Großverleger Alfred Hugenberg; bedenken, wer die Opfer waren, und die Täter nicht vergessen. Daß die Mitläufer sich vor solchem Denken fürchteten und Springer ihnen die Furcht mitsamt dem Denken abnahm, machte sie zufrieden und ihn mächtig. (G. W.)

Aus dem »Untergrund« zurückgekehrt, tritt uns Günter Wallraff nicht mit triumphierendem Lachen entgegen. Ihm ging es nicht darum, Springer hereinzulegen. Er wollte erfahren, wie Springer den kleinen Mann hereinlegt. Er mußte seine Rolle glaubwürdig spielen, um nicht enttarnt zu werden. Was er sich zumutete, war noch mehr, als die Rolle eines Springer-Journalisten zu spielen; er mußte ein wirklicher Springer-Journalist sein, mußte empfinden, denken, handeln lernen wie die Kollegen dort. Sonst könnte er uns jetzt nicht so authentisch darüber Auskunft geben. Die Überzeugungskraft seines Berichts wäre geringer, wenn er sich darauf beschränkte, Beobachtungen wiederzugeben, die er an den Kollegen gemacht hat. Der Beweiswert des Buches liegt gerade darin, daß Günter Wallraff hauptsächlich über sich selbst spricht, über die Methoden, mit denen er selbst vier Monate lang als BILD-Journalist Karriere machte.

Zu den Erfahrungen, die Günter Wallraff nach viermonatiger »Untergrundtätigkeit« bei der auflagenstärksten Zeitung Westeuropas (4,5 Mio) vor uns ausbreitet, gehört diese: »Widersprüche mußten im nächsten Satz aufgelöst werden. BILD läßt keine Fragen offen.« Zwar, so erklärt er an anderer Stelle, würden vom BILD-Journalisten kontrastreiche Berichte verlangt, aber was da miteinander kontrastiere, seien Äußerlichkeiten. Die eigentlichen gesellschaftlichen Widersprüche dürften in dieser Zeitung nicht zum Vorschein kommen.

Dies scheint mir eine wichtige Erkenntnis zu sein, wichtig gerade jetzt, wo sich Widersprüche im Gesellschaftssystem der Bundesrepublik Deutschland deutlicher zeigen als je. Der Kapitalismus gerät immer tiefer in eine Krise, die mich und viele Gewerkschafter besorgt macht. Ich sorge mich nicht um den Kapitalismus, denn anders als Axel Cäsar Springer halte ich dieses System nicht für unersetzlich, aber es gibt Grund zur Sorge, was sich Springer und andere Mächtige dieses Systems noch alles einfallen lassen werden, um an der Macht zu bleiben. Die Krisenlasten zu tragen ist allemal uns überlassen: der Jugend, deren Bildungschancen bedroht sind, den Arbeitern und Angestellten, deren Arbeitsplätze gefährdet sind, den Angehörigen des Mittelstands, die durch die Kapitalkonzentration unter immer stärkerem Druck geraten. In den Massenmedien müßte deshalb lebhaft und verantwortungsbewußt debattiert werden, welche neuen Wege die Politik einschlagen soll, damit wir aus der Krise herauskommen. Doch die Springer-Presse trägt dazu nichts bei. Im Gegenteil: Statt sachlicher Information und kritischer Meinungsbildung betreibt der größte Pressekonzern der Bundesrepublik Verdummung, Ablenkung der Massen von ihren Problemen, Aufhetzung gegen jeden Ansatz einer alternativen, linken Politik.

Fast ein Viertel der Zeitungsleser in der Bundesrepublik sind BILD-Leser. Ihnen selbst deswegen einen Vorwurf zu machen, weil sie nicht andere Zeitungen kaufen, wäre anmaßend und ungerecht. Die gewaltige Auflage dieses Blattes hat Gründe, denen mit massenpsychologischer Spekulation nicht beizukommen ist. Es gibt dafür einfache, nachprüfbare Gründe: Erstens ist die BILD-Zeitung so geschrieben und gestaltet, daß man den Inhalt mühelos erfassen kann. Zweitens wird sie im gesamten Bundesgebiet und in Westberlin fast an jeder Straßenecke angeboten, vor allem da, wo Menschen sich auf dem Weg zur Arbeit, zum Einkaufen, zum Sport befinden. Drittens kostet sie weniger als andere Zeitungen. Warum aber kann sich Springer den großen personellen und materiellen Aufwand leisten, der erforderlich ist, um eine Zeitung so wirkungsvoll zu schreiben und zu gestalten? Warum kann er sich ein so ausgedehntes, so engmaschiges, so teures Vertriebssystem leisten? Und warum ist der Verkaufspreis, gemessen an dem anderer Blätter, so niedrig?

Da stößt man auf das Entscheidende: auf die rund eine Milliarde Mark Anzeigeneinnahmen, die dem Springer-Konzern jährlich zufließen. Diese Gelder kommen fast ausschließlich aus den Kassen von Großunternehmern, die das, was sie für Werbung ausgeben, von der Steuer absetzen können. Für normal verdienende BILD-Leser wäre es unmöglich, in diesem Blatt zu inserieren, weil der Anzeigenpreis viel zu hoch ist. Wer aber die Musik bezahlt, der bestimmt auch, was gespielt wird. BILD ist das Blechinstrument, mit dem das große Kapital dem kleinen Mann den Marsch blasen läßt.

Die BILD-Auflage wächst weiter. Der Springer-Konzern expandiert kräftig. Außer BILD gibt Axel Springer unter anderem »Die Welt«, das »Hamburger Abendblatt«, die »Berliner Morgenpost« und die »BZ« heraus, die alle die gleiche Grundtendenz haben. Mit seinen beiden bundesweit erscheinenden Sonntagszeitungen »Bild am Sonntag« und »Welt am Sonntag« hat er ein Monopol. Durch Kapitalbeteiligung gewann er im Lauf der Jahre Einfluß auf verschiedene andere Zeitungsverlage, zuletzt auf den Münchner Zeitungsverlag, in dem der »Münchner Merkur« und die »tz« erscheinen. Springer verlegt darüber hinaus etliche Zeitschriften, darunter »Hörzu« und »Funk Uhr«. Er bringt Groschenhefte auf den Markt, Bücher, Schallplatten, Kassetten, und mit Hilfe beflissener CDU/CSU-Politiker versucht er obendrein auch noch, sein Imperium auf das Fernsehen auszudehnen.

Eine Haupttendenz der Springer-Presse ist die Volksgemeinschaftsideologie, mit der die gesellschaftlichen Widersprüche vernebelt werden. Konzernchef Springer selbst, der sich einmal einem Westberliner Gericht als »Deutscher schlechthin« vorstellte, hat diese Tendenz so ausgedrückt: Es gehe darum, »das Gefühl der Zusammengehörigkeit«, das im Fußballstadion aufkomme, auf »den Alltag« zu übertragen. Die BILD-Zeitung, die einmal verkündete, sie sei »die deutsche Volkszeitung schlechthin«, setzt alle ihre Mittel ein, um »das Gefühl der Zusammengehörigkeit« aufkommen zu lassen, richtiger gesagt: um nationalistische Emotionen anzuheizen. »Mit 5:0 Toren verprügelte unsere Nationalmannschaft gestern abend Mexiko«, berichtete die BILD-Zeitung über ein Fußballspiel. Einen »Haufen giftiger Zwerge« nannte sie eine italienische Fußballmannschaft. »Stürmt, stürmt, dann wackeln auch die Iwans!« war einer ihrer Schlachtrufe.

Die folgenden Zitate geben einen repräsentativen Querschnitt durch sämtliche BILD-Jahrgänge:

»Deutschlands faulste Arbeitslose – eine türkische Putzfrau«,

»Deutsche Frauen – schön, sexy und ehrbar«,

»Dieses Volk ist – und das soll auch mal gesagt werden – ein großartiges Volk«,

»Gebt einem ungezogenen Kind auf der Straße ruhig einmal eine Ohrfeige!«

»Studenten als Radaumacher«,

»Stoppt den Terror der Jung-Roten jetzt!«

»Und man darf auch nicht die ganze Dreckarbeit der Polizei und ihren Wasserwerfern überlassen«,

»Jetzt droht uns Streik«,

»Langer Streik und wir sind pleite«,

»Schluß mit dem Streik!«

»Franz Josef Strauß gilt als ein harter, entschlossener Mann . . . und nicht zuletzt deswegen setzt gerade der kleine Mann auf ihn«.

Immer nimmt sich Springer heraus, im Namen des ganzen Volkes zu sprechen. Immer schiebt der Großverleger (Jahresumsatz: über zwei Milliarden Mark) den kleinen Mann vor. Hinter solcher Heuchelei steckt Menschenverachtung. Von nichts ist der Presse-Cäsar fester überzeugt als von der Ungleichheit der Menschen. In der »Welt«, dem Springer-Blatt für die wirtschaftlichen und politischen Führungskräfte, äußerte er sich darüber gelegentlich ganz offen: »Das Unglück der modernen Zeit begann, als die französische Revolution dem Ideal der Freiheit das der Gleichheit, im Sinne von totaler Egalité, zur Seite stellte.« Und in der »Welt« kann man auch diesen Zynismus lesen: »Die Behauptung, daß die Menschen ›are created equal‹, wie es in der amerikanischen Unabhängigkeitserklärung steht, ist eine Missionarsphrase aus dem Jahre 1776.«

Der österreichische Philosoph Günther Anders analysierte vor Jahren einmal den »faschistischen Geist« der Springer-Presse. Wie zur Bestätigung hieß es daraufhin in der »Welt«: »Daß es

232

ein in Wien lebender Jude war, der dieses Pamphlet zusammengebastelt hatte, machte die Sache noch um so peinlicher.« Faschistische Tendenzen in der »Welt« haben sich in den letzten Jahren zusehends verstärkt. Über das Schah-Regime in Persien hieß es da: »Iran tritt nur dann als gelenkter Ordnungsstaat auf, wenn es darum geht, den Weg des Landes zur Reform seiner Verhältnisse gegen Übergriffe zu schützen. Im Grunde genommen gibt es keine Opposition, sondern nur eine Subversion.« Über das Mörderregime in Chile war zu lesen: »Staatschef Pinochet findet weithin Zustimmung bei der Errichtung einer neuen Ordnung, die den Klassenhaß überwinden und die Nation aussöhnen soll.« Und: »Das Land ist für die internationalen Finanzexperten wieder kreditwürdig.« Sogar »humanistische Toleranz« wurde Anfang 1977 den Regierenden von Chile bescheinigt.

Es war ebenfalls Springers »Welt«, die 1973 den ersten Anstoß zur seitdem immer bedrohlicher anschwellenden Hitler-Welle gab. »Heute«, so stand da zu lesen, »da die liberalen Versionen der Lebensregelungen fast ausgereizt sind, da die Frage nach der Ordnung sich oft herrisch stellt und teils ideologisch, teils chaotisch beantwortet wird, wächst das Interesse an jedem wichtigen Gegenstand der eigenen Vergangenheit, auch an Hitler.« Das Blatt fragte: »Wird man Hitler vielleicht noch wegen anderer Dinge als der Autobahnen schätzen lernen?« und gab zur Antwort, man spüre »mehr und mehr, daß er ein großer Mann war, groß im durchaus moralfreien Sinne von Macht und Wirkung, ein Täter, ein Revolutionär.«

In der Weltwirtschaftskrise Ende der Zwanziger Jahre, Anfang der Dreißiger Jahre war es der Pressekonzern des ehemaligen Krupp-Generaldirektors Alfred Hugenberg, der publizistisch dem Hitler-Faschismus den Weg ebnete. Der Springer-Konzern, der in der heutigen Krise Hitler wieder auferstehen läßt, ist um ein vielfaches größer und mächtiger als damals der Hugenberg-Konzern.

Die Demokratisierung der Presse scheint mir unter diesen Umständen eine der vordringlichsten Aufgaben in unserem Lande zu sein. Günter Wallraff leistet dazu mit dem vorliegenden Erfahrungsbericht einen Beitrag. Denn er verschafft uns Einblick in den Mechanismus, der aus Springer-Ideologie Waren für den tagtäglichen Massenkonsum werden läßt. Wir müssen diese Produktionsverhältnisse kennen, wenn wir sie verändern wollen.

Günter Wallraff klagt nicht die Journalisten an, mit denen er vier Monate zusammengearbeitet hat, und von denen er weiß, daß sie individuell nicht in der Lage sind, ihre Tätigkeit dort einfach zu beenden, wenn sie spüren, wie sie mißbraucht werden. Die große Mehrheit der 11 500 Beschäftigten des Springer-Konzerns – nicht nur Journalisten, sondern auch Setzer, Drucker und viele andere – ist weit davon entfernt, sich mit den Produkten ihrer Arbeit zu identifizieren, ebenso wie die große Mehrheit der Beschäftigten bei Krauss-Maffei oder Messerschmitt-Bölkow-Blohm lieber anderes produzieren würde als Panzer und Kampfflugzeuge.

Wie die Fähigkeiten der Journalisten mißbraucht werden, macht Günter Wallraff deutlich, wenn er sagt, aus spielerischer Leichtigkeit werde eine über alles sich hinwegsetzende Skrupellosigkeit, aus Überzeugungskraft Überredungskunst, aus dem Überlisten von Stärkeren das Übertölpeln von Schwächeren. Entfremdete Arbeit. Fremdgesteuerte Arbeit. »Du hast dein Programm drin und den Code hat Schwindmann und dessen Code hat Prinz und dessen wiederum Springer, der irgendwo unsichtbar über den Wolken schwebt . . .« Die meisten Springer-Redakteure haben den Verleger nie gesehen, nur auf Bildern. Aber auf sein Aussehen, seine persönlichen Eigenheiten kommt es gar nicht an. Worauf es ankommt, ist nur das Prinzip, das er verkörpert. Was da über den Wolken schwebt, ist das Prinzip brutaler Massenmanipulation zum Zweck der politischen Absicherung großkapitalistischer Herrschaftsverhältnisse. Diesem Prinzip haben die Springer-Journalisten zu dienen.

Bezeichnend erscheint mir in Wallraffs Bericht die Stelle, wo Redaktionsleiter »Schwindmann« eine »ans Herz gehende Tiergeschichte mit viel Schnief-Schnief« wünscht, weil sonst in der Zeitung die »menschliche Note« fehlt. Liebe kann nur noch dem Tier gelten, wenn der Mensch systematisch entwürdigt wird. Opfer der Menschenverachtung sind die Leser, die systematisch um die Wahrheit betrogen werden. Opfer sind in noch schlimmerer Weise diejenigen, über die BILD berichtet – in seinen »Gegengeschichten zur BILD-Zeitung« hat Günter Wallraff schon in einem früheren Buch das Schicksal einiger kleiner Leute geschildert, die Objekte wahrheitswidriger Sensationsberichterstattung geworden waren. Opfer sind aber auch die Journalisten selbst, deren Moral und Verstand und Selbstbewußtsein bei solcher Arbeit zuschanden werden.

Wer in diesem System arbeitet, muß sich die Hände schmutzig machen. Auch »Hans Esser« hat sich die Hände schmutzig gemacht. Er hat Geschichten »rund gemacht«, er hat sich nach der Devise des Chefreporters »halt was einfallen lassen«, er hat mitgefälscht, mitgelogen, mitbetrogen.

Unter den Bedingungen, wie Günter Wallraff sie in diesem Buch schildert, kann sich eine demokratische Presse schwerlich entwickeln, sie kann nur noch ärger verkommen. Eine freie, demokratische Presse: Das wäre eine Presse, in der »Friedhelm Borchers«, »Michael Bartz«, »Gisela Schönberger«, »Edeltraut Höfken«, »Franz Boden« und die vielen anderen Springer-Journalisten aus ihrer Abhängigkeit von Springer und dem Prinzip, das er verkörpert, befreit wären und auch ein Mann wie »Thomas Schwindmann« seine Fähigkeiten für etwas Besseres einsetzen könnte als dafür, die Kollegen zu schikanieren.

Die Abhängigkeit des Journalisten vom Verleger ist größer als die des Arbeiters bei Krauss-Maffei oder MBB. In der Metallindustrie gibt es beispielsweise eine geordnete Berufsausbildung, in der Presse nicht, weil sich der Bundesverband deutscher Zeitungsverleger (BDZV) bis heute geweigert hat, den seit vielen Jahren geforderten Tarifvertrag über die Journalistenausbildung abzuschließen.

Bis heute hat sich der BDZV auch geweigert, den freien Mitarbeitern tarifvertragliche Rechte auf Urlaub und Vorsorge für Krankheit und Alter zuzugestehen. Die soziale Unsicherheit, in der sich die vielen »festen freien Mitarbeiter« der BILD-Zeitung befinden, zwingt sie, jede Willkür zu erdulden. Unfreie Mitarbeiter. Der im September 1977 nach jahrelangem gewerkschaftlichem Drängen abgeschlossene Tarifvertrag über Mindesthonorare für freie Mitarbeiter ist nur ein erster Schritt, dem weitere folgen müssen.

Bis heute haben sich unter massivem Druck des BDZV die Parteien des Bundestags geweigert, den skandalösen »Tendenzparagraphen« im Betriebsverfassungsgesetz aufzuheben, der die Betriebsräte in der Presse daran hindert, die Interessen der Beschäftigten in gleicher Weise geltend zu machen, wie es die Betriebsräte in Metall- oder Chemie-Unternehmen können. Auch das Mitbestimmungsgesetz enthält einen Ausnahmeparagraphen zugunsten Axel Cäsar Springers.

Bis heute haben es Bundesregierung und Bundestag unter massivem Druck des BDZV unterlassen, das seit 1969 angekündigte Presserechtsrahmengesetz zu schaffen, das dem Journalisten die »innere Pressefreiheit« garantieren soll, damit sie nicht ihrem Wissen und Gewissen entgegenhandeln müssen. Obwohl primär die einzelnen Bundesländer fürs Presserecht zuständig sind, hat auch kein einziger Landtag bisher den Mut zu einer solchen gesetzlichen Regelung gefunden. Jahrelange Verhandlungen der Tarifparteien über einen Vertrag, der die Kompetenzen von Redaktion und Verlag gegeneinander abgrenzen soll, scheiterten am Widerstand des BDZV. Für September 1977 war ein neuer Verhandlungstermin angesetzt, den der BDZV jedoch kurzfristig mit der Begründung absagte, daß zum Gewerkschaftstag der IG Druck und Papier Anträge vorgelegt waren, die sich gegen eine privatmonopolistische Presse richten und auf Alternativen in Form genossenschaftlicher oder öffentlich-rechtlicher Zeitungen verweisen.

Die IG Druck und Papier hat – nicht nur mit dem großen Streik im Jahre 1976 – oftmals bewiesen, daß auch die Macht der Verleger, auch die Macht Axel Cäsar Springers nicht grenzenlos ist. Gewerkschaftliche Gegenmacht zu stärken, ist nach meiner Überzeugung die Hauptkonsequenz, die wir aus den BILD-Erfahrungen von Günter Wallraff ziehen müssen. Aber da letztlich jedermann in diesem Lande Opfer der publizistischen Vorherrschaft der Springer-Presse ist, sollte sich jeder auch politisch dagegen engagieren. Gewiß verfügt Springer über gewaltige Mittel, demokratische Initiative einzuschüchtern. Aber wir dürfen uns nicht einschüchtern lassen. Die Opfer müssen sich wehren.

Eckart Spoo

Bundesvorsitzender der
Deutschen Journalisten-Union (DJU)
in der IG Druck und Papier

Anhang

Frühere Gegengeschichten zur Bildzeitung

> *Manipulation:* Eine ungeschulte und politisch un-
> mündig gehaltene Masse dorthin steuern, wo man
> sie hinhaben will, ohne daß sie in der Lage ist, zu be-
> urteilen, ob dies für sie vorteilhaft ist oder nicht.

»Jedem das Seine« – Warum »Bild« eine schöne Geschichte fand –

Es ist bekannt, daß »Bild« Nachrichten einseitig herausstellt
und verfälscht, Fakten unterschlägt und verdreht, um Massen
unmündig zu halten und zu verdummen, damit die so Verdummten am Ende noch an ihrer eigenen Unterdrückung
Spaß haben. Nach welchen Methoden Springers »Bild« den
Lesern seine Meinung aufzwingt, stellt sich bei einem Test
heraus: »Bild« manipuliert nicht nur Nachrichten, es erfindet
welche, auf daß ihr Weltbild verbreitet wird.

Am Montag, dem 13. April wartete »Bild« mit dem Hauptauf-
macher auf Seite 1 auf: »Heute bin ich mal der Chef«. Darüber: »Für einen kleinen Angestellten wurde ein Traum Wirklichkeit, den Tag für Tag Millionen träumen.« Damit die so
Angesprochenen nicht auch ihre Chefwünsche in den Tag hinein zu träumen wagen, wird in der Unterzeile bereits vom
Scheitern des Experiments berichtet: »Aber am Abend hatte
er die Nase voll.«

Der angebliche Sachverhalt wird so dargestellt: »Der Fahrer
Johann Dürkschnieder (54) aus Stukenbrock bei Paderborn,
war für einen Tag Chef von 320 Angestellten und mußte feststellen: »Gar nicht so einfach, Chef zu sein.«

Im nächsten Satz wird von der Chancengleichheit berichtet,
nämlich daß beide ›mal klein und gleich angefangen haben‹
und aus dem einen aufgrund von mehr Fleiß oder mehr können – das wird suggeriert – der Chef wurde und aus dem anderen halt nur der »Johann«. »Vor 40 Jahren hatten stolz zwei
Stifte in der Gießerei ihre Lehrverträge unterschrieben. Aus
dem einen wurde der Chef des Unternehmens. Der andere,
Johann Dürkschnieder, wurde einer seiner Fahrer«. Aus Anlaß dieses zufälligen »Doppeljubiläums« läßt »Bild« nun die

Probe aufs Exempel machen: *Ist die Welt zu recht in die da oben und die da unten, in Reiche und Arme, Mächtige und Ohnmächtige unterteilt?* »Als die beiden Männer jetzt ihr Dienstjubiläum feierten, verkündete der Chef vor der Belegschaft: Für einen Tag wollen wir die Rollen tauschen. Johann, spiel du mal Chef.«

Soll der »Johann« jetzt doch – stellvertretend für alle Nicht-Chefs – unter Beweis stellen, ob er den schweren Aufgaben eines Chef-Daseins überhaupt gewachsen ist und Unternehmer und Unternommene austauschbar sind. Was läßt »Bild« so einen Untergebenen erst einmal tun: »Johann Dürkschnieder ließ sich das nicht zweimal sagen. Minuten später saß er am Schreibtisch des 60jährigen Firmeninhabers Anton Brechmann« – und, so »Bild«, statt zu arbeiten »rauchte er eine dicke Zigarre«. Damit nicht genug: »Er ließ sich dann zum erstenmal in seiner Laufbahn während der Arbeit eine Tasse Kaffee kochen«. Die schönen Seiten des Chef-Daseins, »wovon Millionen Tag für Tag träumen«, läßt ihn »Bild« noch vollauf bewältigen.

Aber dann kommen wie in einem Alptraum die Pflichten auf Johannes Dürkschnieder zu, er versagt jämmerlich: Zuerst »wurde sein Gesicht immer länger«. Denn: »Plötzlich fingen drei Telefone gleichzeitig an zu klingeln. Sekretärinnen kamen zum Diktat, und er wußte nicht, was er diktieren sollte. Geschäftsfreunde mahnten fällige Aufträge an.« »Bild« läßt den »Chef auf Zeit« stöhnen: »So viel Anrufe habe ich mein Leben lang noch nicht entgegengenommen. Betriebsangehörige wollten einen Vorschuß. Sogar über Gehaltserhöhung sollte ich entscheiden. Dabei war ich selbst immer froh, wenn ich selbst genug in der Lohntüte hatte«. Die Rechte eines Chefs genießen kann er, aber bei den Pflichten läßt ihn »Bild« versagen. »Als es ans Zahlen geht, türmt er: »Fluchtartig verließ er das Chefbüro, als Rechnungen auf seinen Tisch flatterten, die sofort bezahlt werden sollten.«

Die Moral von der Geschichte, die »Bild« dem Leser aufdrängen will:

»Jeder steht da zu recht, wo er steht; Klassenunterschiede sind berechtigt; neide keinem Besitz noch Stand, er hat schwer daran zu tragen; sei glücklich, daß du nur der Johann bist.«

Diese Erkenntnis läßt »Bild« seinen ca. 12 Millionen Lesern

durch seine Versuchsperson so übermitteln: »Und am Abend, als sein Chef ihn nach Hause fuhr, sagte er erschöpft: ›Ich freue mich schon wieder auf morgen, wenn ich wieder den Lastwagen fahren kann. Vom Chef-Spielen habe ich die Nase voll‹.«

Damit könnte es genug sein. Die Absicht von »Bild« ist deutlich erkennbar. Der Test an sich ist absurd genug, ohne Einarbeitung kann keiner so einen neuen Job von heute auf morgen bewältigen.

Eine Fahrt an den Ort des angeblichen Geschehens zeigt jedoch, mit welchem Zynismus »Bild« Vorkommnisse und Verhaltensweisen erfindet, um Massen das sehen zu lassen, was »Bild« sie sehen lassen möchte. Die harmloseste Fälschung ist noch: Dirkschnieders Chef und Firmeninhaber Anton Brechmann hatte sein Dienstjubiläum schon vor drei Jahren.

Aber auch sonst stimmt an der Geschichte rein gar nichts. Der Test fand nicht statt, der Redakteur, der für den Artikel zeichnet – Pichel – war an dem betreffenden Tag überhaupt nicht am »Tatort«, der Springer-Fotograf, der aus Essen anreiste und die Fotos stellte, auf Dirkschnieders Frage »Und wer schreibt den Artikel?« . . .

»Der ist schon geschrieben«. Der Bericht, der bei Springer unter »Vorprodukt« lief, ist wahrscheinlich ein Produkt des politischen Mixstudios aus Axel Cäsar Springers Hauptquartier, gestartet gegen Mitbestimmung und das Mündigwerden der Arbeiter. In einer Aktennotiz eines leitenden Springer-Mitarbeiters heißt es z. B. zur jetzigen Strategie des Hauses: »! ! ! So könne doch der klare Angriff gegen jeden Ansatz der erweiterten Mitbestimmung (von allen Seiten national und international beleuchtet) eine Zielrichtung sein . . .«

Zehn Minuten lang durfte Johannes Dirkschnieder an seinem Jubiläumstag für Springer »Bild« Chef-Sein demonstrieren. Dirkschnieder: »Kurz nach halb fünf, als die Angestellten Büroschluß machten – die Arbeiter haben nach drei Uhr Schluß –, der Betrieb stand still«. Eine attraktive Sekretärin aus einem Zweigwerk wurde entliehen und posierte für »Bild«, indem man sie z. B. Dirkschnieder auf den Schoß setzte. Drei Telefone konnten überhaupt nicht schrillen, da im Chefzimmer nur zwei stehen.

Der mißbrauchte Jubilar, der nach 40jähriger Tätigkeit bei der

240

selben Firma immer noch im Stundenlohn steht und zwischen 750 und 800 DM verdient, sich mit seinem Chef duzt, »aber natürlich nur, wenn keine Kunden dabei sind«, fühlt sich, seitdem er von »Bild« für dumm verkauft wurde, allenthalben verspottet: »Wo ich auch hinkomme, lacht man mich aus. ›Hallo der Chef kommt, so dumm möchten wir auch mal sein‹.«

Anfang der 70er Jahre veröffentlichte BILD hin und wieder noch Leserbriefe. In ihnen kam fast immer noch unverhüllter die Meinung und politische Haltung von BILD zum Ausdruck.

Wer den gezeugt hat, muß ein Jude oder Verbrecher gewesen sein . . .

Auf den Spuren einer »Bild«-Story

Anfang der 70er Jahre veröffentlichte BILD hin und wieder noch Leserbriefe. In ihnen kam meistens noch unverhüllter die politische Meinung von BILD zum Ausdruck.

Einige Tage vor Unterzeichnung des Warschauer Vertrages warf Springers »Bild«-Zeitung ihre letzten Reserven ins Feuer; der Leserbrief einer Hausfrau sollte noch einmal einen »Volkssturm« entfesseln, um zu retten, was kaum noch zu verhindern war. Was hinter dieser üblen Propagandamasche steckt, daß »Bild« auch mit Rechtsradikalen paktiert – das enthüllt dieser Bericht.

Wenn »Bild« in seinen Hetzparolen und Haßtiraden die letzte Zurückhaltung fallen läßt, geschieht es häufig – wie zum Beispiel bei der übelsten Hetze gegen Studenten auch – unter dem Vorwand eines nicht von der Redaktion zu verantwortenden Leserbriefes, der dann oft mit aller Rafinesse der Aufmachung ins grellste Licht gerückt wird. Wie hier im Fall der Hausfrau Erna Hannebauer aus Hüttental-Geisweid, die »Bild« mit einem Brief an den Bundeskanzler vorpreschen läßt. »Bild«: »Da der Brief zwar mit leidenschaftlicher Empörung, aber offenbar in ehrlicher Sorge geschrieben wurde, haben wir ihn nicht gekürzt und auch die härtesten Vorwürfe wie ›Verbrecher‹ und ›Schandvertrag‹ stehengelassen.«

Es folgt der Brief, in dem von »angestammter Heimat« und gleich dreimal von »Verbrechen« die Rede ist. ». . . Ihnen steht dieses Recht nicht zu, Herr Bundeskanzler. Warum wollen Sie den Hitlerverbrechen ein neues, großes Verbrechen hinzufügen . . .« Dann bekennt Frau Hannebauer noch, daß sie Brandt »vor zwei Jahren gewählt« habe, wofür sie sich jetzt »in Grund und Boden schäme«.

Um einmal unabhängig von »Bild« zu erfahren, was es mit der »Gewissensnot« der so herb enttäuschten »Brandt-Wählerin«

242

auf sich hat, suche ich sie auf. Meine erste Vermutung, daß
»Bild« wieder einmal einen Türken gebaut hat und Frau Hannebauer eine erfundene Gestalt aus der politischen Hexenkü-
che des Springer-Märchenwaldes ist, erweist sich als nicht richtig. Frau Hannebauer existiert. In einer Reihensiedlung in
Hüttental vor Siegen öffnet sie mir die Wohnungstür. Sie ist
nicht abweisend als ich mich als Angehöriger der neofaschisti-
schen »Aktion Widerstand« ausgebe. Sie bittet mich herein
und sagt, daß sie aufgrund der »Bild«-Aktion schon seit einigen Tagen mit Briefen, Blumen und sogar Geldspenden über-
schüttet würde.

Während des einstündigen Gesprächs, das ich auf Tonband
aufnehme, entsteht das Bild einer anderen Erna Hannebauer,
als es in »Bild« präsentiert worden ist. Ihr Bekenntnis, das sie
als enttäuschte SPD-Wählerin abgab, scheint lediglich ein tak-
tischer Zug gewesen zu sein. Auf meine Frage: »Wie lange
hatten Sie noch konkrete Hoffnung auf eine Wiedervereini-
gung«, antwortete sie: »Eigentlich immer noch, solange die
CDU dran war.« Und als ich überraschend nachhake, »wie
konnten Sie denn nur SPD wählen?« bittet sie mich, das Tonband einmal abzuschalten, als ob sie zu einem vertraulichen
Bekenntnis ausholen wolle. Dann überlegt sie es sich anders,
lächelt vieldeutig – wie »wir verstehen uns schon« – und sagt:
»Da möchte ich lieber nichts darauf sagen.« An anderer Stelle
wird sie deutlicher. Als ich frage, was jetzt, nachdem der Vertrag ja sozusagen unter Dach und Fach sei, an Initiative aufzu-
bringen sei, läßt sie mich wieder das Tonband abstellen. Und
sie sagt: »Widerstand, Widerstand um jeden Preis.«

Voll Stolz liest sie mir aus den von »Bild« provozierten Briefen
vor: »Die denken alle so wie ich und bewundern mich.« Und
was »Bild« durch ihren Leserbrief wie mit einem Stein anrol-
len ließ, wächst sich in dem Wust der Zuschriften zur Lawine
aus. Da bringt ihr ein 75jähriger (»Habe zwei Weltkriege auf
dem Buckel und bin im Saargebiet der letzte Mann von der
grausigen Schlacht am Skagen«) seine Verehrung zum Ausdruck und fühlt sich von ihr ermutigt, in die nächste grausige
Schlacht zu ziehen gen Osten: »So wollen wir streiten für unser
geliebtes Vaterland. Ich bin alt, aber noch so jung, für in diesen Kampf zu gehen.«

Einem anderen Schreiben gewinnt sie ähnliche Rührung ab:

».. . Nun sind Sie wohl enttäuscht über die Antwort von dem vaterlandslosen Gesellen Brandt, alias Frahm . . . Wenn er ein Deutscher wäre, hätte er nicht seine erste Weihnacht als Kanzler in Tunis verlebt, sondern wie jeder Deutsche in der Heimat . . .« Aus den meisten Briefen weht ein abgestandener Odem aus der unbewältigten Nazizeit, in Gedichtform »Als unsereins vorm Feinde stand, da weilte er (Brandt) im fremden Land«, krakeligen Handschriften und säuberlich getippten Firmenschreiben mit beiliegendem Scheck. Da hat »Bild« stupiden Haß und Antisemitismus geschürt: »Haben Sie eine andere Antwort erwartet von so einem Teufel? *Wer Brandt gezeugt hat, muß ein Jude, Zigeuner oder Verbrecher gewesen sein, denn in ihm ist kein Tropfen deutsches Blut* . . .«

Für diese »Anerkennungsschreiben« ist Erna Hannebauer »Bild« von Herzen dankbar; einen ihr besonders wichtig erscheinenden Briefschreiber zitiert sie in der Freude neugewonnener bundesweiter Bestätigung gleich mehrmals. »Er schreibt, ich glaube, es ist der Graf Plettenberg, ›die Söhne von Brandt studieren in Dresden‹. Da sehen wir, wie weit wir schon gekommen sind. Und, das rechnet er wissenschaftlich vor: ›Es waren gar keine sechs Millionen Juden, sondern nur etwas über 100 000.‹«

Die meisten der von »Bild« so Entfachten sind mittlere und ältere Jahrgänge. Zu den wenigen Briefschreibern, von denen Frau Hannebauer enttäuscht ist, zählt ein der Schrift nach zu urteilen etwa 14- bis 16jähriger. Er schreibt: ». . . Ich bin überzeugt, wenn die Deutschen den Krieg gewonnen hätten, würde heute kein Pole mehr am Leben sein. Auch würde Ihre Generation nicht nach den Gefühlen anderer fragen. Rußland wäre heute noch genauso besetzt, wie jetzt Deutschland besetzt ist . . . Ich finde Sie einfach gehässig, ich bin froh, daß Sie nicht meine Mutter sind. Sie sind ein Egoist.«

»Bild« – Dein Rächer und Helfer – Wie »Bild« die Bösen bestraft und die Guten belohnt –

»Die ›Bild‹-Zeitung ist die Zeitung der großen Vereinfachung, aber die Fähigkeit der Redakteure, in dieser Vereinfachung das Wesentliche zu sagen, scheint mir hochentwickelt zu sein.«
Josef Hermann Dufhues, CDU-Bundestagsabgeordneter

»Stellenangebot – Mutti gesucht!« Mit dieser 15-cm-hohen Hauptaufmacherzeile auf Seite 1 widmete sich die »Bild«-Zeitung am 27. Januar einer der »erschütternsten Zeitungsanzeigen dieser Tage«.

»Ein verzweifelter Vater hat das Inserat aufgegeben, um seine vier Kinder vor einem trostlosen Heimdasein zu bewahren.« Grund, laut »Bild«: »Denn ihre leibliche Mutter Rita Z. (30) aus Wesel hat sie am 26. Oktober verlassen.« Als »Gewissen der Nation« stellt »Bild« die treulose Mutter, die so grob einem »Bild«-Leitspruch (»Die deutsche Familie ist in Ordnung, sie ist ganz und gar Familie«) zuwiderhandelte, an den Pranger:

»Ihr ist es gleichgültig, was aus Andrea (4), Udo (3), Britta (2) und Heiko (1) wird.«

»Bild« weiß von den Gefühlen der Frau zu berichten: »Es kümmert sie nicht, ob die vier Kinder nach ihr rufen und sich nach den Armen ihrer Mutter sehnen. Es ist ihr egal, ob ihre Kinder ohne Mutterliebe aufwachsen.«

Damit noch nicht genug: »Bild«: »Die herzlose Frau hinterließ ihrem Mann einen Brief, in dem sie wörtlich schrieb: ›Ich erkläre mit dem heutigen Tage, daß ich an meinen Kindern kein Interesse mehr habe und daß ich sie nie wiedersehen werde.«

Diesen, wie »Bild« eingesteht »kaum glaublichen Brief«, läßt das Massenblatt den Ehemann Karl-Heinz Z. »auf dem Wohnzimmertisch finden«. »Fassungslos las der blonde untersetzte Mann diese Zeilen.« Und nachdem die Empörung der rund 10 Millionen »Bild«-Leser genug angestachelt ist, stellt »Bild« im nächsten Satz den wahren Schuldigen vor: »Und kurze Zeit später tauchte ein türkischer Gastarbeiter namens Ali bei ihm auf und sagte: Wenn du deine Frau suchst – sie ist bei mir . . .«

Damit nicht der geringste Verdacht aufkommt, die Ehefrau hätte am Ende Gründe haben können, ihren Mann zu verlassen, beschwört »Bild« durch die Aussage des Ehemannes eine glücklich harmonische Eheidylle herauf: »Warum hat sie das nur getan?, fragt er sich immer wieder. Wir waren doch fünf Jahre lang glücklich verheiratet.«

Welche Absichten »Bild« mit so einer halbseitigen auf dem Titelblatt aufgemachten Mitleid und Empörung weckenden Einzelschicksals-Story bei seinen Lesern verfolgt, ist hinreichend bekannt. Die »Bild«-Zeitung, die nach außen hin zwar mit allen Mitteln den Eindruck eines »Volksblattes« zu erwecken versucht, sich intern jedoch als »exzellente Interessenvertretung der Arbeitgeber« bekennt, und die planmäßig durch sie Verdummten zynisch »Primitivos« nennt, lenkt dadurch von den wirklichen politischen Problemen ab, sie schafft es, daß der Arbeiter – immerhin lesen noch 50 % der Arbeiter als einzige Tageszeitung »Bild« – seine Situation nicht als änderbar begreifen lernt, sondern als zufällig und schicksalhaft. Als Urheber für seine Probleme, die ihm in Krisenzeiten vielleicht sogar schon mal als Misere zugestanden werden, werden ihm nie die an ihm Profitierenden vorgeführt, statt dessen Ausgebeutete wie er – oder noch wirkungsvoller – Vertreter von Minderheiten oder Minderheiten an sich, wie demonstrierende Studenten oder »Gastarbeiter«, auf daß er seine angestauten Ängste und Aggressionen am falschen Platz abreagiert.

Unabhängig davon werden im vorliegenden Fall »Mutti gesucht« die Gründe ausgespart, die eine derartige Ehe zum Scheitern gebracht haben könnten. Ausschließlich aus dem Blickwinkel des Ehemannes schildert »Bild« die Ehe. Weder wird versucht, gesellschaftliche Hintergründe, noch sonstige Voraussetzungen für das Scheitern der Ehe sichtbar zu machen.

Die Frau ist böse, »herzlos«, der wahre Schuldige der Türke. »Bild« appeliert an die alleinstehenden Frauen der Nation, dem unschuldig »mutti«losen Ehemann Mutter für seine »an-den-Bettstäben-rappelnden«, »wartenden«, »am-liebsten-den-ganzen-Tag-gestreichelt-werden-wollenden« Kleinen zu sein.

»Die Richtige« braucht nur gefunden zu werden, und – dank »Bild« – wäre die Welt wieder in Ordnung.

Ich suchte die Akteure der »Bild«-Geschichte auf: Herr Z. in seiner Wohnung in Wesel. Er ist erst 30, sieben Jahre jünger, als »Bild« ihn Deutschlands unverheirateten, geschiedenen und verwitweten Frauen offerierte. Dafür ist seine Wohnung kleiner als ausgeschrieben: statt sechs sind es vier Zimmer. Herr Z. spielt die Rolle, wie sie »Bild« für ihn geschrieben hat. Er spricht nicht von seiner Frau, sondern von der »Mutti«, die ihm, obwohl sie »keinen Grund hatte und immer wunschlos glücklich war, mit dem Türken betrogen« hätte. Herr Z. ist bei der Sortierung der zahlreichen Bewerberinnenbriefe, die ihm »Bild« beschert hat. Von einem 18jährigen »anspruchslosen und hingebungsvollen Mädchen«, bis zur ausgereiften Studienrätin, die sich mit ihm, dem Arbeiter, sexuell nicht einlassen möchte, dafür jedoch ihre ganze Liebe den armen im Stich gelassenen Kleinen schenken will, hat er unter hundert Angeboten die frei Auswahl. Er erzählt, wie »Bild« ihn zur Redaktion nach Essen fuhr und ihn einen Tag lang mit Bewerberinnen aus ganz Deutschland telefonieren ließ und einen neuen Artikel »die neue Mutti soll nie schimpfen« nachzog.

Herr Z.: »Seitdem das in der ›Bild‹-Zeitung war, würde ich unsere erste Mutti nicht mehr nehmen, selbst wenn sie auf den Knien angerutscht käme.« Herr Z. fühlt sich der Springer-Zeitung zu großem Dank verpflichtet: »Ich hatte an die geschrieben, daß die meine Frau aufstöbern. Die wollen jetzt noch zwei weitere große Berichte bringen. Und wenn ich mich für eine entschieden habe, ganz groß über das ›happy-end‹.«

Daß er für seine Frau nicht mehr der einzige gewesen sei, sagten ihm Nachbarn, als er von einer seiner mehrmonatigen Montage-Arbeiten nach Hause gekommen war. »Ich hätte das nie im entferntesten bei meiner Frau für möglich gehalten. Ich habe immer gedacht, die hat ja vier Kinder von mir, die ist voll ausgelastet.« Er scheint seine Frau als Besitzgegenstand anzusehen: »Ich habe ihr, als ich es wußte, ihre Kleider und sonstigen Sachen eingeschlossen und ihr den Reisepaß abgenommen. Bei Verheirateten ist das ja kein Diebstahl, habe ich mal gelesen. Die kriegt ihre Kleider nicht wieder. Wissen Sie, was ich damit mache, ich schicke sie in die Ostzone zu einer Tante, die ungefähr ihre Größe hat.«

Herr Z. berichtet, wie sich seine Frau vor ihm versteckt hielt, als »Bild« sich der Sache annahm. »Wir haben die beiden in Dortmund aufgestöbert. In einer kleinen Änderungsschneiderei, in der der Türke arbeitete. – Also, ich versteh' es nicht, daß man sich mit einem Ausländer und dann noch so einem, einlassen kann, so einem schäbigen Kerl, der stotterte, hat einen kleinen Buckel, hat es mit den Nerven, er wackelte mit dem Kopf so ab und zu. – Zusammen mit einem Journalisten der »Neuen Welt«, der durch »Bild« auf die Sache gestoßen war und eine nochmalsogroße Sache bringen wird, haben wir sie nachts gestellt, Polizei gerufen, die kamen mit Streifenwagen. Ich sage, da sind sie drin, über die die »Bild«-Zeitung groß berichtet hat. Ich werde das nie vergessen, den Anblick, als wir eindrangen. Ich sage zu den Polizisten, der ist das. Ich sage, du hast das letztemal in Deutschland Luft geholt. Wie die da hausten! Die hatten auf einer Zwischendecke Matratzen liegen, wo sie zum Schlafen mit Leitern raufkletterten. Das ist doch eine Sauerei, das kann ich ruhig sagen, auf deutsch, da poppen die da oben und waschen können sie sich nicht. Pfui Teufel, da könnte ich ausspucken vor. Da kommt meine Frau runter, da habe ich nur gesagt, Rita, ich hätte Dir alles verziehen, warst eine hübsche Frau, aber unter so erbärmlichen Verhältnissen, wo du hier wohnst, das sind ja Zigeunerverhältnisse, Zigeuner wohnen ja besser . . . Ich beantrage, ich lasse meiner Frau sämtliche Rechte für die Kinder absprechen, die darf die nie mehr sehen . . . Die Genugtuung, die ich habe, ich will jetzt, daß meine Frau . . ., daß der Türke ausgewiesen wird; an 1. Stelle, der soll weg. Denn das ist eine Abschreckung für alle Ausländer.«

Frau Z. hält sich bei ihren Eltern in der Nähe der holländischen Grenze auf. Sie verläßt kaum das Haus, aus Angst von »Bild«- oder »Neue Welt«-Reportern neuerlich aufgespürt zu werden. (Ihre Aussagen wurden überprüft und durch eidesstattliche Erklärungen belegt.)

Die Frau, der ihre Kinder laut »Bild« »gleichgültig« sind und der es »egal ist, ob ihre Kinder ohne Mutterliebe aufwachsen«, wurde von »Bild« nie nach ihren Gefühlen und nach ihrer Meinung gefragt.

Frau Z.: »Man konnte unser Zusammenleben eigentlich schon lange nicht mehr als Ehe bezeichnen. Dreiviertel unseres Zu-

248

sammenlebens war er ständig unterwegs auf Montage und wenn er mal da war, trank er meistens nachts in den Kneipen. Das 2. Kind war eigentlich schon kein Wunschkind mehr, aber da habe ich mich noch mit abgefunden, aber als dann nacheinander das 3. und 4. Kind kam, weil er nicht wollte, daß ich die Antibaby-Pille nahm . . ., das 5. Kind war eine Frühgeburt, zum Glück, muß ich sagen. Er hat immer gedroht, er würde mir noch mehr Kinder andrehen, Du bist schließlich meine Frau, hat er gesagt, dann kannst Du wenigstens nicht mehr raus.

Mein Mann kannte den Türken, Herrn K., schon lange, bevor ich ihn kannte. Durch meinen Mann habe ich ihn kennengelernt. Ich hatte für seine Änderungsschneiderei Näharbeiten zu machen.

An dem Abend, als die Nachbarn meinem Mann über mich und Herrn K. berichteten, hat er mich in der Wirtschaft ›Hure‹ genannt und gesagt, er wolle mich nach Düsseldorf fahren und auf den Strich schicken. Er hat gesagt, ›Ich habe Dich mit mehreren Frauen betrogen‹, das sei jedoch etwas ganz anderes, als wenn eine Frau so was machen würde. Er ging mit dem Brotmesser auf mich los, aber Leute in der Wirtschaft hielten ihn zurück.«

Sie berichtet über das Zustandekommen des laut »Bild« von »der herzlosen Frau hinterlassenen Briefes an ihren Mann«.

Frau Z.: »Von ›auf-dem-Wohnzimmertisch-hinterlassen«, wie »Bild« das ausmalt, kann gar nicht die Rede sein. Ich arbeitete bereits in Bocholt, in einer Kleiderfabrik und wohnte im Hotel, als mein Mann mir nach der Arbeit auflauerte, mir die Tasche mit den Papieren wegriß und mich mit einem Totschläger – einer Spirale, die durch Knopfdruck heraussprang – zwang, zu schreiben, daß ich kein Interesse an meinen Kindern mehr hätte und sie nicht mehr wiedersehen wolle. Als ich mich zuerst weigerte, sagte er, ›da wollen wir doch mal sehen, ich mache die Kinder kaputt und dich auch.‹ Dann hat er mir noch einen Schuh ausgezogen und den Mantel mittendurch gerissen.

Spätestens bei der Scheidung werde ich versuchen, daß mir wenigstens zwei Kinder zugesprochen werden, welche ist mir egal.«

»Bild«, immer noch mit Abstand die meistgelesene Tageszeitung der Bundesrepublik, hat es mit seiner »Mutti-gesucht«-Aktion wieder einmal verstanden, zwar außerhalb des Gerichtssaals, aber nach Springer-eigenen Gesetzen Recht und Ordnung wiederherzustellen, zu bestrafen und zu belohnen in einer Art sich selbst regulierenden Volksjustiz in Form von Menschenjagd.

Frau Z. wurde aufgrund des »Bild«-Artikels zweimal erkannt und verlor ihre Stelle: »Anderthalb Monate hatte ich z. B. in Dortmunds teuerstem Hotel, dem ›Römischen Kaiser‹, wo die Zimmer zwischen 50 und 150 DM kosten, gearbeitet, als ich kurz nach 10 Uhr von der Hausdame zum Direktor gerufen wurde. Als ich reinkam, hielt er die »Bild«-Zeitung auf dem Tisch und schrie mich an: ›Sind das Ihre Kinder?‹ und da sage ich drauf, ob ich die »Bild«-Zeitung erst mal sehen dürfe. Ich habe mir nun die Fotos angesehen, lesen konnte ich in der Aufregung nichts und sage, ›ja, das sind meine Kinder.‹ Da sagt er: ›Das wäre eine Schweinerei, denn er hätte selber drei Kinder, er wüßte, wie das wäre, er würde die »Bild«-Zeitung sofort anrufen und er würde von meinem Lohn sofort eine Fahrkarte besorgen und mich in den nächsten Zug setzen. Als ich sagte, das ginge nicht so einfach, hat er gesagt ›innerhalb einer halben Stunde haben Sie Ihre Sachen gepackt und sind hier verschwunden.‹«

Ihr Freund, der Türke K., wurde ebenfalls zur Strecke gebracht. Herr K., seit 8 Jahren in der Bundesrepublik, ohne bisher straffällig geworden oder sonst mit der Polizei zu tun gehabt zu haben, sitzt in Dortmund seit der nächtlichen Festnahme in »Abschiebungshaft«. Eine Begründung seiner Inhaftnahme wurde ihm nicht mitgeteilt. Der zuständige Oberamtsrichter Hoyer erklärt auf telefonische Anfrage hin, zu »so einer prekären Angelegenheit« wolle er keine Stellungnahme abgeben. Im übrigen: »Ich weiß ja auch nichts näheres, was nun im Einzelnen gegen den Mann vorgebracht wird.« Der Beamte vom Ausländeramt der Stadt Dortmund erklärt auf Befragen: »Die Ausweisung ist nur noch nicht durchgeführt worden, weil zur Zeit wegen des Streiks der Lufthansa keine technischen Möglichkeiten bestehen.«

Der einzige Paragraph des Ausländergesetzes, der für die Abschiebung des Herrn K. herhalten könnte, wäre § 10, Ziffer 11: »Ein Ausländer kann ausgewiesen werden, wenn seine

Anwesenheit erhebliche Belange der Bundesrepublik Deutschland . . . beeinträchtigt.«

Man sieht: Wenn »Bild« sich der kaputten Ehe des Herrn Z. gebührend annimmt, können daraus sehr bald »erhebliche nationale Belange« werden.

Während der Türke K. in seiner Zelle auf die Abschiebung wartet, hat »Bild«, solange die Sache noch »heiß« ist, ein »happy-end« zu bieten. Wieder Seite 1, Schlagzeile »Du bist die Richtige!« Karl-Heinz Ziebell und seine neue Frau.«

»Bild« als vorsorgende Ehestifterin, die alte Ehe war zwar noch nicht geschieden, jedoch diesmal drückt »Bild« ein Auge zu. Denn als »Bild« über das Schicksal dieses Mannes und seiner Kinder berichtete, meldeten sich mehr als 400 Frauen.«

Jedoch bei der dritten bereits stellte der »verlassene Ehemann fest: Es war Liebe auf den ersten Blick«.

Warum »Bild« einen Lehrling in drei Monaten 20mal die Lehrstelle wechseln ließ

»Auf die Bild-Zeitung kann man sich verlassen.«
Hessens CDU-Vorsitzender Alfred Dregger, in »Bild«

Beim Bericht, wie ihn »Bild« am 5. April seinen Lesern vorsetzt, fehlt nur die Vorbemerkung »Es war einmal . . .«, um ihn den Lesern als das vorzustellen, was er in Wirklichkeit ist: ein bösartiges Märchen.

Der Journalist, der in dem Artikel zum Verbreiten der Unwahrheit fast zwei Dutzend Sätze bemüht, hat sich bei einem einzigen Satz einen Stilbruch, d. h. die Wahrheit geleistet.

»Herbert V. (14) aus Köln war im August vergangenen Jahres aus der Schule entlassen worden.« Dieser eine Satz stimmt voll, ist allerdings für sich allein nicht stark genug, um die von »Bild« beabsichtigten Akzente zu setzen.

Das schafft dafür die fettgedruckte Schlagzeile: »Der Junge, der in drei Monaten 20mal die Lehrstelle wechselte – Tankstelle oder Konditorei: Die Arbeit war ihm immer zu schwer.« So ist das also, denkt der unvoreingenommene Leser, der zwar nicht in »Bild«, dafür vielleicht aber schon mal in der Tagesschau gesehen hat, wie Lehrlinge auf der Straße gegen Ausbeutung und für mehr Rechte demonstriert haben: ›demonstrieren könnten sie, zum arbeiten sind sie zu faul!‹ Da man mit Tieren weniger förmlich umzugehen braucht als mit Menschen und von daher auch leichter mit ihnen fertig wird – (wie z. B. mit den Juden im 3. Reich, die man, bevor man sie als solche behandelte, zuvor in »Wanzen und Ungeziefer« umbenannte und eingedenk Straußen's Umbenennung der Studenten in »Tiere« und »Schweine«) nennt »Bild« den Lehrling »fauler als ein Faultier«. Ein Besuch bei den Eltern des zum »Faultier« Abgestempelten, ein Gespräch mit ihm, ein Blick auf seine Lohnsteuerkarte und ein Besuch bei seinen zwei Lehrstellen, ergeben den wirklichen Sachverhalt. Der »Bild«-

252

-Bericht verfährt nach dem Schema der mittelalterlichen Hexenverbrennungen (einmal als Hexe verdächtigt, wird ihr jede Reaktion als Bestätigung des einmal gefaßten Verdachts zu ihrem Nachteil ausgelegt. Was früher in der Praxis so aussah: warf man sie gefesselt in den Fluß und ging sie nicht unter, war es der Beweis, daß sie mit übersinnlichen Mächten in Verbindung stand und sie wurde zum Scheiterhaufen geführt; ging sie unter, hatte sie es auch nicht besser verdient.) Der Lehrling kann tun, was er will, alles wird ihm als Symptom seiner Faulheit zur Last gelegt. »Bild« unterstellt: »Um sich von den ›Schulstrapazen‹ zu erholen, machte er erstmal vier Monate Ferien. Erst als seine Mutter drängte: ›Du mußt endlich anfangen zu arbeiten‹, suchte er sich eine Lehrstelle als Tankwart.« – Richtig ist, daß er nicht 4 Monate, sondern den für alle Schulentlassenen obligatorischen einen Monat Ferien (als Begleiter seines Vaters auf dem Fernlaster) machte, und die erste Lehrstelle – als Automechaniker bei Daimler Bentz – bereits während seiner Schulzeit und nicht erst auf Drängen seiner Mutter vereinbart wurde.

»Bild« fährt fort: »Doch schon nach drei Tagen feuerte der Chef ihn. Denn Herbert V. hatte die Kunden aufgefordert: ›Putzt Eure Windschutzscheiben selbst.‹ Und wenn er Benzin auffüllen sollte, schimpfte er noch: ›Ihr Tankschloß klemmt. Schrauben Sie es selber auf, sonst gibt es keinen Sprit.‹« – Seine erste Lehrstelle beendete Herbert V. nicht auf beschriebene Weise, nach drei Tagen, sondern erst nach einem Monat, weil er sich nicht für den Beruf des »Mercedes«-Automechanikers eignete.

Weiter lügt »Bild«: »Auch in seiner nächsten Lehrstelle einer Konditorei blieb er nur drei Tage. Statt Kuchenbleche zu tragen und Teig zu kneten, naschte er den Zuckerguß von den Torten.« Tatsächlich hielt es der Lehrling auf seiner 2. Lehrstelle, in der Konditorei Hochkirchen, nicht drei Tage, sondern 6 Wochen aus und der Grund der Auflösung des Lehrvertrages war nicht etwa »Naschen«, sondern einige Male »Zuspätkommen«, wie mir Konditoreibesitzer Hochkirchen versicherte, der, wie er sagte, nie von einem »Bild«-Zeitungsjournalisten über seinen ehemaligen Lehrling befragt worden ist.

Eine weitere Lehrstelle dichtet der erfindungsreiche »Bild«-

-Journalist seinem Opfer so an: »Aus einer Textilfirma verschwand Herbert V. schon am ersten Tag.« Grund: »Weil er eine Kiste tragen sollte. Den Meister hatte er angeknurrt: ›Ich bin doch kein Schwerathlet‹.« Und noch eine Lehrstelle erfindet »Bild« dazu: »Bei seiner nächsten Lehrstelle war der Junge zu faul, nur 200 Meter weit zum Mittagessen nach Hause zu gehen. Statt dessen stahl er Lebensmittel in einem nahegelegenen Geschäft.« – Hier unterschlägt »Bild«, daß der Mundraub nicht aus Faulheit geschah, sondern weil Herberts Mutter zu der Zeit im Krankenhaus lag. Selbst die Zahlkarte, die Herberts Mutter im Gerichtssaal vergaß, ist für »Bild« ein Dokument für die »Faulheit des Lehrlings«: »ließ er die Zahlkarte im Gerichtssaal liegen und meinte vorwurfsvoll: ›Die ist mir zu schwer‹.«

Neue Unterstellung von »Bild«: »Dann setzte der junge Faulpelz sich ins Taxi und fuhr nach Hause«. (Hier wird deutlich der Haß der Millionen »Bild«-Leser, die sich nicht so ohne weiteres ein Taxi leisten können, gegen den »arbeitsscheuen«, aber scheinbar über Geld verfügenden (woher nur?) Lehrling mobilisiert).

In Wirklichkeit ging Herbert nach der Gerichtsverhandlung den halbstündigen Weg nach Hause mit seiner Mutter zu Fuß; sie wollte sparen.

Der Schluß des Artikels ist so konstruiert, daß hier besonders stark der Verdacht aufkommt, der ganze Bericht sei zusammengebastelt, um der umsichgreifenden Lehrlingsbewegung eins auszuwischen, sie durch einen erfundenen Einzelfall zu diskriminieren, durch einen sogenannten »Trend«-Artikel, wie sie Springer zu vielen politischen Anlässen, z. B. – laut Hauserlaß – »gegen jede Form der erweiterten Mitbestimmung« provoziert. Da wird der Begriff, der in der Lehrlingsbewegung – und nicht nur dort – mit Beispielen und Inhalten belegt, das profitsteigernde Ausplündern des Menschen durch den Menschen als »Ausbeutung« bezeichnet, im »Arbeitgeber« Sinn gebraucht.

Von »Bild« mit entsprechend »schlimmen« Eigenschaften ausgestattet muß jeder annehmen, der Lehrling »beutet« seine Chefs aus, und nicht umgekehrt; der Lehrling, nicht der Unternehmer übt Willkür aus; dem Lehrling, nicht dem Unternehmer geht es viel zu gut. Nicht mehr Rechte für die Unter-

drückten, die Lehrlinge, sondern alle Rechte den Unterdrük-
kern, den Unternehmern.

Im Schlußsatz von »Bild« liest sich das schließlich so: »Bevor
er jetzt eine neue Lehrstelle sucht, will er sich zunächst noch
einige Wochen ausruhen. ›Denn‹, so meint er, ›bei diesen Ar-
beitgebern werde ich ja doch nur ausgebeutet.‹«

Das »Ausruhen« hat »Bild« dem Lehrling selbst beschert. Bei
einer neuen Lehrstelle, die Herbert V. über das Arbeitsamt
bereits festgemacht hatte, wurde ihm, als er am Tag des Er-
scheinens von »Bild« mit seiner Arbeit dort anfangen wollte,
wieder entzogen. Kommentar: »So ein Faultier können wir
hier nicht gebrauchen.« Bei einer anderen Bewerbung wurde
ihm mit ähnlichem Argument eine Einstellung verweigert.
Der Begriff Ausbeutung, die ihm vom »Bild«-Journalisten in
den Mund gelegt wurde, ist für Herbert V., als ich ihn danach
fragte, zwar ein unbekanntes Fremdwort, die Anwendung jenes Prinzips hat er dafür allerdings schon am eigenen Leib besonders krass erfahren. Nach Scheitern des 2. Lehrverhältnis-
ses verdingte sich Herbert V., »da ich ja Geld verdienen mußte«, auf einer Tankstelle. Hier stellte man ihn als »Lehrling«
ein, ließ ihn die gleiche Arbeit machen wie die Vollbezahlten
und zahlte ihm dafür ein Lehrlingsgeld. Als seine Eltern her-
ausfanden, daß der Tankstellenbetrieb nicht berechtigt war,
Lehrlinge auszubilden, da der »Lehrherr« weder Gesellen-
noch Meisterbrief besaß, sie daraufhin einen angemessenen
Lohn für ihren Sohn verlangten, wurde ihm mit der Begründung gekündigt, er habe die Stoßstange eines Wagens beschädigt. Unter diesem Vorwand wurde Herbert V. für seine 6
Wochen Arbeit kein Pfennig Lohn bezahlt.

Diese Tatsache hielt der »Bild«-Zeitungsmann nicht für wert
mitzuteilen, vielleicht weil er nicht erfunden, sondern wirklich
passiert ist und dem Wort Ausbeutung einen konkreten Sinn
gegeben hätte.

Über die Vorgeschichte der »Bild«-Zeitungsgeschichte gäbe es
noch zu berichten: die Verhandlung vor dem Jugendgericht
war im Schutzinteresse des Jugendlichen nicht öffentlich, auch
die Presse war ausgeschlossen. Der »Bild«-Zeitungsjournalist
schien jedoch »höheres Interessengut« wahrzunehmen, er
konnte an der Verhandlung teilnehmen und, wie er inzwischen
andeutete, durch übliche «Honorarzuwendungen« an Jugend-

gerichtshilfebeamte, wurde ihm die Adresse seines »Opfers«
preisgegeben. Bereits von Anfang an schien für ihn der »Fall«
gelaufen. Zu einem Kollegen: »Den machen wir jetzt zum
faulsten Jungen Deutschlands.« »Bild«-Redakteur B. und
»Bild«-Fotograf Sch. machten sich zur Wohnung des 14jähri-
gen auf, wo sie ihn alleine antrafen. Sie gewannen sein Vertrauen mit der Bemerkung »wir waren im Gericht und haben
Dich gut gefunden.« Sie überredeten ihn, die Haltung einzu-
nehmen, die ihnen für »Faulheit« am sinnbildlichsten erschien. Mit übereinandergeschlagenen Füßen auf dem Kü-
chentisch. B. heute: »Er wollte nicht so recht. Bei seinem
rechten Bein gab's Schwierigkeiten, da mußten wir noch etwas
nachhelfen.

Samstag vor Ostern findet sich »Bild«-Journalist B. bei Familie V. ein, um zu beschwichtigen. Herr V. hat angekündigt,
Anzeige wegen »Verleumdung« zu erstatten und er will Schadenersatzansprüche geltend machen.

Er sieht seinen Beruf gefährdet, da er seit der Veröffentlichung immer wieder seinen »mißratenen Sohn« vorgehalten
bekommt und ihm Aufträge mit wertvoller Fracht seitdem entzogen werden.

Ich nehme an der Besprechung als »Schwager« von Herrn V.
teil. »Bild«-Redakteur B. ist Mitte 30. Er findet nicht die Situation vor, wie er sie gewohnt zu sein scheint.

»Bin ich hier denn in einer Gerichtsverhandlung?«

»Ja, Sie haben sich hier zu verantworten, stellvertretend für
Herrn Springer«, sage ich. Zuerst versucht der Redakteur von
sich abzulenken. Das »fauler als ein Faultier« sei nicht von
ihm, bemerkt er, sondern erst in Hamburg von der Redaktion
reingesetzt worden. Außerdem habe er auch ein paar positive
Bemerkungen über den Jungen im Manuskript gehabt, die sei-
en von der Hauptredaktion dann gestrichen worden.

Er ist ein guter Springerbediensteter. Als ich bemerke, daß es
sich nun langsam herumspräche, wie »Bild« Nachrichten ver-
fälsche, direkte Lügen verbreite usw., droht er, das könne
Konsequenzen für mich haben; wenn ich das öffentlich verbreite, gäbe das eine Anzeige. Als ich ihm sage, daß ein Ge-
richtsentscheid vorliegt, der die Behauptung dieser Tatsache
ausdrücklich erlaube, wird er etwas unsicher. An einem Wahr-
heitsbeweis scheint er nicht interessiert. Er lehnt es z. B. ab,

256

sich die Lohnsteuerkarte des Jungen anzusehen. Statt dessen beruft er sich auf Informatenschutz »Informanten, deren Anonymität« er nicht preisgeben würde. Eher würde er in »Beugehaft« gehen. Auf meine Frage, warum er den Jungen zwar fotografiert, ihn aber nicht zur Sache befragt habe? B.: »Ich brauche mit ihm überhaupt nicht zu verhandeln, denn er ist ja nicht geschäftsfähig.«

Zum Schluß verabschiedet sich B. jovial von Herrn V., der vor Erregung während des Gesprächs einige Male zitterte: »Legen Sie sich erst mal hier auf der Eckbank rund, dann werden Sie schon wieder ruhiger.« Und: »Schadenersatzansprüche zu stellen, hat überhaupt keinen Zweck, da kommen Sie gegen uns doch nie an.« Und als zynische Schlußpointe: »Versuchen Sie es doch mit einer Gegendarstellung. Ich werde Ihnen da gern behilflich sein. Ich kenn' ja schließlich die Fakten.« –

»Da kommen Sie gegen uns doch nie an« – was heißt das? Das heißt: Macht schafft Recht, und wir werden immer recht behalten, weil wir die Macht haben. Das heißt: Glauben Sie doch bloß nicht, hierzulande herrsche gleiches Recht für alle. Das heißt: Bleiben Sie still, wie es sich für Sie gehört, und finden Sie sich mit dem Schaden ab, denn wenn Sie uns, die immer recht behalten, verklagen sollten, dann – denken Sie an die Prozeßkosten – würde der Schaden für Sie nur noch größer werden.

Ich will hier nicht auf die bundesdeutsche Justiz überlenken, etwa auf die Bestechlichkeit von Justizbediensteten, von der Günter Wallraff in derselben Reportage spricht. Erwähnt sei allerdings die Tatsache, daß sich Verleger Axel Springer im Prozeß gegen Horst Mahler wiederholt Brüskierungen des Gerichts erlaubte, daß wegen Ordnungsstrafen gegen ihn verhängt wurden, daß er die Strafen aber nicht – wie viele andere, denen etwa einmal während einer Verhandlung ein Zwischenruf entfahren ist – absitzen mußte, daß er vielmehr nur mit Geldstrafen belegt wurde, deren Höhe gemessen an seinem Hundertmillionen-Vermögen lächerlich gering war, und daß er den Betrag von zusammen 1500 Mark dann doch nicht zu zahlen brauchte. Vor Gericht sind nicht alle gleich. Darum wird Herbert V.'s Vater wohl auch gar nicht erst beginnen, gegen Axel Springer zu prozessieren. Und die Staatsanwaltschaft? Gibt es einen Staatsanwalt, der es wagte, Springer we-

gen Mißhandlung, systematischer Mißhandlung kleiner Leute – Herbert V., Rita Z. und vieler anderer – vor Gericht zu bringen?

Axel Springer ist mächtig. So mächtig, daß er Tag für Tag als oberster Richter dieses Staates, der laut Grundgesetz ein Rechtsstaat ist, fungieren darf. Seine »Bild«-Zeitung verkündet vor einem Publikum von zehn Millionen Lesern die Urteile. Harte, schicksalhafte Urteile. Wer in die Mühle der Springer-Justiz geraten ist – Schuld oder Unschuld spielt vor diesem Volksgerichtshof keine Rolle –, der muß damit rechnen, daß seine persönliche Ehre und seine berufliche Existenz verloren sind und daß er fortan nur unter ständigen Schikanen »Bild«-lesender Mitbürger leben kann.

Axel Springer ist so mächtig, weil er über ein Verlagsimperium gebietet, dessen Ausmaß sich ein Hugenberg nicht hätte erträumen können; und im andauernden, staatlich geduldeten, wenn nicht geförderten Konzentrationsprozeß fallen ihm immer noch weitere, bisher selbständige Zeitungen – Druckmaschinen mitsamt technischem, kaufmännischem und redaktionellem Personal – anheim. Ja, Springer kauft ganze Redaktionen ein und läßt sie, die bisher vielleicht kritisch-aufklärerisch-demokratisch ihrer öffentlichen Aufgabe nachgingen, nun schreiben, was er ihnen per Hauserlaß vorschreibt. Per »Bild«-Zeitung – um nur die größte seiner vielen Zeitungen und Zeitschriften zu nennen, zu denen inzwischen noch eine gewaltige Buchproduktion, Kassettenfernsehen usw. hinzugekommen sind – schreibt er zehn Millionen Lesern vor, wie sie sich zu verhalten haben, formt sie mit Lüge und Hetze zur »Bild«-Leser-Volksgemeinschaft. Welcher Politiker könnte diese Macht ignorieren? Siehe Ostpolitik, siehe Mitbestimmung.

Axel Springer ist »gegen jede Form der erweiterten Mitbestimmung«. Wen wundert es, daß er seine Macht nicht freiwillig mit anderen teilen möchte? In seinem Konzern gilt nicht einmal die minimale Form der Mitbestimmung, wie sie nach dem Betriebsverfassungsgesetz in anderen Unternehmen gilt. Der sogenannte Tendenzparagraph, den auch die sozialliberale Koalition nicht anzutasten wagte, macht Springer zum unumschränkten Herrn über alle seine Setzer, Drucker und Redakteure. Redaktionsstatute? Ein Pressegesetz, das die Unabhängigkeit der Journalisten gegenüber dem Verleger und den bei ihm inserierenden Öl-, Auto-, Zigaretten- und Waschmittelunternehmern sichern würde? Nein, Springer ist »gegen jede Form der erweiterten Mitbestimmung«.

Aber: Mehr und mehr Journalisten – auch im Hause Springer – organisieren sich in der Gewerkschaft und – noch nicht im Hause Springer – engagieren sich für Redaktionsstatute, für allgemeine Regelungen zur Kompetenzabgrenzung zwischen Verlag und Redaktion. Vielleicht wird eines Tages auch »Bild«-Redakteur B. lernen, nicht mehr, wenn er die Macht Axel Springers meint, »wir« und auch nicht mehr, wenn von der Besiegbarkeit zentral gesteuerter Lüge und Hetze die Rede ist, »nie« zu sagen. Er sollte bald darüber nachdenken und er sollte auch – gemeinsam mit Kollegen und im Bündnis mit den Demokraten in unserem Lande – handeln.

Eckart Spoo
Vorsitzender der »dju« (Dte. Journalistenunion)

In einem hessischen Konzern veröffentlichte der Betriebsratsvorsitzende in den Mitteilungen an die Arbeiter kontinuierlich die Gegenseiten zur »Bild«-Zeitung. Bei einer vor kurzem erfolgten Umfrage ergab sich, daß von ca. 1500 Arbeitern nur noch 35 »Bild« weiterlasen. Allen anderen war bewußt geworden, daß »Bild« alles andere als ihre Interessen vertritt.

Der verbotene Blick in die Küche

Was aus den Urteilen des Hamburger Landgerichts im Fall
»Bild« kontra Wallraff geschlossen werden muß

Günter Wallraff betreibe die bewußte Umkehrung von Öffentlichem und Privatem; was öffentlich auftrete, werde zu Privatem, was privat sei, zu Öffentlichem. So hat Oskar Negt in dem im vergangenen Herbst als rororo-Taschenbuch erschienenen Sammelband »In Sachen Wallraff« die Arbeitsweise des unerwünschten Reporters beschrieben. Einer, der so arbeitet, der – wie Negt formuliert – »öffentliche Repräsentanten von Reichtum und Kapitalbesitz« auch dort untersucht, wo sie »als Privatperson handeln und denken, wo die Legitimationsfassade zerbrochen ist«, und der andererseits das »scheinbar Private«, die Lebensgeschichten von Namenlosen zur öffentlichen Angelegenheit macht, so einer muß notwendigerweise mit unserem Recht in Konflikt kommen, dessen Normen Öffentliches und Privates auf althergebrachte Weise trennen.

Muß er wirklich? Gibt es nicht im Grundgesetz jenen Artikel 5, der umfassend eine Informationsfreiheit schützt, das Recht, sich und andere zu informieren als »eines der vornehmsten Menschenrechte überhaupt« (so das Bundesverfassungsgericht) garantiert? Kann angesichts dieser Garantie die alte Trennung in Privates und Öffentliches noch Bestand haben, wenn Wallraff in die nur scheinbare Privatheit einer Redaktionskonferenz der »Bild«-Zeitung einbricht und öffentlich macht, wie, vom wem und unter welchen Abhängigkeiten dort für Millionen Leser »öffentliche Meinung« produziert wird?

Die Urteile des Hamburger Landgerichts geben darauf keine befriedigende Antwort. Ja, sie haben sogar die Tendenz, die Garantie des Artikels 5 noch weiter einzuschränken, als das Rechtsprechung, sozialem Druck und gewissen öffentlich-

260

-rechtlichen Ausgewogensheitsaposteln bisher schon gelungen ist. Der »Spiegel« veröffentlichte flink und unkommentiert einen Urteilsauszug unter der Überschrift »Einschleichen in Ausnahmefällen erlaubt«. Der Eindruck des flüchtigen Lesers ist: Eine ziemlich liberale Entscheidung. Wird doch das anrüchige »Einschleichen« in Fällen, in denen »ein überragendes öffentliches Informationsinteresse« besteht, dem Übeltäter verziehen. Welche Fälle das sind, entscheiden die Richter nach »objektiven Gesichtspunkten« – diese beruhigende Information kann der Leser obendrein dem Auszug entnehmen.

Daß im gesamten Urteil nicht erkennbar wird, welche objektiven Gesichtspunkte den Richtern zur Verfügung stehen, wird ebensowenig deutlich wie etwas noch Schlimmeres: Daß ein Landgericht – ein Gericht der ersten Instanz also nur, aber immerhin – zumindest erste Schritte auf dem Weg unternimmt, Artikel 5 mit Hilfe von Artikel 5 selbst auszuhöhlen.

». . . grundsätzlich besteht zwar Informationsbeschaffung stets unter dem Vorbehalt, daß sie mit legalen Mitteln und – wie es in Artikel 5 Abs. 1 GG heißt – aus allgemein zugänglichen Quellen erfolgt,« schreiben die Richter und folgern daraus: ». . . könnte man generell zu der Auffassung geraten, daß vermittels Einschleichen beschaffte Informationen stets aus nicht ›allgemein zugänglichen Quellen‹ stammen, ihre Erlangung und Verwertung mithin nicht gemäß Artikel 5 GG geschützt sind.«

Hier wird zwar sozusagen im Konjunktiv gedacht (»könnte«), aber die weitere Lektüre macht klar, daß das Gericht seine grundsätzliche Verurteilung des »Einschleichens« entscheidend auf Absatz eins Satz eins von Artikel 5 stützt. »Jeder hat das Recht, . . . sich aus allgemein zugänglichen Quellen ungehindert zu unterrichten.« Als vor dreißig Jahren die Verfassungsväter diesen Satz formulierten, lag die Zeit, in der man für das »Abhören von Feindsendern« mit dem Tod bestraft werden konnte, erst kurz zurück. An solche »Quellen« dachte man damals: Nie wieder sollte es möglich sein, den Bürgern den Zugang zu technisch und tatsächlichen Informationsquellen durch Unrechtsgesetze abzuschneiden.

Die Pressefreiheit, die im nächsten Satz des Artikels 5 garantiert wird, sollte durch den Passus in Satz eins sicher nicht ein-

261

geschränkt werden. Es ist ja auch gerade der Beruf des Journalisten, aus nicht allgemein zugänglichen Quellen zu schöpfen – um seine Leser, Hörer, Zuschauer mit Informationen zu versorgen, die ihnen ohne seine Arbeit nicht zugänglich wären. Eine Grenze der Pressefreiheit bilden nur die allgemeinen Gesetze, die aber, so das Bundesverfassungsgericht, wiederum im Licht der großen Bedeutung der Pressefreiheit interpretiert werden müssen.

Würde sich der Gedanke der Hamburger Richter durchsetzen, daß Journalisten sich nur aus »allgemein zugänglichen Quellen« unterrichten dürfen – ein Gedanke, der weder in bisherigen Urteilen noch in Verfassungskommentaren eine Stütze findet –, dann könnten diejenigen, über die berichtet wird – Politiker, Behörden, Unternehmen – bald selber darüber bestimmen, worüber berichtet werden darf. Sie brauchten nur den Bereich des »allgemein Zugänglichen« nach ihrem Belieben zu regulieren. Da jede Institution einen quasi natürlichen Hang zur Informationsbeschränkung für Außenstehende hat, wäre die Pressefreiheit am Ende.

Aber ist nicht das »Einschleichen in Ausnahmefällen erlaubt«? Das ist es laut den Hamburger Urteilen. Doch vorrangig sind nicht die wenigen Ausnahmen interessant, sondern die Regel, die die Richter da kreiert haben. Die Regel aber heißt, daß »die im Wege des ›Einschleichens‹ beschaffte Information stets mit einem latenten Veröffentlichungsverbot behaftet ist«. Das heißt: Es kommt nicht darauf an ob eine Information richtig ist oder falsch, sondern darauf, wie sie beschafft worden ist. Nicht die Fakten zählen, die Wallraff berichtet, sondern die Art und Weise, wie er an sie herangekommen ist. Die Zivilkammer spricht sogar von einem »Tatbestand des Einschleichens«, und das ist verräterisch. »Tatbestand« – das klingt, als handle es sich hier – wie bei den früheren Wallraff-Prozessen (1969 »Ministerialrat Kröver«, 1976 »Bote bei Gerling«) um ein Strafverfahren. Laut den Urteilen in jenen Prozessen hatte Wallraff die »Tatbestände« der »unberechtigten Titelführung« und des »Ausweispapiermißbrauchs« objektiv erfüllt und wurde nur aus subjektiven Gründen freigesprochen. Den »Tatbestand des Einschleichens« sucht man sowohl im Strafgesetzbuch wie im Bürgerlichen Gesetzbuch vergebens. Die Hamburger Urteile gelangen zu ihm auf dem be-

262

schriebenen ebenso neu- wie eigenartigen Weg der Interpretation von Artikel 5. Daß der von ihnen konstruierte »Tatbestand des Einschleichens« in der Regel zur Rechtswidrigkeit der Veröffentlichung von dadurch erlangten Informationen führt – unabhängig von der Richtigkeit der Informationen – begründen sie außerdem mit der Notwendigkeit des Vertrauensschutzes.

Informanten, so das Urteil, müßten darauf vertrauen können, daß sie es mit einem Journalisten zu tun haben, der sich als solcher zu erkennen gebe. Ein Informant müsse sich auf die Wahrung seiner Anonymität verlassen können. Dem trage das Zeugnisverweigerungsrecht des Journalisten Rechnung, das das Vertrauensverhältnis zwischen Informant und Presse schütze.

Wohl wahr. Nur: Was hat das mit dem konkreten Fall Wallraff zu tun? Auf Informantenschutz kommt es im Ausnahmefall Wallraff gerade nicht an. Wichtig ist er nur für den Normalfall: Ein Journalist, unzufrieden mit offiziellen Informationen einer Institution, tut sich einen »Insider« auf, der ihn informiert. Wallraff aber geht selbst nach »drinnen«, ist sozusagen Informant und Informierter in einer Person. Zwischen wem soll da das Vertrauensverhältnis bestehen? Wer oder was muß geschützt werden, vorausgesetzt die Informationen sind richtig? Sicher nicht die »Spitze« der Institution. Sie muß laut Zeugnisverweigerungsrecht in ihrem Wunsch nach Aufklärung des »Lecks« in der Institution ja gerade zurückstehen gegenüber dem Grundrecht der Informationsfreiheit. Bleiben, wie im Fall Wallraff, die abhängig Beschäftigten des Betriebs, also die Redakteure, unter die sich »Hans Esser« begab. Hätte Wallraff sich im »Aufmacher« hinterher etwa über das Sexualleben oder den Kontostand der »Bild«-Leute verbreitet, so wären deren Persönlichkeitsrechte wohl verletzt worden, selbst wenn etwaige abträgliche Informationen gestimmt hätten. Wallraff hat aber Äußerungen und Verhalten der Redakteure fast immer nur soweit beschrieben, wie sie mit der Arbeit der »Bild«-Zeitung in direktem Zusammenhang standen. Beim Redaktionsleiter (»Schwindmann«) ist er dabei etwas weitergegangen, aber auch das ist noch auf die Sache um die es ihm geht, bezogen: Ist es doch aufschlußreich, zu sehen, welcher Typ von Zeitgenosse bei »Bild« Karriere macht. Hier wird nur scheinbar »Privates« zum »Öffentlichen« gemacht. Die Hamburger Richter haben aber nicht über die spezielle Problematik des althergebrachten Begriffs »privat« in einer Fabrik, die »öffentliche Meinung« produziert, nachgedacht. Sie haben nur das Regelschild aufgestellt: »Einschleichen verboten«. Nur in ganz wenigen Ausnahmefällen darf einer, der dieses Schild mißachtet, vorzeigen, was er aus dem umhegten Schein-Privatissimum herausgeholt hat. Daß der Hannoveraner »Bild«-Chef seine Leute aufgefordert hat, »sich Geschichten auszudenken«, darf Wallraff weiterbehaupten, ebenso daß »erfundene Geschichten« durch »gekaufte Informanten« untermauert würden. Das zu erfahren, habe die Öffentlichkeit, die auf die Berichte der Medien vertrauen müsse, ein »überragendes Interesse«, ist dem Urteil zu entnehmen. Warum es aber kein »öffentliches Interesse« daran gibt, beispielsweise zu erfahren, daß der Redaktionsleiter Manuskripte, die ihm nicht gefielen, laut Wallraff drei- bis sechsmal neu schreiben ließ, oder einfach Geschichten »umlog«, wie Wallraff es nannte; warum nicht – falls es stimmen sollte – mitgeteilt werden darf, der Redaktionsleiter sei nicht zufrieden gewesen, wenn kein attraktives Verbrechen vorgelegen habe – das wissen die Hamburger Richter allein. Sie haben ja jene »objektiven Kriterien«, die sie nur leider für sich behalten.

Wenn eine Veröffentlichung nicht mehr in erster Linie davon abhängt, ob die veröffentlichten Fakten stimmen oder nicht, tritt Rechtsunsicherheit ein. Wie beliebig die Entscheidung wird, zeigt folgende hypothetische Überlegung: Wie wäre es, wenn Wallraff die umstrittenen Fakten nicht durch eigenes »Einschleichen« erfahren hätte, sondern von Informanten in der Redaktion? Nach der Logik des Gerichts, das sich für den Informantenschutz stark macht, wären die Informationen dann nicht mit jenem ominösen »latenten Verbot« belastet: Die Fakten blieben also dieselben, nur die Folgen für den, der sie veröffentlicht, nicht.

Wie unzulänglich die Richter über jenes »vornehmste Menschenrecht überhaupt« nachgedacht haben, wird besonders deutlich in einem Vergleich, den sie selbst anstellen. Wallraff wird da verglichen mit einem »Tester«, der sich als Koch in eine Restaurantküche einschleicht. Von einem vornehmen Menschenrecht auf ein gut zubereitetes Steak habe ich aber noch nichts gehört. Die Richter vergleichen dennoch unverdrossen weiter und gestehen dem Restaurant-Tester großzügig das Recht zu, sich »unerkannt« an den Speisetisch zu begeben. In die Küche darf er aber nicht. Beschränkt sich Wallraffs Recht darauf, sich unerkannt »Bild« zu kaufen und nur über das fertige Produkt etwas zu sagen? Darf er nicht auch – im Interesse aller, die nur das Produkt, das ausgekochte Blatt kennen – in die Küche schauen?

FRANK J. HEINEMANN
aus: Frankfurter Rundschau vom 31. 3. 1978

Karriere aus dem Bilderbuch

Natürlich ist wieder mal alles Zufall: bekannter Presserichter gibt »Bild« recht und macht ein weiteres Erscheinen des ersten Wallraff-Buchs über »Bild«-Praktiken, »Der Aufmacher«, unmöglich. Wenig später wird des Richters Töchterlein in die »Bild«-Truppe Hamburg aufgenommen.

Die Rede ist von Manfred Engelschall (58) und seiner Gesa (24). »Ich habe da nicht mitgemischt«, sagt der hanseatische Rechtsprecher. Die Stelle bei Springer habe sich die Tochter selbst beschafft. Aber: »Sie hat mich gefragt.«

»Bild«-Volontärin Gesa Engelschall ist vorsichtig, als 'ran anruft: »Ich will mich erst mit meinem Vater absprechen.« Beim zweiten Anlauf klappt's besser. Natürlich sei die Vermutung eines Zusammenhanges zwischen Vaters Tätigkeit und ihrer Einstellung bei »Bild« »total unbegründet«.

Wie vertraut der Name Engelschall in den Ohren ihres Chefredakteurs Prinz klingt, weiß die ehemalige Studentin (4 Semester Geschichte und Germanistik) allerdings auch: »Es kann sein, daß ich durch meinen Namen schneller drangekommen bin.« Richter Engelschalls Öffentlichkeitsarbeiter: »Engelschall ist ein mit der Presse vertrauter Mann.« Die müssen es ja wissen.

»Bild« stellt die junge Volontärin auch schon ganz groß raus. Artikel erscheinen mit einem Foto von Gesa. Auch der Vater hat Karriere gemacht. Er kam in die »letzte richterliche Beförderungsgruppe«, sagt die Pressestelle.

So kann's kommen, auch wenn man die »Bild«-Zeitung zum

»geschützten Gewerbebetrieb« und zur »Privatsphäre« erklärt, wie Engelschall es gemacht hat. Schriftsteller Günter Wallraff: »Der tut gerade so, als sei ich in Springers Schlafzimmer und nicht etwa in die gigantischste professionelle Fälscherwerkstatt eingedrungen.«

Am 1. Januar 1980 erwartet Manfred Engelschall eine weitere Aufgabe: Der Hamburger Richter wird »unabhängiger Vorsitzender« des Beschwerdeausschusses im Deutschen Presserat (1000 DM Ehrensold plus Spesen monatlich). Wer ihn dazu vorgeschlagen hat? Ganz einfach: die Vertreter der Verlegerverbände im Presserat. Was der Beschwerdeausschuß und sein »unabhängiger Vorsitzender« so machen? Na, zum Beispiel über Beschwerden von »Bild«-Geschädigten beraten.

aus der Gewerkschaftszeitung »ran« Dez. 1979

Der Bundesgerichtshof entscheidet gegen Springer und hebt die Zensur auf

Interview

PPP: Herr Wallraff, der Bundesgerichtshof hat am Dienstag, dem 20. Januar 1981 das Urteil über Ihre Recherchenmethoden bei der »Bild«-Zeitung in Hannover gesprochen. Was ist für Sie das Wichtigste daran?

Günter Wallraff: Das ganz Entscheidende ist, daß die Methode, die ich nun seit 15 Jahren anwende und die meine gesamte Arbeit ausmacht, weiter legal bleibt. Der Bundesgerichtshof hat sie sogar in einem noch höheren Maße legitimiert und in Einzelfällen sie als direkt erforderlich angesehen. Er hat festgestellt, es gäbe Fälle, da könne man nicht nur, sondern da müsse man sogar diesen sogenannten Vertrauensbruch begehen, um Belange von überragendem öffentlichen Interesse zu recherchieren. Ich kann diese Arbeit jetzt also mit einer größeren Selbstverständlichkeit fortführen und brauche nicht Konstruktionen zu wählen, die ich mir schon hatte einfallen lassen, um unter Umständen vom Ausland her meine Bücher zu verlegen. Meine Recherchen-Methode bleibt also erhalten. Inzwischen ist es ja auch so, daß einige jüngere Kollegen danach arbeiten, beispielsweise in einem großen Industriebereich. Sie arbeiten natürlich mit viel Risiko, weil sie schutzloser und nicht so bekannt sind wie ich. Auch ihre Ergebnisse werden nicht verboten werden können.

PPP: Einige Verleger, Industrielle und andere Mächtige werden dieses Urteil sicher nicht gern zur Kenntnis nehmen?

Günter Wallraff: Es ist davon auszugehen, daß jetzt diejenigen ein großes Geheul anstimmen, die sich nicht in die Karten schauen lassen wollen, die allzu viel zu verbergen haben und die ihre Machtmittel immer hinter dem Rücken der Öffentlichkeit ausspielen. Im Grund genommen besteht jetzt die Grundvoraussetzung, daß man diese Bereiche transparenter machen kann und dazu sogar ermutigt wird.

PPP: Sehen Sie in dem Urteil einen Freibrief?

Günter Wallraff: Man muß überlegen, gegen wen man vorgeht. Ich würde auch von mir aus sagen, die Methode wird nicht in jedem Falle zu rechtfertigen sein. Man muß in jedem Falle eine Rechtsgüterabwägung vornehmen: Was wird der Öffentlichkeit vorenthalten? Wie ist das Kräfteverhältnis, das Machtverhältnis? Ich selbst werde mir künftig in jedem Fall noch genauer überlegen, was zu tun ist. Das sollte auch für diejenigen gelten, die sonst solche Methoden als Selbstzweck ausüben. Ich denke konkret an die »Bild«-Zeitung, die ja ständig mit solchen Methoden in die Intimsphäre von Schutzlosen eingebrochen ist. Diese Menschen wußten sich dann meist nicht zu wehren, sie konnten noch nicht mal belegen, was mit ihnen gespielt wurde. Sie wußten nicht, wie solchen Machtapparaten beizukommen ist.

aus einem Interview mit dem sozialdemokratischen Pressedienst »PPP«

Kein Freifahrtschein für Betriebs-Spione

Die Bundesrichter benötigten runde 30 Seiten für die Begründung ihres Urteilsspruchs. Ungewöhnlich unverblümt sagen die Richter, daß die im Buch geschilderte Einstellung der »Bild«-Journalisten zu ihrer Arbeit, die Arbeitsbedingungen und das Verhältnis der »Bild«-Zeitung zu ihren Lesern mit den »Aufgaben der Presse schwerlich in Einklang zu bringen« sind. Überhaupt muß die »Bild«-Zeitung in diesem streckenweise offenbar pädagogisch gemeinten Urteil so manches einstecken.
... Wie in höchstrichterlichen Urteilen stets, war aber nicht nur ein individueller Fall zu entscheiden, sondern zugleich ein allgemeines Prinzip: die Frage, welcher Zweck in ähnlichen Fällen welches Mittel heiligt. Ein Arbeitnehmer, dem ursprünglich nicht der Sinn nach Enthüllungen gestanden hatte, muß nach seinem Ausscheiden aus dem Betrieb nicht ewig über Mißstände schweigen, deren Zeuge er zufällig wurde: das ist die eine Leitlinie des Urteils, die der freien Kritik vor der Pflicht zur Loyalität den Vorrang einräumt ...
Der Vertrauensschutz endet, wenn die Enthüllung gewichtig genug ist.
Jeder Arbeitgeber hat, so steht es in dem Urteil, das legitime Bedürfnis nach einer Vertraulichkeitssphäre, die Grundlage für

jede Zusammenarbeit im Betrieb ist, für das vertrauliche Gespräch bei geöffnetem Hemdkragen, wo die Worte nicht auf die Goldwaage gelegt werden müssen. Diesem Mindestschutz gegen Indiskretion steht aber das Grundrecht des Arbeitnehmers auf Meinungs- und Kritikfreiheit gegenüber. Denn die Richter erkennen weder einem Wirtschaftsunternehmen noch einem sogenannten »Massenmedium« eine rechtlich absolut geschützte Intimsphäre zu, wie sie die Persönlichkeit eines Menschen umgibt.

Wenn die Allgemeinheit ernstlich, also nicht nur aus Neugierde, daran interessiert ist, was da hinter den geschlossenen Türen eines Unternehmens vorgeht, dann verändert sich die Loyalitätspflicht eines Arbeitnehmers, dann darf er reden, obwohl Schweigen von ihm erwartet wurde, dann sind nur wirkliche Betriebs- und Geschäftsgeheimnisse weiterhin tabu. Das gilt jedenfalls dann, so lauten die hier entscheidenden Sätze des Urteils, wenn es um die Aufdeckung gewichtiger Mißstände geht, von welchen die Öffentlichkeit betroffen ist und denen durch betriebsinternes Vorgehen nicht abgeholfen werden konnte. »Gewichtige Mißstände«: Ist damit »Watergate« gemeint oder Vorgänge von ähnlicher Sprengkraft, wie in der mündlichen Verhandlung gerätselt worden war? Ein »Watergate« wird keinesfalls verlangt, das geht aus der Entscheidung klar hervor. Gewichtig müssen die Mißstände, um die es geht, zwar sein, aber es braucht sich nicht um die Aufdeckung »besonders gravierender Rechtsverstöße« zu handeln, es braucht keine Schicksalsfrage für die Öffentlichkeit auf dem Spiel zu stehen. Ein hinreichender Öffentlichkeitswert wird vielmehr schon dann bejaht, wenn es um »Einflüsse und Fehlentwicklung eines Journalismus« geht, »der noch Formen des Rechts in Anspruch nehmen mag, aber die Aufgabe der Presse und ihrer Verantwortung aus dem Auge verloren hat«. ...

aus der »FAZ«, März 81

Wegweisend

Als Günter Wallraff 1977 nach knapp fünfmonatiger Tätigkeit als »Bild«-Mitarbeiter sein Enthüllungsbuch »Der Aufmacher« auf den Markt brachte, zeigte der Springer-Verlag Wirkung. So heftig, weil aus dem Binnenbereich kommend, war Europas auflagenstärkstes Boulevard-Blatt noch nicht angegangen worden, auch nicht während der »Enteignet-Springer-Kampagne« der späten 60er Jahre.

Doch wie schon häufig vorher hatte der Großkonzern in der Pressekammer des Hamburger Landgerichts mehr als gnädige Richter. Wallraffs Buch wurde in monatelangen Prozessen Stück für Stück zerrupft, nicht etwa wegen falscher Behauptungen, sondern weil durch das Buch des »Einschleichers« und »Untergrundkommunisten« (so »Bild«) angeblich das Redaktionsgeheimnis verletzt wurde.

Wallraff, der aus seiner Skepsis gegenüber deutschen Gerichten nie einen Hehl machte und sein (erstes) »Bild«-Buch schon gestorben sah, zeigte sich von dem Karlsruher Spruch gestern »sehr beeindruckt«.

Mit Recht: denn im Gegensatz zu den Hamburger Richtern hat der BGH eine Güterabwägung zwischen zwei gleichrangigen Grundrechten, der Meinungs- und der Pressefreiheit, vorgenommen, die wegweisend im deutschen Presserecht werden könnte. Bei gewichtigen Mißständen und Fehlentwicklungen – so die Richter – müsse die Pressefreiheit schon mal hinter die Meinungsfreiheit zurücktreten.

Natürlich gilt dieses Urteil nicht nur für den Springer-Verlag, sondern für jedes Publikationsorgan. Den gleichgeschalteten Hamburger Medien-Machtblock, durch Urteile der letzten Monate schon arg gebeutelt, wird es zum Nachdenken zwingen. Ansätze dazu ließ erst kürzlich Verleger Axel Springer erkennen, der morgens »wie ein Hund leidet«, wenn er seine »Bild«-Zeitung liest.

Kommentar aus der »Westfälischen Rundschau«

BGH-Urteil zum Bericht über »Bild«-Praktiken – Karlsruher Richter:

Wallraff handelte im öffentlichen Interesse

In der mündlichen Urteilsbegründung des Karlsruher Bundesgerichtshofs zum Fall Wallraff/»Bild« hieß es gestern, die Art und Weise, wie Wallraff aufgedeckt habe, daß Redakteure der »Bild«-Zeitung mit unlauteren Methoden ihr Material beschafften, sei eigentlich »nicht zu billigen«. Juristisch gehe es aber um den Zusammenstoß von zwei wichtigen Rechtsgütern: Auf der einen Seite stehe das Grundrecht auf Freiheit der Meinungsäußerung Wallraffs, auf der anderen das der Pressefreiheit. Der Verlag Axel Springer, in dem die »Bild«-Zeitung erscheine, könne prinzipiell erwarten, daß seine Angestellten »loyal mitarbeiten und ihn nicht verraten«. Diese Diskretion müsse aber dann zurücktreten, wenn durch eine Veröffentlichung Dinge offenbar würden, »die skandalöse Mißstände bekannt werden lassen«.

Bei der rechtlichen Beurteilung der »Methode Wallraff« dürfe die Schwelle nicht so hoch angesetzt werden. Es genüge, daß der Schriftsteller in öffentlichem Interesse gehandelt habe. Darum müsse im vorliegenden Fall das »Schutzinteresse« des Springerverlages zurückstehen. Das Gericht ging bei seiner Urteilsfindung von der Wahrheit der von Wallraff behaupteten Tatsachen aus. Wallraffs Buch befasse sich mit »gewichtigen Mißständen« bei »Bild«. Es zeige »Fehlentwicklungen des Journalismus auf«. Darum könne der Schriftsteller sich auf die Meinungsfreiheit berufen.

Der BGH habe die Klage Springers gegen einzelne Passagen des Buches auch abgewiesen, weil Wallraff durch die Publikation öffentlich machen wollte, »die ›Bild‹-Zeitung mache über Emotionen und Vorurteile durch ihre Tendenz, gegen Minderheiten aufzutrumpfen und Haß und Angst zu schüren, Politik«.

In einem Punkt muß allerdings vor dem Hamburger Oberlandesgericht noch einmal verhandelt werden. Wallraff hatte in seinem Buch auch den Inhalt eines Gesprächs mit dem Redak-

271

tionsleiter Hannover der »Bild«-Zeitung wiedergegeben, das er nach seiner Einstellung als Mitarbeiter der Zeitung unter dem Decknamen »Hans Esser« in dessen Privatwohnung geführt hatte. Hier überwiege das Persönlichkeitsrecht.

Wallraff erklärte im Anschluß an die Urteilsverkündung gegenüber der WR, er werde jetzt sein Buch »Der Aufmacher« wieder in der ursprünglichen Fassung erscheinen lassen. Gleichzeitig teilte er mit, daß wegen des Abhörens seines Telefons von der Staatsanwaltschaft ein Strafverfahren gegen die Kölner »Bild«-Redaktion eingeleitet worden sei.

aus »Westfälische Rundschau«

Grundsätzliche Erwägungen
im Rechtsstreit Wallraff/Springer

... Das Urteil des Bundesgerichtshofes betrifft nicht nur einen einzigen großen Zeitungsverlag. Es ermöglicht vielmehr grundsätzlich und ganz allgemein die *Berichterstattung über große Wirtschaftsunternehmen*, die ihrerseits durch ihre Geschäftstätigkeit und ihre marktbeeinflussende Stellung weit in den gesellschaftlichen Bereich hinein wirken, namentlich stil- und meinungsbildend. Das Problem einer kritischen Publizität über solche Wirtschaftsunternehmen war bisher weitgehend in der deutschen Rechtsprechung unter den wirtschaftsrechtlichen Gesichtspunkten des Eingriffs in den eingerichteten und ausgeübten Gewerbebetrieb beurteilt worden. Der Bundesgerichtshof gibt nun der *Information einen höheren Rang*.

aus der »Neuen Zürcher Zeitung«

Der Springer-Konzern hat gegen das Urteil Beschwerde beim Bundesverfassungsgericht eingelegt. Im Frühjahr 1982 voraussichtlich wird das »BVG« in Karlsruhe zu entscheiden haben, ob die Aufhebung der Zensur am Ende doch wieder aufgehoben wird.

272

Günter Wallraff

Mein Tagebuch aus der Bundeswehr
Mit einem Beitrag von Flottillenadmiral Elmar Schmähling und einem Dialog zwischen Günter Wallraff und Jürgen Fuchs. KiWi 289

Industriereportagen
Als Arbeiter in deutschen Großbetrieben. KiWi 250

Vom Ende der Eiszeit und wie man Feuer macht
Aufsätze, Kritiken, Reden. Hrsg. von Dorlies Pollmann. KiWi 142

Zeugen der Anklage
Die »Bild«-beschreibung wird fortgesetzt. KiWi 17

Günter Wallraff/Eckart Spoo
Unser Faschismus nebenan
Erfahrungen bei Nato-Partnern. KiWi 114

KiWi Paperbackreihe bei Kiepenheuer & Witsch

Günter Wallraff

Bild-Störung
Ein Handbuch
KiWi 77

Ganz unten.
Mit einer Dokumentation der Folgen
KiWi 176

Bericht vom Mittelpunkt der Welt
Die Reportagen
KiWi 67

Neue Reportagen, Untersuchungen und Lehrbeispiele
Neuausgabe
KiWi 96

Reportagen 1963-1974
Mit Materialien und einem Nachwort des Autors
KiWi 113

KiWi Paperbackreihe bei Kiepenheuer & Witsch